To Chris,

Great teacher and mentor on all things saxophone, this

SAN QUENTIN JAZZ BAND

story on musicians who sought freedom though music.

DU MÊME AUTEUR

A DROITE EN SORTANT DE LA GAUCHE, Grasset, 1986.
HÉRITIERS DU DÉSASTRE : PRÉCIS DE DÉCOMPOSITION DE L'UNIVERS SOVIÉTIQUE, Calmann-Lévy, 1992.
MESSIER STORY, Grasset, 2002.

PIERRE BRIANÇON

SAN QUENTIN JAZZ BAND

BERNARD GRASSET
PARIS

ISBN : 978-2-246-67631-7

Tous droits de traduction, de reproduction et d'adaptation
réservés pour tous pays.

© *Éditions Grasset & Fasquelle*, 2008.

1
« *Godot* »

« Estragon. — Alors on y va ?
Vladimir. — Allons-y.
(Ils ne bougent pas.) »

Personne n'ira nulle part. Le rideau tombe sur la dernière réplique de l'acte I d'*En attendant Godot*. Les spectateurs, tous des hommes, sont assis par terre autour d'une estrade dressée pour l'occasion dans une chapelle catholique désaffectée. Ils sont une soixantaine, habillés d'uniformes de toile bleue. Tous prisonniers, venus voir une pièce jouée par des prisonniers, mise en scène par un prisonnier. Cinq musiciens montent alors sur l'estrade. Un saxophoniste et un trompettiste, accompagnés de l'habituelle section rythmique – piano, basse et batterie. Ils jouent du jazz. Un morceau intitulé « *Jenine* » probablement *Jeannine*, du pianiste Duke Pearson. Puis un autre, *Workshop Blues*. Les musiciens eux aussi sont vêtus de bleu. Après le deuxième acte, comme les spectateurs, ils vont regagner leurs cellules sous bonne garde.

Concert d'entracte pour une musique vite envolée ce 29 janvier 1962. On est à San Quentin, pénitencier de l'Etat de Californie, prison des longues peines et des espoirs perdus. Le saxophoniste est Art Pepper, leader du quintet. Star écorchée, habitué des clubs et orchestres de la côte Ouest, auteur de plusieurs disques majeurs, gravés en compagnie des plus grands, dont il fait partie. Il a été arrêté deux ans plus tôt alors qu'il sortait de la maison de son dealer de drogue. « Deux préservatifs emplis d'héroïne furent trouvés dans la main gauche du suspect », indiquait, précis, le rapport de police. Pepper venait d'enregistrer, le jour même, un de ses meilleurs albums, *Smack Up*.

Le trompettiste à ses côtés sur l'estrade est Dupree Bolton, étoile incandescente de l'instrument, cheminant déjà vers la légende et l'oubli qui va l'engloutir dans quelques années, alors qu'il s'enfonce dans la nuit héroïne. Il purge à San Quentin une peine allant « de deux à vingt ans » pour vol qualifié, commis pour se procurer l'argent de sa drogue.

On connaît le nom de ces musiciens grâce à une vieille collection jaunie du *San Quentin News*, journal bimensuel rédigé par les prisonniers, qui rend compte de ce concert dans son numéro du 15 février. Le pianiste s'appelle Jimmy Miller. Whalee Williams est à la batterie. Un certain Frank Washington tient la contrebasse. Grace à ce quintet, écrit le journal, l'entracte fut pour les spectateurs « bien plus qu'une occasion de se dégourdir les jambes ».

En 1962, Samuel Beckett à San Quentin a déjà une histoire. *Godot* y a été joué pour la première fois en 1957. Un millier de prisonniers avaient alors assisté à une représentation donnée par une troupe de San Francisco, l'Actors Workshop. Les clochards Vladimir et Estragon, le tyranneau Pozzo et son domestique enchaîné Lucky s'étaient installés comme une évidence dans l'absurde univers carcéral, à l'occasion de la première représentation théâtrale dans l'enceinte de la prison depuis une visite légendaire de Sarah Bernhardt, en

1913. Quarante-quatre ans à attendre Godot. De cette visite de la grande actrice, il reste une photo, dont la légende indique qu'elle s'apprête à jouer pour les prisonniers *Une nuit de Noël* – pièce peut-être adaptée du roman de Paul Bourget, *Une nuit de Noël sous la Terreur*.

En 1957, un directeur de prison aux idées réformistes nouvellement nommé à la tête de San Quentin, Fred Dickson, avait accepté, après de longues tractations, que l'Actors Workshop vienne interpréter Beckett dans la prison. « On avait d'abord voulu jouer une de mes pièces, mais il n'était pas question d'avoir des femmes dans la troupe, la direction de la prison ne voulait pas de femmes sur scène », raconte Herbert Blau, auteur dramatique, créateur et directeur de la troupe. « Alors on s'est rabattus sur *En attendant Godot*, la seule pièce sans femmes de notre répertoire. Mais le psychiatre de la prison, après avoir lu le texte, a jugé la pièce " trop déprimante " pour l'univers carcéral. Une discussion a eu lieu dans le bureau du directeur. Finalement il m'a tapé sur le ventre, m'a dit que j'avais l'air d'un type sympa et correct, et on a pu jouer [1]. »

Herb Blau, 80 ans aujourd'hui, est devenu depuis l'un des meilleurs spécialistes du théâtre de Beckett, sur lequel il a écrit plusieurs livres. De Seattle où il enseigne et rédige son autobiographie, il raconte, souvenirs encore vifs, ce jour de 1957 où plus de mille prisonniers, entassés dans le grand réfectoire, firent une ovation au long monologue de Lucky, l'esclave à la corde au cou, et à son cri final : « Les pierres !... Si calmes !... Conard !... Inachevés !... »

Quatre ans après la création d'*En attendant Godot* par Roger Blin à Paris, ce théâtre qui échappait encore souvent aux publics européens les plus sophistiqués touchait en plein cœur une assemblée de braqueurs et de violeurs, de meurtriers et de trafiquants. « Vous

---

1. Entretien téléphonique avec Herb Blau, janvier 2007.

n'avez pas idée de l'accueil que rencontrait à l'époque le théâtre de Beckett aux Etats-Unis, raconte Blau. Les gens conspuaient la pièce, disaient que ce n'était pas du théâtre, quittaient la salle... Et là, d'un coup, des détenus lui faisaient un triomphe... »

C'est à ce moment que la vie d'un certain Rick Cluchey allait basculer à nouveau. Elle avait déjà pris une drôle de direction un soir des années cinquante dans les rues de Los Angeles, quand l'arme avec laquelle il braquait un passant dans sa voiture s'était déchargée par inadvertance, blessant sa victime au bras. Bilan pour l'ancien para de la guerre de Corée : huit cents dollars de butin, une bague en diamants, et la prison à perpétuité. Le procureur avait à l'origine voulu demander la peine de mort.

Cluchey n'avait pas assisté en 1957 à la représentation de *Godot*, parce que son régime d'incarcération lui interdisait les sorties le soir. La pièce, qui devait être diffusée pour les détenus consignés dans leurs cellules sur le circuit de radio intérieur, avait été retransmise dans une cour de prison vide, à la suite d'une erreur technique. Mais le compagnon de cellule de Cluchey assista à la représentation, et lui raconta l'événement. « On en a parlé pendant des heures jusqu'à ce qu'un gardien nous dise de la fermer [1]. » L'année suivante, en 1958, le conseil des détenus, qui s'occupait de l'organisation des loisirs, obtint du directeur l'autorisation de créer une troupe de théâtre. Sa première pièce : ce *Godot* qui a fait si forte impression. Rick Cluchey a cette fois le droit d'assister en spectateur à la représentation, donnée en matinée. C'est la révélation. « Ce type avec la corde au cou, c'était moi », dira-t-il plus tard. Il rejoint le groupe, participe aux répétitions du week-end – mais toujours pas à celles qui ont lieu le soir. En 1959, son statut change, il devient membre de la troupe à part entière – et bientôt son animateur. *Godot* a servi de

---

1. Echange e-mail de Rick Cluchey avec l'auteur, février 2007.

détonateur. Pendant plusieurs mois, les comédiens de l'Actors Workshop de San Francisco sont venus animer des ateliers, donner des conseils. La troupe s'appellera le San Quentin Drama Workshop. Elle est soumise aux mêmes contraintes que les acteurs libres de San Francisco : pas de rôles féminins dans les spectacles. Pas même d'acteurs déguisés en actrices. *En attendant Godot* est donné pour la première fois dans la prison en 1957. Jusqu'à sa sortie en 1965, Rick Cluchey jouera trente-cinq fois en prison la trilogie de Beckett. *Godot, Fin de partie* et *La Dernière Bande*. Et notamment cette représentation du 29 janvier 1962, où il interprète le rôle de Pozzo. Avec l'orchestre à l'entracte. En 1957 déjà, un orchestre de jazz de prisonniers avait joué en prélude au spectacle. Herb Blau avait ensuite brièvement présenté la pièce, la comparant à un morceau de jazz. Pas d'histoire conventionnelle dans cette fable de clochards. « Comme pour cet orchestre que vous venez d'entendre, il y a un thème, des improvisations qui s'en éloignent, et puis on reviendra au thème », avait-il expliqué aux prisonniers rassemblés, les exhortant à se laisser emporter par le pouvoir des mots et des situations, comme ils venaient de s'abandonner aux improvisations des musiciens.

Cinq ans plus tard, en janvier 1962, entre les actes I et II de cette pièce où il est question d'attente, de tyrannie, d'enfermement, et de l'absurdité de l'espoir, cinq musiciens jouent et improvisent. Sans doute sur les mêmes thèmes. Il semble qu'à la fin de janvier cette année-là, la région de la baie de San Francisco ait connu une douceur inhabituelle. La température dans la journée a atteint jusqu'à vingt degrés Celsius. Il est possible que les musiciens aient joué en tee-shirts. Après la pièce, ils ont remisé leurs instruments dans la salle de musique dont Frank, le contrebassiste, est le responsable attitré, avant de regagner leurs cellules.

Au début des années soixante, la prison de San Quentin compte au nombre de ses pensionnaires quelques-uns des meilleurs musiciens de jazz de la côte Ouest. L'héroïne, dans la plupart des cas, les y a conduits. Ils en ont acheté ; ils en ont usé ; ils ont cambriolé, volé ou braqué pour s'en procurer. Et même après que la Cour suprême de Californie aura décidé que le simple usage d'héroïne ne peut être assimilé à un comportement criminel, ils continueront de purger les peines auxquelles ils ont été condamnés à la fin des années cinquante, ou au tournant des années soixante, allant de rechutes en rémissions, sortant de prison et y retournant sans tarder, pour avoir violé l'une ou l'autre des conditions de leur liberté surveillée.

C'est en 1962 que convergent à San Quentin les trajectoires de plusieurs de ces musiciens. Moment unique ou la prison abrite une assemblée de talents qui n'ont auparavant jamais joué les uns avec les autres. La plupart d'entre eux seront sortis de prison avant la fin de la décennie, et retrouveront soit la musique, soit la drogue, soit l'un et l'autre, soit encore l'anonymat, le grand silence, la déchéance et l'oubli. Certains effectueront une série d'allers-retours entre la prison et la liberté, au rythme de petites récidives remettant en cause les conditions de leurs libérations successives. Quelques-uns retrouveront le chemin des studios d'enregistrement, des disques et des concerts ; d'autres plongeront dans l'oubli ou mourront prématurément, arrivés trop tôt au bout de la course.

Il se joua cette année-là, dans l'enceinte du pénitencier, au bord de l'eau, une musique unique, jamais enregistrée, qui n'a laissé d'autre trace, en voie d'effacement, que dans les possibles souvenirs des détenus eux-mêmes. Les prisonniers n'avaient pas droit aux appareils d'enregistrement. Les gardiens avaient d'autres chats à fouetter. Les familles des détenus classés en *medium security*, sécurité moyenne, admises une fois par an à assister au concert célébrant les résultats du concours annuel de composition musicale, avaient d'autres préoccupations que de garder pour la postérité la trace de ce jazz éphémère.

C'est le jazz de musiciens oubliés. Quand ils sont entrés à San Quentin, ils ont été happés par le grand trou noir. Ils ont disparu pour le monde de la musique et de la vie nocturne, des clubs et des studios. Les critiques et leurs confrères musiciens les ont rangés dans la case prison, et sont passés à autre chose. Les amateurs qui se pressaient à leurs concerts et achetaient leurs disques les ont oubliés. La vie a continué sans eux. Les journaux spécialisés comme *Down Beat*, bible bimensuelle des amateurs de jazz, parlent tout au plus pudiquement de leur « éloignement de la scène » – quand du moins ils évoquent leurs noms. Peu importe leur notoriété antérieure. Ils peuvent avoir été des stars avant d'entrer en prison, comme Art Pepper ou Frank Morgan, lui aussi saxophoniste alto, qui avait eu le temps d'enregistrer un premier disque sous son nom, en 1955, avant de connaître ses premiers ennuis judiciaires. Peu importe leur passé, leur talent, l'œuvre qu'ils ont pu déjà graver, l'influence qu'ils exercent sur d'autres musiciens : la prison les a comme effacés. Le monde extérieur, pendant le temps de leur incarcération, préfère les ignorer. Quand ils retrouvent le chemin des studios ou des concerts, les journaux ou les pochettes de disque évoquent, toujours aussi discrets, leur « longue absence »...

Jouer en prison, jouer envers et contre tout, répéter, écrire et composer, c'est pour nos jazzmen enfermés une question de survie. Jouer leur musique, se confronter à leurs compagnons autour des standards du jazz ou de morceaux qu'ils ont eu le temps de composer en prison, improviser, exercer en somme leur métier, c'est continuer d'espérer. Malgré la brutalité de l'univers carcéral. Au-delà ou à côté des tensions raciales qui secouent la prison, en même temps que le reste des Etats-Unis. Même s'ils sont soumis au sevrage forcé et à la désintoxication brutale imposés par leur situation de prisonniers – que certains contournent d'ailleurs allègrement en usant de toutes les drogues de contrebande qu'ils parviennent à se procurer, déjouant les surveillances.

La vie du musicien junkie est souvent une vie d'allers-retours entre la prison, la liberté surveillée et les centres de désintoxication créés par les autorités pour tenter de guérir ceux qui ont d'abord été enfermés. L'histoire des Pepper, Bolton, Morgan, et des autres, est souvent celle de musiciens libérés pour bonne conduite qui replongent dans l'héroïne à leur sortie de prison. Selon les cas, selon la gravité de leur comportement ou la sévérité de leur *parole agent* – l'agent de probation chargé de la surveillance de leur liberté –, ils retournent alors en prison, ou sont envoyés dans le centre de traitement des toxicomanes à Chino, la prison dite « institution pour hommes », dans la banlieue de Los Angeles.

Tous les samedis soir, la prison accueille un spectacle bien rodé. C'est le « *warden's show* », ou spectacle du directeur. « Big band », attractions, numéros de cirque ou de danse : pour les invités du directeur de la prison, notables de San Francisco ou du reste des Etats-Unis, les prisonniers déploient leurs talents dans ce spectacle de music-hall. Ils jouent les gros bras ou les acrobates, font des tours de magie, chantent, dansent des claquettes, exhibent leur virtuosité musicale. Un big band de détenus, impeccablement vêtus de smokings taillés dans le grossier coton des uniformes de prisonniers, donne la cadence et assure la liaison entre les différents numéros.

Un concours annuel de « musique créative » est organisé au printemps – on en est, en 1962, à la huitième édition. Des concerts ont lieu de temps en temps. Les musiciens peuvent aussi jouer à l'occasion d'événements particuliers. En prélude ou à l'entracte d'une pièce de théâtre comme *En attendant Godot*. Pour accompagner une lecture d'évangile dans la chapelle. Ou à l'occasion du concert exceptionnel d'un artiste venu de l'extérieur, que les « musiciens locaux » (comme l'écrit le *San Quentin News*) peuvent alors accompagner.

La musique sert d'exutoire. S'afficher comme musicien est du dernier cool. Merle Haggard, aujourd'hui légende vivante de la musique country, passa deux ans et demi de sa jeunesse à San Quentin, dont il sortit en 1960. Il raconte dans ses Mémoires les détenus venus lui demander des cours de guitare après un fameux concert de Johnny Cash à San Quentin qui éveilla les vocations – et renforça la sienne. L'ancien taulard et écrivain Malcolm Braly écrit dans ses Mémoires qu'au moment de son premier séjour à San Quentin, tous les prisonniers semblaient vouloir devenir boxeurs. A son deuxième séjour, dans les années soixante, tout le monde voulait être musicien.

Les autorités pénitentiaires, qui organisent concours et concerts, contribuent à entretenir des vocations, d'autant que le *warden's show* du samedi soir a grand besoin de numéros nouveaux. Mais la présence dans la prison de stars du jazz crée aussi l'émulation. La prison a ses vedettes, reconnues à l'extérieur, célébrées par les amateurs du monde entier. Ils ont gravé des disques, donné des interviews, participé à des émissions de radio ou de télévision. Frank Morgan raconte l'accueil enthousiaste des autres détenus qui organisèrent une petite fête dans sa cellule en lui offrant même un saxophone. C'est du moins ce dont il veut se souvenir vingt-cinq ans plus tard. Art Pepper, le jour de sa deuxième incarcération à San Quentin, est fêté par ses compagnons qui lui offrent une dose d'héroïne en guise de bienvenue. Quand les stars en prison montent sur scène, d'autres musiciens amateurs ou même débutants se battent pour les accompagner, faire partie du « combo », profiter de la lumière de leur projecteur.

Car c'est tout ce qui leur reste. A San Quentin plus qu'ailleurs, le jazz se joue comme « métaphore de la liberté [1] ». C'est l'essence même de cette musique, son origine et sa matrice. Emprisonné ou enchaîné, esclave ou détenu, le jazzman crie son droit à une libération, et l'illustre en improvisant dans l'instant, à partir de thèmes imposés, et dans leurs marges vagabondes. Les notes d'un air à l'autre ne sont jamais les mêmes. Aucune interprétation du standard le plus rabâché ne ressemble à la précédente, aucune n'annonce la suivante. Le génie, quand il s'exprime, s'envole aussitôt.

Peut-être que ce sentiment de l'urgence, de l'éphémère, prend à San Quentin une intensité particulière. La prison des bords de la baie est aussi la prison de la mort. La mort l'enveloppe d'une brume sinistre et poisseuse. Tous les Etats américains ont placé dans une seule de leurs prisons la machine à distribuer la mort légale – au fil des ans et selon les Etats, potence, chambre à gaz, chaise électrique ou injections de poisons. En Californie, c'est à San Quentin qu'on meurt légalement. « Death Row » – le quartier des condamnés – rappelle à tous les détenus que la justice californienne garde toujours la mort en réserve. Les condamnés à mort sont isolés du reste des prisonniers. En 1962, la Californie a renoncé depuis presque trente ans à la pendaison, remplacée par la chambre à gaz. Le matin d'une exécution, un silence inhabituel se répand dans les cellules. En août de cette année-là, Elizabeth Ann Duncan, condamnée à mort avec deux complices pour le meurtre de sa belle-fille, devient la troisième femme de l'histoire californienne à être exécutée. Art Pepper se souviendra de l'avoir vue marcher vers la chambre à gaz.

San Quentin, prison du bord de l'eau, est déjà un creuset où mijotent les tensions raciales qui secouent le

---

1. Selon la belle formule de Mike Zwerin, qui l'emploie pour sa part à propos du jazz sous le régime nazi.

reste du pays. Les détenus se divisent d'eux-mêmes en trois parties inégales : Blancs, Noirs et « Mexicains », terme qui sert à désigner toute la population d'origine hispanique. Le mouvement des Black Muslims d'Elijah Muhammad et Malcolm X, à l'opposé de l'approche non-violente d'un Martin Luther King, commence à rassembler les foules dans tous les Etats-Unis, et fait des adeptes en prison. Les autorités policières et carcérales s'en inquiètent et tentent de surveiller et contenir ce mouvement qualifié d'« incendiaire »... Dans ses Mémoires âpres, sans concessions ni autocomplaisance, *Straight Life*, Art Pepper exprime un ressentiment au bord du racisme quand il parle de ses relations avec les Noirs en prison. « *They stick together* », ils font bloc ensemble, écrit-il, décernant en revanche des bons points de sociabilité aux « Mexicains », les prisonniers d'origine latino... Pepper affirme que les mêmes musiciens noirs qui jouent avec lui sur scène, ou répètent avec lui, l'ignorent le reste du temps dans la cour de la prison, affectant de ne pas le connaître. Vrai ou faux, peu importe : la prison encourage les paranoïas, renforce les bigots dans leurs certitudes, transforme en racistes ceux-là mêmes qui ont passé leur vie à jouer avec des musiciens noirs qui étaient leurs amis.

La prison n'est pas fermée aux bruits du monde extérieur. L'Amérique de 1962, dirigée par John Kennedy, le jeune président qui lui a promis une nouvelle frontière, se lance vers la Lune et débarque au Vietnam. Sortant des années de l'après-guerre qui se sont terminées avec le départ du président Eisenhower, figure consensuelle et paternelle, le pays est secoué dans ses tréfonds politiques et culturels par des mouvements disparates mais qui se reconnaissent tous dans le mot « libération ». Des Noirs, des femmes, des carcans hérités de l'après-guerre et des longues années cinquante. Après la reconstruction du système, le temps arrive de sa contestation. Le rock, en musique, incarne cette pulsion vitale. Son explosion ouvre une nouvelle page de l'histoire musicale universelle – et affecte en retour nos jazzmen prisonniers, qui, à leur sortie de prison, ne retrouvent pas le monde qu'ils avaient quitté.

Ce livre est l'histoire de musiciens qui jouèrent ensemble à San Quentin en 1962, l'année de leur rendez-vous forcé. Présentons-les un à un, comme on le ferait au début d'un concert.

Au saxophone alto, Art Pepper, enfant prodige du jazz de la côte Ouest, ancienne star du grand orchestre de Stan Kenton, qui vole de ses propres ailes depuis la fin des années cinquante. C'est le seul Blanc de notre jazz band. Quand commence sa vie de prisonnier, il a déjà joué avec les plus grands, et produit sous son nom quelques albums qui ont marqué l'histoire de cette musique.

A la trompette, Dupree Bolton, comète géniale et éphémère, qui finira, trente ans plus tard, clochard, musicien mendiant faisant la manche dans les rues de San Francisco, après avoir laissé seulement quelques enregistrements épars, échantillons trop brefs de ce que son talent aurait pu produire.

A la trompette aussi, Nathaniel Meeks, éternel *sideman*, un de ces membres anonymes des grands orchestres de passage en Californie, honnête exécutant qui ne franchira jamais la haie de la notoriété, et dont l'histoire du jazz n'a gardé qu'une trace rapide, comme une note en bas de page.

Au piano, Jimmy Bunn, soliste raffiné et exigeant qui, au moment de son incarcération à San Quentin, a déjà accompagné les plus grands, comme Charlie Parker ou Dexter Gordon. Il finira sa vie dans l'anonymat, piano oublié, servant de chauffeur aux pensionnaires d'une maison de retraite de Los Angeles.

Au saxophone alto, Earl Anderza, ancien lycéen prodige, sorti brièvement de prison pour enregistrer un disque unique et fulgurant en 1963, avant de retourner à l'obscurité. Anderza n'a laissé de trace dans aucune encyclopédie du jazz, et sa vie reste un long puzzle de silences et d'énigmes.

Au saxophone alto encore, Frank Morgan, perdu pour la musique après son premier disque en 1955, émergeant comme ressuscité trente ans plus tard, talent intact, après avoir passé l'essentiel de sa vie adulte en prison.

A la contrebasse enfin, Frank Washington, amateur autodidacte, qui passa vingt ans à San Quentin, où se déroula toute sa vie de musicien. Inconnu à l'extérieur, mais pilier infatigable des orchestres de jazz de l'intérieur.

Tous ceux-là furent ensemble, à San Quentin, entre avril 1962, date de l'arrivée de Frank Morgan, et octobre, date de la libération d'Earl Anderza et du départ d'Art Pepper pour une autre prison californienne. La dissolution de notre San Quentin Jazz Band, informel et fluctuant, sera définitive en novembre 1962 avec les départs de Nathaniel Meeks et Dupree Bolton.

Sans oublier tous les autres, la grande galaxie des musiciens qui tournent à un moment ou à un autre autour de notre orchestre, à l'orée des années soixante, ce moment de la concentration à San Quentin des plus grands talents. Les jazzmen et les musiciens country, joueurs de rhythm'n'blues ou chanteurs de gospel. Citons Onzy Matthews, pianiste et compositeur, qui finira par surmonter ses problèmes et deviendra un arrangeur de Duke Ellington. Clifford Solomon, saxophoniste puissant et rugueux, plus tard un des piliers de l'orchestre de Ray Charles. Merle Haggard, l'une des grandes vedettes de la « country music ». Et les autres, les obscurs et les sans-grade, souvent autodidactes, qui découvrirent la musique en prison, et qui apprirent seuls, dans leurs cellules, à jouer d'une guitare, d'une trompette ou d'un harmonica empruntés à la salle des instruments.

Tous ceux qui suivirent parfois les cours d'éducation musicale (débutants, puis « avancés ») dispensés à San Quentin, et purent accompagner les stars, au hasard des jam-sessions dans la cour de la prison, ou des concerts plus officiels organisés par les autorités.

Et pourtant ils jouent. Dans cette prison violente et surpeuplée, aux tensions raciales électriques, des musiciens composent, jouent, chantent, répètent ensemble et se donnent en concert. Les junkies et les cambrioleurs, les trafiquants et les violeurs, les assassins et les escrocs montent sur scène pour y jouer leurs propres compositions, ou alors des standards, classiques du jazz moderne ou ballades immémoriales. *What is this thing called love? I only have eyes for you. Love for sale.*

Certains continuent simplement d'exercer en prison leur métier, entretenant leur savoir-faire, au cœur de leur art. D'autres trouvent dans la musique une nouvelle aventure. Ces anonymes ont pu se hisser à un niveau qui leur permet de jouer avec les stars que l'héroïne a envoyées à San Quentin. Ils jouent dans la chapelle ou en plein air, sur des estrades en bois bâties et clouées à la diable pour les concerts destinés à distraire les détenus, ou le samedi soir pour le *warden's show* dans la cantine de la prison. Ils jouent faute de mieux, pour oublier, ou pour s'évader, pour trouver un exutoire à une rage contenue ou pour s'abandonner au plaisir simple d'une jam-session, sans autre enjeu que le plaisir de jouer. Pas de salaire, pas de cachet, pas de pourcentage sur les recettes de l'entrée ou sur les ventes d'un disque. Pas de dépenses incontrôlables en doses d'héroïne pluriquotidiennes. En prison, le jazz n'est plus un métier. C'est leur raison de vivre.

2
Jouer

Photographie d'identité. Empreintes des dix doigts. Se mettre nu pour la fouille, intime, rectale, humiliante. Abandonner ses objets personnels, briquet, stylo, bijoux, montres, vêtements. Recevoir les objets impersonnels de la vie bientôt ordinaire. Dans le paquetage, peigne et taie d'oreiller. Savon et cuiller à café. Trois couvertures militaires ornées de l'inscription « Etat de Californie ». Un petit miroir, deux draps. Un rasoir et quelques lames. Un sac en papier empli de poudre dentifrice. Le règlement des prisons californiennes. Un uniforme en toile de jeans. De grosses chaussures de couleur marron.

Et une paire d'écouteurs, pour écouter la radio. A son arrivée à San Quentin, le prisonnier sait au moins qu'il aura droit à la musique. Dans sa cellule, il pourra brancher l'appareil dans une petite prise murale pour profiter des sons extérieurs sans déranger son compagnon de cellule. Programme musical propre à la prison, nouvelles filtrées, échos de la vie californienne, rumeurs du dehors, de l'Amérique et du monde. Les retransmissions s'interrompent après l'extinction des feux, l'écoute est libre pendant la journée.

Mais le musicien qui entre à San Quentin, que ses pensionnaires surnomment la « Bastille au bord de la baie », a d'abord besoin d'un instrument. La musique en prison commence par cette quête triviale : sur quoi jouer ? Comment retrouver l'instrument de la liberté perdue, saxophone ou trompette, guitare ou trombone, contrebasse ou batterie ? Comment remettre ses mains sur un piano, quand les quelques pianistes de la prison se disputent le tabouret, et qu'il faut attendre son tour ? Les instruments lourds et encombrants, contrebasse ou batterie, sont rares. On se les repasse d'un musicien à l'autre, selon la disponibilité, l'agenda des répétitions ou le calendrier des concerts organisés par le conseil des détenus, organisme élu, ersatz de démocratie participative et encadrée. Le mandat du président du conseil étant arrivé à son terme, les détenus ont élu en avril 1962 George McGee, qui l'a emporté dans un scrutin serré contre D.I. Daniels, après une campagne des plus sérieuses, discours programmatiques compris. Fidèle à sa pratique habituelle, le *San Quentin News*, relatant l'événement, n'a pas mentionné les raisons pour lesquelles McGee ou Daniels se trouvent à San Quentin.

Trompettes, saxophones, flûtes, guitares, trombones, sont répartis parmi les détenus au petit bonheur la chance. Certains possèdent et gardent pour eux l'embouchure de leur trompette, le bec de leur saxophone. Les plus veinards, ou les plus respectés, ou ceux qui inspirent le plus de crainte, mettent parfois la main sur un instrument qui leur appartiendra de fait. La prison peut aussi recevoir des dons d'associations caritatives, d'écoles de musique, ou de particuliers, qui viennent enrichir la collection d'instruments parfois des plus exotiques : à l'été 1962, une dame de Stockton, petite ville à l'intérieur des terres du nord de la Californie, fait ainsi don à San Quentin d'un instrument à vent chinois, le So-Na, sorte de trompette à corps en bois et embouchure en cuivre, doté de deux anches, qui sert en principe à célébrer les enterrements le matin et les mariages l'après-midi, explique, savant, le *San Quentin News*. L'objet est confié au département de musique, et un appel est lancé aux volontaires intéressés par l'apprentissage des rudiments du curieux instrument. Verdi Woodward, héroïnomane emprisonné pour cambriolage, passé par plusieurs prisons californiennes au début des années soixante, raconte une visite de sa femme Sylvia, à San Quentin. Il lui demande de lui apporter la prochaine fois en contrebande une dose d'héroïne, et essaie de la convaincre que l'héroïne n'est pas pour lui, et qu'elle lui servira juste à se procurer de l'argent pour pouvoir s'acheter son propre saxophone. Il y a une liste d'attente pour les instruments à la prison, parce que tout le monde semble vouloir devenir saxophoniste [1]...

Les détenus qui en ont les moyens peuvent aussi commander leur instrument sur un catalogue de vente par correspondance. L'objet est entièrement démonté à son arrivée à San Quentin, pour vérifier que rien n'y a été dissimulé. Art Pepper, dans ses Mémoires, se souvient ainsi d'un détenu condamné à perpétuité qui avait pu commander son saxophone par la poste. Un vieux catalogue automne-hiver 1962 de la maison Sears – la grande référence de la vente par correspondance – donne une idée des instruments proposés, et de leurs prix de l'époque. On peut tout acheter chez Sears, du piano à l'ukulélé, du saxophone à l'harmonica en passant par la trompette et toutes les guitares, électriques ou acoustiques. Art Pepper aurait ainsi pu acheter cette année-là un saxophone alto de marque Silvertone pour 194,95 dollars, auquel il aurait fallu ajouter 1,75 dollar de frais de port. Il en aurait coûté à Dupree Bolton 84,95 dollars pour se procurer une trompette, ou 124,95 dollars s'il avait voulu l'instrument de qualité supérieure, dite « symphonique ». L'ukulélé était vendu

---

1. *Hope to Die, a Memoir of Jazz and Justice*, Verdi Woodward, Schaffner Press, 2006.

9,95 dollars, l'harmonica 1,98 dollar. Il fallait compter 28,95 dollars pour une guitare de jazz acoustique, mais jusqu'à 169,95 dollars pour une guitare électrique « conçue pour les experts ». Le salaire mensuel moyen des emplois proposés par la prison tourne alors autour de trois dollars par mois.

S'il est déjà une star reconnue, ou si les autres musiciens ont entendu parler de lui, le musicien professionnel arrive à San Quentin auréolé d'une notoriété qui attire les sollicitudes. Frank Morgan, à la fin des années quatre-vingt, affirme qu'un saxophone l'attendait dans sa cellule le jour de son arrivée, fêtée par ses codétenus. Mais sa mémoire, vingt ans plus tard, était peut-être heureusement sélective. A l'époque, l'administration pénitentiaire n'a sans doute pas ces tolérances, alors qu'elle peut punir un détenu pour avoir trouvé dans sa cellule une flûte empruntée « sans autorisation » à la salle des instruments [1].

Verdi Woodward retrouve à San Quentin un de ses amis, Red, avec qui il partage bientôt l'organisation de paris clandestins sur les matchs de football américain. Red veut un jour lui faire un cadeau et lui offre une dose d'héroïne, qu'il va s'injecter rapidement dans sa cellule. Mais il y a plus, et presque mieux, sous le lit, surprise organisée par son ami : un vieil étui contenant un saxophone baryton, Conn modèle 12M. Verdi sort, et se met à jouer dans la cour de la prison. Sa bouche lui fait mal, après un long manque de pratique. Il arrive enfin à jouer un de ses airs préférés, *Round midnight*. « Assis là, dominant la grande cour, défoncé, libre d'angoisse, mon sax sur les genoux, je savais que c'était sans doute la meilleure sensation que j'éprouverais jamais [2]. »

Les prisonniers doivent la plupart du temps se partager les instruments entreposés dans la *band room*, la

---

1. Voir le chapitre sur Frank Washington.
2. *Hope to Die,... op. cit.*

salle de musique qui sert aussi de lieu de répétitions et qui avait abrité la potence à l'époque où la Californie préférait les exécutions par pendaison. Dans les années cinquante et soixante, la pièce est confiée à un détenu chargé de l'entretien et de la garde du piano, de la batterie, des guitares et des cuivres. C'est le lieu de passage et de rendez-vous des musiciens, amateurs ou professionnels qui se regroupent en petites formations à la composition variable, au gré des affinités.

Malcolm Braly effectue, au début des années soixante, son deuxième séjour à San Quentin. « La première fois que j'avais séjourné à Q, j'avais l'impression que tout le monde voulait être boxeur. Cette fois tout le monde voulait être musicien. Y compris moi. Je voulais être *cool* jusqu'à ce qu'on me dise qu'il n'était plus *cool* de dire *cool*. J'ai pris une flûte, et j'ai commencé à apprendre [1]. »

Braly participe aux expositions de peintres amateurs organisées dans la prison, et se contente d'un travail de peintre professionnel dans l'un des ateliers de la prison. Il peint des pancartes, ou de petits jouets en bois vendus au magasin de la prison. Pour le reste, puisque la mode est à la musique, va pour la musique. Il s'essaie à la flûte, traîne autour de la salle des instruments, parmi tous les prisonniers qui forment ou qui reforment de petits groupes de jazz. Il va pousser son autoapprentissage jusqu'à la composition musicale, et reçoit même en 1959 le premier prix de la catégorie « compositions pour orchestre » du concours de musique de la prison. Titre de sa composition gagnante : *Egyptian March*.

Quand il sort pour la deuxième fois de San Quentin, et dans l'interlude précédant son dernier séjour, le futur écrivain a suffisamment appris pour aller faire un bœuf avec sa flûte de location dans les clubs de North

---

1. *False Starts, Memories of San Quentin and Other Prisons*, Malcolm Braly, Little Brown & Co, 1976.

Beach, à San Francisco, avec quelques musiciens plus professionnels. Verdict un soir de Kovin, saxophoniste ténor compagnon des soirées dans un club à l'enseigne de Mrs Smith's Tea Room : « Tu joues des trucs pas mal, mais ton problème c'est que tu ne travailles pas assez »...

A San Quentin, chaque soir, après le dîner et l'appel de l'après-midi qui a lieu dans les cellules, les portes s'ouvrent à 18 h 30. Une heure plus tard commence la *music hour*, l'heure de musique. Dehors dans les grandes cours, ou à l'intérieur, c'est le grand tintamarre des artistes amateurs. Le chanteur de country music Merle Haggard, emprisonné pour une tentative de fric-frac dans un bar, se souvient qu'à San Quentin au début des années soixante, tout le monde donnait l'impression de vouloir devenir guitariste et chanteur. Tous les jours à heure fixe, pendant la *music hour*, la musique noie les bruits ou les hurlements habituels de la vie carcérale. Saxophones, guitares et banjos accompagnent les rixes et tabassages. Un soir, un Noir et un Latino s'insultent mutuellement et se promettent la mort. Le lendemain matin, le Noir est mort [1].

Solos approximatifs, voix poussives, cacophonie de débutants. A 19 h 30 commence le cauchemar de ceux qui aimeraient pouvoir lire, ou somnoler dans leurs cellules, ou au contraire le plaisir simple de ceux qui ont repéré les groupes plus talentueux. Malcolm Braly raconte ce moment quotidien dans son roman de 1967 *On the Yard* :

« Chilly buvait son café et écoutait une guitare, quelque part, pas loin, qui se baladait comme un manouche d'accord mineur en accord mineur, de plus en plus plaintive, jusqu'à l'explosion dans un flamenco bref et furieux. Plus loin, à l'un des niveaux inférieurs,

---

1. *My House of Memories. For the Record*, Merle Haggard & Tom Carter, Harper Entertainment, 1999.

quelqu'un chantait un blues répétitif et presque parlé d'une voix profonde et éraillée (...) Et à l'autre bout du bloc un autre musicien faisait des gammes sur une trompette, de plus en plus haut, et Chilly n'était pas mécontent que la trompette soit loin [1]. »

La *music hour* est aussi le moment où se retrouvent les petits groupes de musiciens professionnels auxquels se joignent à l'occasion les plus doués de ces amateurs. Jazzmen ou bluesmen, adeptes du rhythm'n'blues ou du rock naissant, fervents des rythmes latinos dans lesquels baigne la Californie du Sud : toutes les musiques sont là, jouées par tous les musiciens que l'héroïne a amenés à San Quentin. Ils jouent dehors quand il fait beau, à l'intérieur quand le froid monte de la baie, et, les jours de pluie, sous le grand préau qui jouxte le quartier des condamnés à mort.

La musique à San Quentin s'est développée depuis la nomination, en septembre 1957, de Fred Dickson, un directeur aux idées réformistes. Mais la prison avait déjà une tradition musicale. Pendant la Seconde Guerre mondiale, un big band de prisonniers avait connu un certain succès et passait même chaque semaine sur les ondes d'une radio de la région. Son air fétiche, dont le titre est sans doute un clin d'œil : *Time on my hands* (J'ai tout mon temps) [2]...

Fred Dickson arrive à San Quentin en affichant son intention de développer les programmes de formation des détenus – et notamment l'éducation musicale, et les arts en général. Il envisage aussi d'ouvrir davantage les portes de la prison aux visiteurs extérieurs, ce qui se traduira bientôt par des concerts ou des expositions de tableaux accessibles aux familles ou aux simples curieux de la région.

---

1. *On the Yard*, Malcolm Braly, Little Brown & Co, 1967.
2. *West Coast Jazz, Modern Jazz in California, 1945-1960*, Ted Gioia, University of California Press, 1992.

Les cours de musique, pendant l'année 1961-1962, sont devenus sérieux. San Quentin a organisé des classes par niveaux. En musique comme dans les autres disciplines, on est noté, on passe d'une classe à l'autre, et tout a été fait pour recréer le parcours d'un académisme appliqué. Il y a un cours « Musique 1 », sous-titré « Cordes, débutants et intermédiaires ». L'objectif est décrit dans un document officiel du Département pénitentiaire de Californie. Les élèves détenus doivent parvenir à une « compréhension de la nomenclature, de la construction et de la manipulation des instruments à cordes et à clavier », après qu'on leur aura enseigné « les principes de base de la notation musicale ». Les élèves se verront aussi proposer des problèmes d'écriture musicale simple, et des exercices sur les accords. Trois livres serviront de base au cours : *La Guitare classique*, livre 1, de Nick Manoloff, la *Méthode de guitare moderne*, de George Smith. Et la *Méthode de basse*, de Bob Haggart. Le cours de Musique 3 est destiné aux débutants intéressés par les instruments à vent – cuivres ou bois – et les percussions. Ils pourront ensuite suivre le cursus de Musique 2, le niveau intermédiaire. Le but alors devient sérieux : il s'agit de fournir aux élèves « l'occasion de jouer ensemble afin qu'ils puissent développer leur sens du tempo, de la tonalité, de la nuance et du phrasé ». Les élèves apprendront aussi à composer, et leur formation jouera ces créations originales.

C'est la musique comme rédemption, le « progrès par l'éducation », que proclame le journal de la prison, le *San Quentin News*, en bannière de toutes ses unes. Les concours annuels de musique créative participent de cette rééducation. Ils visent à montrer que par leur activité musicale, les détenus peuvent aspirer à une vie non seulement « normale », mais qui n'exclut pas la possibilité de parvenir un jour au plus haut – sur scène, autant dire star, célébré par ses semblables. Le musicien qui monte sur la vague estrade ou sur la construction de bois bancale assemblée pour l'occasion, sert alors d'exemple. En se produisant devant les autres prisonniers, en s'exposant à leurs ovations, ou même d'ailleurs parfois à leurs sifflets, il incarne aux yeux des enfermés de l'ombre la possibilité d'une vie de lumière et de liberté.

Sur scène, applaudis ou sifflés, le saxophoniste ou l'acrobate, le jongleur ou le chanteur, le guitariste ou le danseur s'évade vers d'autres vies possibles, où l'éclatante réussite n'est pas inconcevable. Le journal de la prison fait son travail, consacre des colonnes à raconter les concerts et à entourer les lauréats de sérieux encouragements critiques : un certain Eddie Reed, chanteur qui se produit lors du concert du festival de 1965, est comparé à Frank Sinatra pour son interprétation d'une ballade composée par un certain Trupe, *Just walk away* : « Les paroles d'une bonne chanson, écrit le *San Quentin News*, ne devraient pas résonner comme si elles avaient été écrites. Le chanteur doit pouvoir donner l'impression qu'il les invente au fur et à mesure. Seuls quelques chanteurs ont réussi à maîtriser cet art subtil. Sinatra est le meilleur, mais Nancy Wilson y est remarquable, et notre Eddie Reed est en train de les rattraper rapidement [1]. » La prison est aussi un univers où un Eddie Reed peut être comparé à Frank Sinatra. Monde en partie virtuel, réinventé, toujours tendu entre l'espoir et l'illusion.

Le premier « concert de musique créative » de San Quentin a eu lieu en 1955. Le principe va rester immuable pendant plus de dix ans : un jury composé de trois ou quatre personnalités de la région de San Francisco – directeurs de conservatoire, professeurs d'université, musiciens professionnels – attribue des prix aux compositions présentées par les détenus, dans

---

1. *San Quentin News*, 11 novembre 1965.

plusieurs catégories musicales. Jazz, musique latino, classique, musique religieuse, arrangements pour grands orchestres, folk, musique pop....

Le concours a lieu au printemps. Les concurrents soumettent d'abord leur composition, et les lauréats ont ensuite l'occasion de les jouer pour les autres détenus lors d'un concert en plein air. Les noms de ces lauréats sont depuis longtemps oubliés. Qu'est devenu par exemple Franklino Estrada, guitariste vainqueur de la catégorie jazz en 1956 pour *Swing for Pogo* ? Ou Lowell Norton, dont le *Lost love* décrocha en 1958 le premier prix de chanson, et sa récompense de 6 dollars, à dépenser au magasin de la prison, cigarettes ou bonbons, biscuits ou crème à raser ? Qui a jamais entendu l'*Egyptian March* de Mal Braly, devenu auteur de polars et de récits de prison ? Qui se souvient de ce Viatolis, qui l'emporta la même année dans la catégorie folk avec une polka d'été, *Summer Polka* ? Et où est passé Paul Bernhardt dont le *Stratesphunk* fut couvert d'honneurs en 1965 ?

Les règles du concours sont précises. Pour l'édition de 1959, elles courent par exemple sur quatre pages dactylographiées. Cette année-là, le jury de quatre membres est présidé par Enrique Jorda, le chef de l'Orchestre symphonique de San Francisco. Dix catégories de compositions musicales, de « vocal populaire » à « composition pour orchestre de danse » ou « arrangement pour orchestre de concert » en passant par « national » (catégorie qui comprendra « toutes les musiques latino-américaines » ainsi que les marches pour fanfare). Les règles sont pointilleuses. La partition doit obligatoirement avoir été composée par un détenu de San Quentin, pendant son séjour à San Quentin. Elle peut aller jusqu'à une structure harmonique en cinq voix, mais pas plus. Le morceau composé ne doit pas dépasser trois minutes. Les doubles dièses ou doubles bémols sont interdits, tout comme les tempos inhabituels – du type 6/4 ou 7/8. Les participants ne peuvent soumettre plus de cinq compositions. La partition doit être produite en quatre exemplaires. Ecrite à l'encre si possible, mais le crayon est toléré. La partition peut être jouée au piano solo. Les participants peuvent faire accompagner leur œuvre par une contrebasse ou une batterie. Mais maracas, guitares, tambourins, congas ou bongos sont proscrits. Les morceaux sur lesquels les concurrents des catégories « arrangement » devront travailler seront *The mood is blue*, de Gilbert et Fine, dans la catégorie « danse », et *Poupée valsante*, d'Edouard Poldini, dans la catégorie « concert » (*Poupée vasante*, écrivent systématiquement les documents de la prison pour l'œuvre de ce compositeur hongrois de la première moitié du XXe siècle). Le premier devra être arrangé pour quatre saxophones, trois trompettes, deux trombones et trois instruments de la section rythmique. C'est là un minimum. Le quota d'instruments à ne pas dépasser est également précisé. Pour *Poupée valsante*, est indiqué de la même manière minutieuse le nombre minimum de clarinettes, saxophones, tubas, cymbales, flûtes et contrebasses, cornets, hautbois, trompettes et trombones, et grosses caisses. Pour le chant choral, la composition doit prévoir un minimum de cinq voix, et un maximum de douze. La date limite de remise des partitions est fixée au 20 mai 1959, à 16 heures. Trois prix seront décernés dans chaque catégorie. Cinq dollars pour le lauréat, trois dollars pour le second, un dollar pour le troisième. En comparaison, le travail dans un des ateliers de la prison est rémunéré aux alentours de trois dollars par mois.

Ces années-là, ce sont souvent les mêmes noms qu'on retrouve au palmarès. Les musiciens professionnels bien sûr se distinguent, impressionnant peut-être les jurés autant par leur réputation déjà acquise que par leur talent du moment. Dupree Bolton reçoit le premier prix pour sa composition *Katanga* en 1961. Art Pepper l'emporte en 1962, Frank Morgan en 1963. San Quentin est devenu un réservoir de talents musicaux. Comment ne pas donner un prix à Art Pepper s'il soumet une de ses compositions au festival de musique créative ?

Mais la liste est encore plus longue des amateurs. Musiciens d'occasion qui n'auraient peut-être jamais rencontré le jazz, le gospel ou la country, si leur vie n'avait été changée par une décision de la justice californienne. Sans compter les professionnels plus ou moins obscurs, relégués à l'arrière des grands orchestres, accompagnateurs anonymes qui brillent d'un éclat un peu plus vif à l'intérieur de la prison. San Quentin consacre les stars de l'extérieur, mais à l'intérieur de ses murs, produit aussi ses propres vedettes. Frank Washington, le contrebassiste et compositeur qui fait partie intégrante de notre San Quentin Jazz Band. Ou Nathaniel Meeks, trompettiste à la carrière discrète et heurtée.

Ou tous ceux dont la réputation ne franchira jamais les murailles. Les archives de Californie ont perdu l'essentiel de la trace judiciaire d'Aaron Burton, l'un des compositeurs le plus régulièrement récompensés à San Quentin au tournant des années cinquante. Il reste de lui un vieux microfilm à peine lisible, une fiche résumant brièvement une carrière de prisonnier enfermé pour agression sexuelle. L'employé des services pénitentiaires a même ajouté à la main qu'Aaron Burton aurait parfois été connu sous le nom de Bolton. Comme si on l'avait confondu avec Dupree Bolton, le trompettiste éblouissant qui accomplit l'essentiel de sa carrière musicale à San Quentin, entre deux disques de feu.

Aaron Travis Burton est natif de l'Oklahoma, où il a vu le jour en 1934. D'après le vieux microfilm, il exerçait au moment de son emprisonnement le métier de manœuvre. Education secondaire, mais pas de formation spécialisée particulière. Il a 19 ans quand il est condamné en Californie pour « agression avec intention de commettre un viol ». Le jury lui inflige une peine pouvant aller de un an à vingt ans de prison. Il est incarcéré pour la première fois à San Quentin en janvier 1953. Passe ensuite trois ans à être baladé entre San Quentin et Folsom, une autre prison californienne tout aussi sinistre. A partir de juillet 1956, l'administration semble décider que San Quentin lui convient mieux, et l'y installe.

Burton a sans doute été initié à la musique dans son adolescence. Dès juin 1958, son nom apparaît pour la première fois au palmarès du festival de musique de San Quentin, dont c'est la quatrième édition. Le jury d'experts extérieurs le récompense pour sa composition *Councils adjourned*, dans la catégorie musique populaire, instrumentale.

Il sort de San Quentin en liberté surveillée en mai 1959. Les raisons pour lesquelles il retourne en prison deux ans plus tard se sont perdues avec les archives judiciaires de Californie. Récidive? Simple manquement aux conditions mises à sa libération – mais il faudrait dans ce cas que ce soient des manquements sérieux? En juillet 1961, il est de retour à San Quentin.

En juin 1962, Aaron est l'un des principaux lauréats du concours musical de la prison. Soumet pas moins de sept compositions au jury. L'emporte dans les catégories pop, avec *Thanks*, et folk avec un morceau au titre amer, *Feeling free* (Se sentir libre). Il reçoit aussi le troisième prix de la catégorie jazz avec *Mo-Mo-Glo*. On le voit poser sur la photo publiée à la une du *San Quentin News* du 21 juin, au côté d'un certain Danny Jones – qui s'est distingué dans la catégorie musique religieuse – et de deux des membres de notre jazz band, Frank Washington et Art Pepper.

L'année suivante, Aaron Burton reçoit le prix attribué par la fondation Robert Lindner, qui organise chaque année un concours artistique – en littérature, en art et en musique – dans les prisons américaines. Aaron remporte la palme de composition musicale avec *Feeling free,* déjà récompensée à San Quentin. La distinction lui vaut à nouveau les honneurs de la une du *San Quentin News*. Le morceau est présenté comme « un arrangement latino-américain coloré écrit pour un rythme de bossa-nova ». Burton reçoit 50 dollars. Bizarrement, il n'est pas récompensé cette année-là pour les morceaux qu'il présente au neuvième festival de musique de San Quentin.

Il retrouve sa place au palmarès de 1964, avec un premier prix pour *A dollar's worth,* dans la catégorie « jazz ouvert ». En octobre de cette année, il sort à nouveau de San Quentin, en liberté surveillée. Il y revient quelques mois plus tard, au début de juin 1965. Juste à temps pour participer à nouveau au concours de musique, où ses compositions seront distinguées par le jury et saluées par le *San Quentin News* pour la « complexité de leur structure mélodique ».

Là encore, les raisons de ses récidives et de ses retours en prison se sont perdues avec les archives de la prison. Aaron Burton a sans doute été rangé dans la catégorie des délinquants sexuels. Il est noté sur sa fiche que les autorités du comté de San Francisco ont demandé à « être informées trente jours à l'avance de sa libération », si elle doit avoir lieu. Signe de méfiance classique de la part des autorités vis-à-vis de cette catégorie de délinquants. C'est sans doute dans cette région qu'il a commis son crime de 1956.

Burton sort à nouveau de prison en août 1966. Une fois de plus, sa période de liberté est brève. En mai 1967, son dossier indique qu'il a enfreint les termes de sa conditionnelle. Aucune précision sur la nature de la rechute. En juin, il retrouve San Quentin. Sa trace s'arrête là. Il a 33 ans, dont quatorze de prison. Ces allers et retours incessants entre sa cellule et la liberté évoquent ce que dira plus tard Frank Morgan, pensionnaire pendant trente ans du système carcéral californien. « Si tu manques de confiance, être un gros poisson dans un petit étang est plus facile que d'apprendre à vivre dans le monde extérieur. Alors c'était facile pour nous de retourner en prison, puisqu'on savait qu'on nous y accueillerait à bras ouverts [1]. » Un ancien détenu trentenaire, sans qualification, sans attaches, sans histoire autre que la prison, où il avait fait son trou et son nom, a peut-être trouvé dans les rues de San Francisco ou de Los Angeles toutes les occasions de retourner à San Quentin. Avant de disparaître, à compter de juin 1967, dans l'anonymat des histoires oubliées. Impossible de savoir aujourd'hui si Aaron Burton est jamais sorti du système pénitentiaire californien, s'il est mort en liberté, ou même s'il vit encore, oublié, quelque part aux Etats-Unis, âgé de plus de 70 ans, la mémoire encombrée de souvenirs, rêvant des musiques qui auraient pu façonner sa vie.

Une recherche lancée un peu par hasard m'a néanmoins permis de trouver le nom choisi par l'ancien prisonnier pour vivre en liberté. En consultant un jour les archives en ligne du Bureau des copyrights américains – où sont déposées toutes les œuvres, littéraires ou artistiques, couvertes par les droits d'auteur –, j'ai retrouvé la trace d'un Aaron Burton qui aurait choisi le pseudonyme de Roy Brown. Pas de doute possible sur son identité : une des trois œuvres déposées en son nom est ce *Dollar's worth* récompensé à San Quentin en 1964. L'œuvre a été enregistrée le 1er avril 1963, date à laquelle Burton était encore incarcéré. Quelqu'un aurait donc sans doute effectué ces démarches légales pour lui. Deux autres morceaux, *Though not in sight*,

---

[1]. « Dues and don'ts : altoist Morgan puts a troubled past behind him », Larry Kart, *Chicago Tribune*, 26 avril 1987.

déposé le 30 janvier 1962, et *Christmas time*, le 18 mai 1962, ont été enregistrés tout comme *Dollar's worth* au nom d'« Aaron Burton alias Roy Brown ». En 1989, l'auteur est semble-t-il encore vivant, et il a changé officiellement de nom : le 13 septembre, une demande de correctif est déposée pour le dépôt de *Christmas time*. La composition s'appellera désormais *Christmas*, et son auteur devient officiellement Roy Brown. Et cette mention supplémentaire dans les registres de l'US Copyrights Office : « demande originale : Aaron Burton (changement de nom) ». Aaron Burton devenu Roy Brown pour oublier sa vie de prisonnier et entamer une autre vie consacrée à la musique ? Après ces trois titres officiellement enregistrés sous son nom d'emprunt, sa trace se perd définitivement.

Stewart Lee Babbitt est un autre délinquant sexuel passé par San Quentin au début des années soixante. Il entre en prison à un âge déjà avancé puisqu'il a 46 ans en mai 1960 quand il est condamné, apparemment pour la première fois, pour attentat à la pudeur. Sa peine est fixée à un terme pouvant aller d'un an à la perpétuité. Il arrive à San Quentin en juillet. Sa fiche indique qu'il est né dans l'Iowa, marié avec un enfant, de religion catholique et ingénieur commercial de profession.

« Stew » Babbitt a sans doute déjà en outre quelques talents de musicien amateur. En 1961, il place sa version de *Gone with the wind* en première place de la catégorie arrangements, devant *These foolish things* présenté par Earl Anderza. Deuxième place avec sa composition *Pardon me*, dans la catégorie jazz et formes expérimentales. Et première place encore dans la catégorie folk avec *Kuu Pua Loke*, écrit en collaboration avec un autre détenu, Neil Young. Stew Babbitt dirige aussi l'orchestre qui interprète les morceaux gagnants à l'occasion d'un concert en plein air. L'année 1962 est celle des stars, et c'est peut-être la raison pour laquelle Babbitt semble absent cette année-là des comptes rendus du *San Quentin News*. En 1963, il place à nouveau plusieurs de ses compositions au palmarès du festival de musique. Il a collaboré avec un certain Elmer Dugger pour écrire *I'm dead* et *I think of you* – deuxième et troisième prix de la catégorie musique populaire. Et une autre de ses compositions, *Lili Chiquita*, obtient le deuxième prix en folk. Le 23 juin, Babbitt chante lui-même ses compositions en concert.

Le concours de 1964 est pour lui une apothéose. Sept récompenses, dont quatre premiers prix, pour le « joueur de basse et pianiste vétéran », comme le décrit le *San Quentin News*. Notamment les première, deuxième et troisième places dans la catégorie populaire. Babbitt est désormais le chef d'orchestre attitré du big band de la prison. Sa fiche de prisonnier le décrit comme un « délinquant sexuel mentalement dérangé ». Il sera libéré en conditionnelle en août 1966, mais retournera un mois plus tard à San Quentin et ne sortira du système qu'en juillet 1975, à 61 ans.

Les musiciens qui jouent le week-end et pendant la *music hour* se retrouvent aussi le samedi soir pour le *warden's show*. Au début des années soixante c'est devenu une institution, le grand moment des visites de la prison organisées pour les associations californiennes venues se faire expliquer le sens de la mission rééducative de San Quentin. Ils sont deux cents à peu près, huit mois par an, à visiter San Quentin le samedi soir « pour mieux comprendre le programme du Département pénitentiaire de Californie » ou, comme l'écrira le *San Quentin News*, pour « promouvoir les bonnes relations entre les contribuables et les détenus »... Le club de ski nautique de Golden Gate, une association d'immigrants de Fremont, les dames patronnesses de Sunnyvale ou les propriétaires de *mobile home*. Un club d'échecs ou une association sportive, une chorale ou une congrégation religieuse, une loge maçonnique, le Rotary Club ou une association de commerçants. Quinze ans plus tard, Malcolm Braly, dans ses souvenirs de prison, raconte l'événement hebdomadaire [1]. On boucle d'abord dans leurs cellules les fous, les violents, les durs et les ivrognes. On laisse ensuite entrer les visiteurs. Membres d'associations caricatives, scouts, francs-maçons, anciens policiers, ou chambres de commerce. Promenade dans la grande cour, petit tour jusqu'au bloc nord, ascenseur pour aller admirer la chambre à gaz et sa belle couleur vert pomme. Dîner dans le réfectoire des prisonniers, frisson garanti. Enfin le spectacle. Les visiteurs-spectateurs quittent ensuite la prison sur la recommandation de « ne prendre personne en autostop » en partant. Blague de quinze tonnes, humour automatique, plaisanterie de gardien.

   Le *warden's show* lui-même exige des artistes de talent dans toutes les catégories concevables du show-business. Le spectacle du samedi soir doit avoir de la tenue, le public doit être satisfait. On organise dans la prison la chasse aux talents. Le *San Quentin News* lance des appels périodiques pour recruter des musiciens, danseurs ou amuseurs qui devront faire le show. En novembre 1962, San Quentin accueille un nouveau « maître de musique », Gene E. Short, sorti de l'université à peine trois ans plus tôt, qui enseignait à San Diego et a répondu à une annonce. Short a dirigé plusieurs formations, à la fois des orchestres symphoniques et des fanfares. A San Quentin il donne trois cours : guitare le matin, instruments d'orchestre l'après-midi (débutants et moyens). Le soir, il fait répéter l'orchestre de la prison et prépare le *warden's show*. Dès sa première déclaration officielle, il appelle les détenus à s'inscrire : « Il nous faut davantage de volontaires pour l'orchestre ».

---

1. *False Starts, op. cit.*

Les cours de musique sont organisés pour les besoins de ce spectacle. Leurs horaires, aménagés afin que les répétitions ne perturbent pas la vie de la prison. Le *San Quentin News*, dans ses comptes rendus, cite volontiers les noms des artistes du samedi soir qui, après leur libération, réussissent à se faire une place dans le monde impitoyable du showbiz. Il faut encourager les vocations. Le message n'est même plus subliminal : au grand spectacle du samedi dans le réfectoire nord, les bons citoyens doivent rencontrer des prisonniers heureux.

Les musiciens du big band qui accompagne la soirée sont vêtus de costumes impeccables, smokings teints en noir à partir de la toile de jean « denim » qui sert de matériau de base pour la confection des uniformes de prisonniers. L'effectif du big band varie en fonction des époques et de la présence ou non à San Quentin de musiciens au moins passables – la formation peut compter sept ou huit musiciens, aller jusqu'à une vingtaine. L'orchestre assure les transitions entre les numéros des danseurs de claquettes, musiciens latinos, guitaristes country, solistes ou petites formations de jazz, acrobates, chanteurs, magiciens, comiques...

Au hasard, le programme du *warden's show* du week-end des 13 et 14 février 1960. A l'occasion de la fête nationale célébrant l'anniversaire d'Abraham Lincoln, San Quentin innove. Les 3 500 détenus auront pour la première fois le privilège d'assister à leur tour au même spectacle que celui donné le samedi soir pour les invités. Il y faudra pas moins de cinq représentations, puisque la salle ne peut pas contenir tout le monde. Tout se déroule selon les règles les plus classiques du showbiz. Le spectacle a été organisé, les numéros choisis et mis en scène par Keith W. Hayball, le professeur de musique de San Quentin. Il y a un animateur-maître de cérémonie : le détenu Malcolm Braly, qui en est au tout début de sa carrière d'écrivain. Braly, pour l'instant le matricule A-8814, assure l'intermède entre les numéros, et tente de faire rire l'auditoire en plaçant quelques plaisanteries obligatoires.

Le big band de la prison assure l'animation musicale, et les transitions. Son morceau d'ouverture : *Augmented sickness* – littéralement, « Maladie augmentée ». Un duo d'acrobates, Paul Gallagher et Robert Highland. Un chanteur, Bill Butler, accompagné sur le classique *My old flame* par Earl Anderza, l'un des saxophonistes altos de notre jazz band. Une formation country de trois détenus emmenés par Merle Haggard, futur grand de la country américaine, interprète la chanson célèbre de Johnny Cash, *Folsom prison blues*, composée quelques années auparavant, et que Cash lui-même était venu interpréter à San Quentin lors du concert de nouvel an de janvier 1959. Un duo latino, Los Tropicalis, composé des dénommés Valdivia et Silva, chante *Yo Yo Sé*. Un danseur de claquettes, Earl Ward, se produit ensuite au rythme de l'orchestre. Un autre chanteur, Dean Everett, interprète *I didn't know what time it was*. Phil Anderson joue *Stardust* à l'harmonica. Un quatuor de gospel, les Soul Senders, chante *When the saints go marching in*. Le surnommé « Rockin' » Rico se lance ensuite dans le hit de Peggy Lee repris par Elvis Presley, *Fever*. Et le spectacle se termine sur *How's your mambo*, une composition originale du leader du big band Charlie Caudle. L'orchestre lui-même compte neuf musiciens, avec notamment deux des membres de notre jazz band, Earl Anderza et le contrebassiste Frank Washington.

D'autres spectacles pouvaient voir défiler un joueur d'harmonica crachotant *Cherry pink and apple blossom white*, un mauvais ténor d'opéra imitant Mario Lanza et un pianiste se lançant dans un concerto de Tchaïkovski – mais jouant uniquement la partie de piano. Et aussi un dessinateur express, évoluant au son de *Round about midnight* de Thelonious Monk.

Un prisonnier dansant des claquettes sur *Tea for two*. Un joueur de cuillers. Ou un comique imitant John Wayne, Walter Brennan et Jimmy Stewart [1].

Malcolm Braly, qui a décroché là ce qu'il considère comme une des planques suprêmes de la vie de prisonnier, ne gardera pas l'emploi plus de six mois. Il sait qu'il n'est pas très bon, entend les blagues des musiciens dès qu'il approche du micro. Il annonce un jour au directeur du programme qu'il renonce à la tâche. L'autre accepte sur-le-champ, avec un visible soulagement.

Rick Cluchey, le créateur et l'âme de la troupe de théâtre de la prison, où il est en train de devenir un grand spécialiste du théâtre de Samuel Beckett, est aussi à l'occasion l'un des maîtres de cérémonie du spectacle du samedi soir. Quarante-cinq ans plus tard, il essaiera de retrouver des photos de ces moments, avec « Art ou Frank menant l'orchestre pendant que je raconte des blagues douteuses aux deux cents invités qui sont là. Pas mal, quand on pense qu'on avait droit à un repas décent, et qu'en plus on portait un beau smoking. Ensuite on rerouvait les sirènes, les sifflets, le bruit des portes d'acier et de quelques milliers de prisonniers [2] ».

Le spectacle du directeur n'est pas la seule occasion pour les musiciens enfermés de se produire sur scène. Chargé de la programmation musicale, le conseil des détenus organise aussi régulièrement des événements plus thématiques. Concerts de jazz ou de musique country pour les amateurs d'un style plus particulier. Difficile de ne pas voir là une tentative d'équité musico-raciale. Le jazz aux Noirs, la country aux Blancs, la salsa aux Latinos. Le conseil des détenus effectue en 1956 un sondage parmi ses auditeurs. La catégorie « western et populaire » est favorite, avec

---

1. *False Starts, op. cit.*
2. E-mail à l'auteur, janvier 2007.

48 % des préférences [1]. Mais le jazz arrive en deuxième position, avec 32 % des choix exprimés, également répartis entre les catégories dites « contemporain » et « progressiste », distinction dont il faut imaginer que les détenus ont compris la subtilité. Loin derrière, la musique latino et le classique.

Un « All Western Jamboree », le premier du genre, a lieu le 12 octobre 1960. Une trentaine de musiciens chantent pour les détenus des airs country et western, classiques ou compositions originales. Merle Haggard, qui est encore à San Quentin pour quelques semaines, interprète une chanson de Marty Robbins dont le titre résonne étrangement sur la petite estrade dressée dans la cour inférieure, sur le terrain de jeu : *I'll go on alone*, je vais continuer seul... Cinq cents prisonniers tapent des mains en rythme. Haggard interprète aussi *Swing blues number 1*, un air des années trente de Bob Wills et ses Texas Playboys. Le maître de cérémonie Lynn Butler, après avoir enchaîné les plaisanteries d'usage entre les morceaux, clôt le spectacle avec *Singing the blues*.

Les groupes de musiciens qui se forment ou se déforment au gré de leurs affinités ou sur le conseil des responsables du programme musical de San Quentin, sont sollicités pour des tâches diverses. A la fin des années cinquante une petite formation issue du big band de jazz, à l'époque mené par un certain Eddie Workman, anime par exemple les séances de cinéma organisées dans la prison. Le combo est dirigé par Tommy Makagon, un saxophoniste ténor qui a connu une brève carrière à la fin des années quarante et dont le principal titre de gloire est d'avoir un jour été l'un des accompagnateurs de Charlie Parker. Makagon est un des acteurs de second rang de la scène musicale de la côte Ouest qui préfigurent notre jazz band. Il disparaîtra du paysage musical après sa sortie de San Quen-

---

1. *San Quentin News*, 25 octobre 1956.

tin. Ce jour-là, il s'illustre notamment par son interprétation de *Moonlight in Vermont*. D'autres formations jouent le week-end dans la zone de réception des visiteurs, le dimanche pour les patients de l'hôpital de San Quentin, ou dans le quartier réservé aux malades psychiatriques.

Un autre musicien enfermé à la fin des années cinquante est Onzy Matthews, pianiste, arrangeur et chef d'orchestre qui n'a pas 30 ans, et dirige le big band de jazz pendant l'année qu'il passe à San Quentin, entre août 1959 et août 1960. On trouve ainsi l'annonce d'un concert programmé pour le samedi 28 novembre 1959 « à 9 h 10 du matin ». C'est un de ces horaires particuliers à la prison, où les concerts sont rarement nocturnes. L'orchestre doit jouer dans la cour inférieure, profitant d'un des derniers moments de l'année où il peut se produire en plein air. Frank Washington, qui deviendra le contrebassiste de notre jazz band, fait partie de la section rythmique de cet orchestre de douze musiciens. « Il y aura beaucoup de musiciens célèbres », écrit le *San Quentin News* pour vanter l'événement et attirer le public. Et d'égrener les noms de *sidemen* qui deviendront des habitués de ces concerts enfermés. Noms de musiciens de l'intérieur qui ne rayonneront jamais à l'extérieur, qu'on retrouvera de temps en temps aux côtés de stars plus incontestables. Frank Estrada, Doug Ferguson et Garry Perry aux trombones. Larry Hand et Phil Savage aux trompettes. Al Disarufino, Owen Reilly et Jerry Bourgerie aux saxophones. Brooke Ivey à la batterie.

Onzy Matthews, qui mène la bande, est né au Texas mais a grandi à Los Angeles, où il est arrivé à l'âge de 9 ans. Il a fréquenté le saxophoniste Dexter Gordon, et sans doute essayé les mêmes substances que lui. Il a été condamné pour cambriolage en 1954, a fait depuis le tour des principales prisons de Californie – Chino, Tehachapi, Folsom, Terminal Island – avant d'échouer à San Quentin en août 1959.

Après sa sortie de prison en 1960, Matthews travaillera un peu avec l'orchestre de Lionel Hampton. Il formera ensuite un big band dit « de répétition », spécialisé dans les accompagnements musicaux ou l'illustration sonore. On y retrouve une partie des grands toxicos de la côte Ouest. Dexter Gordon un temps, Frank Morgan pendant un bref épisode de liberté entre deux incarcérations, ou Frank Butler, qui rejoindra notre big band de San Quentin en 1964. Matthews est l'arrangeur d'un album de Lou Rawls, puis enregistre un album sous son nom, *Blues with a touch of elegance*. A la fin des années soixante, il est découvert par Duke Ellington qui lui confie quelques arrangements. Il remplace même le Duke au piano à l'occasion d'une tournée de l'orchestre. Après la mort d'Ellington, il s'installera à Paris pendant une quinzaine d'années, mènera en France un petit orchestre de jazz, tournera même en 1991 dans un film franco-australien improbable avec Miles Davis, *Dingo*, l'histoire d'un fan australien de jazz qui part à la recherche de son idole. Onzy le pianiste y interprète le rôle de... César, un trompettiste. Il échange deux ou trois répliques avec Miles Davis, fait semblant de jouer avec lui sur scène – concert simulé filmé au New Morning, à Paris. Onzy Matthews rentrera aux Etats-Unis en 1993, passant par New York avant de retourner à Dallas, où il mourra en 1997, à l'âge de 60 ans.

Pendant l'été 1964, c'est Frank Butler, batteur raffiné et élégant et pilier du jazz West Coast, qui fait un bref séjour à San Quentin. Il a 36 ans et se traîne d'une prison à l'autre depuis six ans, d'abord pour cambriolage – commis pour se procurer de l'argent pour ses doses d'héroïne – ensuite pour rechutes et violations répétées de sa liberté conditionnelle. Il a accompagné la plupart des membres de notre jazz band – ainsi sur les albums d'Art Pepper *Smack up* et *Intensity*, ou sur *The Fox*, le disque d'Harold Land où brille Dupree Bolton. Un autre batteur, le cabochard et rugueux Jo Jones, qui a longtemps tenu la batterie dans la machine à swing de Count Basie, a un jour qualifié Butler de « meilleur batteur du monde ». C'est l'archétype du musicien pour musiciens, le batteur que les plus grands s'arrachent quand ils se produisent sur la côte Ouest. Il a déjà joué avec Duke Ellington, Ben Webster et Miles Davis. Après San Quentin il enregistrera encore avec John Coltrane. Sorti définitivement du système carcéral en 1974, Butler renouera et jouera avec Art Pepper, travaillera un temps comme conseiller bénévole de toxicomanes, et finira sa vie en 1984 à Ventura, dans la banlieue de Los Angeles, à l'âge de 56 ans.

Les portes de la prison parfois s'entrouvrent pour des musiciens venus de l'extérieur, sollicités par le libéralisme relatif des directeurs de l'époque. Johnny Cash y donne un concert historique à l'occasion de la nouvelle année 1959. Cash avait écrit *Folsom prison blues*, du nom d'une autre prison sinistre du nord de la Californie. L'idée de la chanson lui était venue après avoir vu le film *Inside the Walls of Folsom Prison* alors qu'il faisait son service militaire en Allemagne au début des années cinquante. Le film de 1951 de l'obscur Crane Wilbur a laissé une trace parce qu'il a servi d'inspiration à la chanson, le premier air enregistré par Johnny Cash pour le label Sun de Memphis. Un homme emprisonné pour meurtre à Folsom entend un train passer au loin, et imagine les passagers, le vent, la route et le voyage. « Pas vu le soleil depuis je ne sais plus quand, coincé à Folsom, le temps n'en finit pas, j'ai tué un homme à Reno, juste pour le voir mourir ».

En 1957, le directeur de la prison de Huntsville, au Texas, décide de pimenter le programme du rodéo qu'il organise chaque année pour les prisonniers, et d'inviter aussi un chanteur. Les détenus consultés demandent Johnny Cash, dont le titre sur Folsom a été un des grands succès des hit-parades en 1956. Le concert se passe bien malgré un orage dévastateur qui s'abat sur le chanteur et ses deux musiciens, les Tennessee Two. « Et ensuite j'ai reçu une lettre de San Quentin me proposant de venir chanter à leur fête de fin d'année [1] ».

Ce 1er janvier 1959, à San Quentin, Merle Haggard, qui jusque-là grattouille de la guitare, est parmi les spectateurs. Cash séduit les prisonniers. Il mâche du chewing-gum, se montre arrogant, montre le doigt aux gardiens. Le dur du Sud donne aux prisonniers l'impression qu'il les comprend et les aime. Il repart en laissant derrière lui quelques milliers de fans. Et ils sont plusieurs à vouloir d'un coup apprendre à jouer de la guitare.

Des années plus tard, Haggard et Johnny Cash, à qui il arrivera de se produire ensemble en concert, auront cet échange au moment de chanter ensemble *Folsom prison blues* :

« Johnny, j'étais là quand tu as chanté ça à San Quentin.

— Merle, je ne me souvenais pas que tu participais à ce concert.

— J'étais dans le public, Johnny... »

Merle Haggard est dans le public parce que les autorités californiennes se sont lassées de sa vie de petit délinquant récidiviste. Exemple type d'une adolescence à problèmes un peu trop prolongée qui n'aurait jamais dû se terminer à San Quentin. Il est arrivé là en mars 1958, après avoir été condamné par un tribunal du comté de Kern à une peine allant de six mois à cinq ans de prison. Le 19 décembre 1957, il a été arrêté par un agent du shérif dans une voiture qui venait de quitter précipitamment le parking d'un café. Il est deux heures et demie du matin. Merle Haggard, le passager du véhicule, est ivre. Un certain Gorum est au volant. Le café qu'ils ont tenté de cambrioler n'a pas encore fermé. Les

---

1. *Cash : The Autobiography, with Patrick Carr*, G. K. Hall & Co, 1998.

deux compères ont déguerpi quand ils ont entendu le gardien de nuit. Ajoutant au pathétique dérisoire de la situation, la femme de Merle Haggard, Billie, et leur bébé de huit mois, sont à l'arrière de la voiture au moment de l'arrestation. Haggard se sauve pendant que le policier va inspecter le café. On le retrouve le jour même... chez sa belle-mère, alors qu'il essaie de s'échapper par la porte de derrière. Le 23 décembre, on le mène de sa cellule au bureau de son agent de probation – puisqu'il est en conditionnelle après une condamnation antérieure. Il s'échappe encore, pendant qu'il attend dans le couloir. On le retrouve le lendemain... chez son frère.

En attendant sa libération, en novembre 1960, Merle Haggard ne consacre pas tout son temps à la musique Un jour de juin 1959, il se fracasse la tête en tombant dans les toilettes. Les gardiens se rendent compte qu'il est ivre mort. Il est d'abord mis au trou pour sept jours, pour « état d'ébriété dû à une substance alcoolique inconnue, probablement de l'alcool de pommes de terre ». Après une courte enquête, les gardiens découvrent que le futur chanteur a monté une petite brasserie de contrebande. Il fabrique dans sa cellule de la bière maison avec les ingrédients trouvés à la cuisine – il suffit après tout d'un peu de levure, et de quelques patates. Haggard revend la concoction, dans des cartons de lait, à ses codétenus. Il est envoyé pour soixante jours d'isolement à l'*adjustment center* – le trou – de San Quentin.

Une tête un peu brûlée, cet adolescent mal poussé en graine, délinquant à la petite semaine mais jamais dangereux a ainsi passé deux ans à San Quentin, matricule A-45200, pour une simple tentative de cambriolage sans violence, pathétique et raté. Au moins ce séjour en prison sera-t-il le dernier. Les autorités judiciaires qui le suivent encore pendant quelque temps lui reprocheront à peine, en 1962, une dispute conjugale un peu bruyante : sa femme se plaint qu'il lui a « lancé une bouteille de shampooing sur le genou ». Mais l'agent de probation note que le chanteur débutant, qui est retourné vivre à Bakersfield, sa ville natale, a trouvé un travail régulier avec un orchestre mené par un certain Fuzzy Owen, qui joue au Lucky Spot Café. Il gagne 117 dollars par semaine et a même « écrit une chanson ». Le 23 octobre 1962, le chanteur est condamné à cinq jours de prison et 110 dollars d'amende pour diverses infractions au code de la route – il a brûlé un feu rouge et conduit alors que son permis lui avait été retiré. Les autorités pénitentiaires passent l'éponge. Trois semaines plus tard, Merle obtient l'autorisation de quitter la Californie pour aller jouer au Nashville Nevada Club, à Las Vegas, avec une formation country [1].

Dans ses Mémoires, Merle Haggard crédite l'institution carcérale, et son séjour de deux mois au trou, de lui avoir ouvert les yeux, fait comprendre qu'il n'avait pas d'avenir dans la délinquance professionnelle. En 1967, dans l'un de ses tout premiers albums, il enregistrera une chanson écrite pour lui par Tommy Collins, *I made the prison band* (Je fais partie de l'orchestre), hommage un peu amer à tous les apprentis musiciens des prisons américaines : « Au fond de cette prison paumée, avec si peu de plaisirs, Où les murs sont solides, et les jours sont longs, et où rien ne se passe, J'ai appris la guitare, et je fais de mon mieux, Mais ça pourrait être pire, parce que je suis dans l'orchestre. »

En juin 1959, au moment même où Merle Haggard saoulé par sa propre bière trébuche dans les toilettes, le saxophoniste Cannonball Adderley, qui se produit dans une série de concerts au club Blackhawk de San Francisco avec la formation de Miles Davis, rend visite

---

[1]. Merle Haggard recouvrera sa liberté totale en février 1963. En 1972 le gouverneur de Californie, Ronald Reagan, lui accordera un « pardon » plein et entier – l'équivalent d'une amnistie.

aux prisonniers de San Quentin. Il s'est décidé sur la suggestion d'un journaliste du *San Francisco Examiner*, Richard Hadlock, qui écrit aussi pour *Down Beat*, le bimensuel du jazz. Hadlock, lui-même clarinettiste, s'intéresse au programme musical de San Quentin, et il est en train d'écrire un article sur les jazzmen de la prison. Cannonball anime une discussion dans la salle de musique, et « tient son auditoire au creux de la main » quand il parle de la scène musicale à l'extérieur, « remontant le moral de ceux qui s'orienteront vers la musique à leur libération », racontera le *San Quentin News*.

Richard Hadlock se souvient de cette discussion de Cannonball Adderley avec les musiciens enfermés. Cannonball parle de la vie et du jazz à l'extérieur, mais il écoute aussi les prisonniers parler de leur vie. Hadlock a en mémoire l'impression de relative liberté qui avait entouré la rencontre. « Il y avait un type de l'encadrement du programme musical avec nous au début pour écouter, mais il est parti au bout d'un moment et on s'est retrouvé tout seuls dans la salle avec les prisonniers », raconte-t-il, un œil sur les bribes de notes rapides qu'il avait prises à l'époque. Des musiciens se plaignant que l'un d'entre eux – le saxophoniste Earl Anderza – ait tendance à se prendre pour le patron pendant les répétitions et concerts. Les vols réguliers de pièces de saxophones ou de clarinettes – qui, bien affûtées et montées par exemple sur un manche de brosse à dents, pouvaient servir d'armes blanches [1].

Un mois plus tôt, début mai, près de 3 000 prisonniers ont assisté dans la cour de la prison à un concert de deux heures donné par deux formations de la région : les Music Makers de Rudy Salvini, un grand orchestre swing de la côte Ouest, et le sextet du saxophoniste baryton Virgil Gonsalves. « J'aimerais venir ici tous les week-ends et jouer pour ces mecs », dira

---

1. Conversation avec Richard Hadlock, Berkeley, juin 2006.

Gonsalves. Compositions originales, standards du moment. Un représentant d'Omega Records, le label de Gonsalves, a amené des disques dont il fait don à la prison. Les détenus qui assistent au concert « en ont oublié leur environnement » et « fredonnent encore les airs en remontant les marches menant à la cour centrale », écrit le *San Quentin News* [1].

Les concerts de musiciens invités sont rares, et dépendent de l'occasion ou de la volonté même de ces musiciens. Pendant l'été 1961, la formation de Dizzy Gillespie joue dans la cour de la prison. Le 1ᵉʳ janvier 1965, à l'occasion du grand spectacle de nouvelle année donné traditionnellement pour les prisonniers, San Quentin accueille deux stars du firmament du jazz, Louis Armstrong et Sarah Vaughan. Les deux vedettes interprètent les grands classiques de leur répertoire devant 2 400 détenus qui les rappellent plusieurs fois et les remercient par une ovation debout. Le spectacle, qui dure sept heures, marque le cinquantième anniversaire de ce « *show of stars* » du nouvel an. Le trio du pianiste funky Junior Mance fait également partie du programme.

Vers le milieu des années soixante, la page de l'histoire des jazzmen emprisonnés à San Quentin se tourne doucement. On ne les y enferme plus, parce que le système judiciaire a lentement évolué, et commencé de traiter les simples consommateurs de drogue comme des malades plutôt que comme de grands délinquants. En même temps les goûts musicaux des détenus évoluent à l'unisson du reste du pays. Le rock a fait irruption dans les spectacles donnés dans la cour de la prison. Vers le milieu de 1965, à l'occasion du spectacle annuel de variétés, un trio de rockers, les Yardbirds, une batterie et deux guitares, montent sur scène. Ils se font appeler Jack Woody, « Fast » Willie Holley et « Funky » Ray Maldonado. Encore en pri-

---

1. *SQN*, 14 mai 1959.

son, et déjà des surnoms de showbiz... Au cours du même spectacle, les détenus applaudissent un groupe rocky se faisant appeler les Houston All Stars qui interprète des airs au titre évocateur, comme *Flip Flop and Fly*, ou des succès dans l'air du temps tel que *Going home tomorrow*, de Fats Domino. Une autre formation, les Apollos, consacre l'année de l'introduction de nouvelles musiques à San Quentin en chantant notamment *Let's do the twist* et d'autres morceaux de même inspiration. Art Pepper est revenu à San Quentin, en mai, parce qu'il est retombé dans la drogue et qu'il ne s'est pas soumis aux tests de toxicomanie en principe obligatoires. Il va rester en prison encore un an. Mais on ne l'entend plus jouer sur scène avec le big band de la prison, ou faire le bœuf dans la grande cour. Les membres de notre jazz band se sont éparpillés, recouvrant la liberté, transférés vers d'autres prisons, ressuscités de l'enfer carcéral, ou retournant à l'obscurité de vies anonymes.

3

Earl

J'ai longtemps voulu qu'Earl Anderza soit encore vivant. Ce fut d'abord un nom inconnu surgi un jour de printemps des pages jaunes et fragiles d'une vieille collection du *San Quentin News*, le journal des prisonniers, consulté au seul endroit où il semble encore aujourd'hui disponible, la bibliothèque de l'Institut d'études gouvernementales, à l'Université de Berkeley. Earl Anderza, saxophoniste alto, prisonnier participant aux concerts et concours de musiciens du début des années soixante. Inconnu des encyclopédies et des ouvrages sur le jazz. Rapides recherches qui exhument un disque, un seul, *Outa Sight*, enregistré en 1963 et réédité en CD en 1998 parmi d'autres productions de Pacific Jazz, le label emblématique du jazz californien. Disque disparu, qu'il faut rechercher chez les disquaires spécialisés en vieilleries, ou alors sur Internet, cette providence des obsédés.

J'imaginais qu'Earl Anderza, à près de 75 ans aujourd'hui, menait une vie anonyme dans une ville américaine ordinaire, vieil homme méditant sur sa vie agitée, peut-être retiré du jazz, ayant définitivement déposé son saxophone. Une rumeur, rapportée par le journaliste britannique Richard Williams, le voyait enseigner la musique dans un lycée du côté de Chicago

(Illinois). A moins que ce ne soit dans une université, aux alentours de Minneapolis (Minnesota). C'était en tout cas dans le Midwest américain, propre à engloutir les existences. Earl Anderza y aurait mené une vie se dérobant aux recherches, parenthèse musicale refermée. Pas de concerts, pas de disques, pas d'interviews, pas de jam-sessions dans des clubs enfumés.

Trente ans déjà que sa trace avait disparu, depuis que le système pénitentiaire américain, vers la fin des années soixante-dix, l'avait affranchi de sa tutelle vigilante. Dette acquittée envers la société, additions réglées après plus de dix ans de prison. *Outa Sight* est le seul album qu'Earl Anderza ait jamais enregistré, pendant l'une de ses brèves périodes de liberté, en 1963. Plus de quarante ans de vide, d'absence et d'oubli se sont déroulés depuis. Pas de participation répertoriée aux albums d'autres musiciens. Pas de mention dans l'exhaustive base de données de la bibliothèque du jazz de l'université de Rutgers, dans le New Jersey, la référence de tous les chercheurs. Pour l'histoire officielle du jazz, Earl Anderza n'a pas existé, en dehors de son seul disque.

Outa Sight : au-delà de sa signification argotique de « grandiose », le titre de cet album unique est comme un symbole. Hors de vue, hors du champ de vision, voire invisible. Une fois ce disque vite enregistré, c'est pour Anderza le retour à la prison, et la disparition des radars de la musique. L'album devait être le premier d'une série, et le contrat avec le label californien Pacific Jazz avait été signé pour plusieurs albums. Il est resté sans lendemain, rendu caduc et impraticable par les emprisonnements à répétition du saxophoniste.

Comment retrouver aujourd'hui Earl Anderza, à la trace perdue ? Il ne figure dans aucun annuaire. Son nom n'apparaît pas dans les registres qui regroupent les certificats de décès des Etats-Unis : s'il était mort, ce ne serait donc pas sur le territoire américain ? Le recours à une base de données qui les croise toutes,

Intelius, fait apparaître un jour le nom d'un certain Earl Anderza à Chicago. L'adresse est précise, au 1900, West Van Buren Street. Code postal 60612. L'adresse n'est pas celle d'un domicile particulier, mais celle du Malcolm X College, établissement universitaire financé par la ville de Chicago, destiné aux étudiants des quartiers difficiles – traduisons : des quartiers noirs – aux moyens matériels limités. La responsable des ressources humaines de l'établissement ne se souvient pas d'un Earl Anderza, « en tout cas pas ces cinq dernières années », elle promet de faire des recherches. Le programme musical de l'université, longtemps interrompu, n'a repris que depuis cinq ou six ans, dit-elle. La piste ne mène nulle part, la recherche d'Earl Anderza conduit à nouveau à une impasse, mais la rumeur qui le faisait enseigner dans un lycée, ou dans un collège, a l'air de se préciser vaguement. L'hypothèse du Midwest, aussi.

J'ai laissé un jour une annonce sur Craigslist, site Internet communautaire de petites annonces gratuites né à San Francisco, qui a ensuite essaimé dans le reste du monde. « *Looking for Earl Anderza*. Pour les besoins d'un livre sur des musiciens de jazz de la côte Ouest au début des années soixante, je recherche le saxophoniste alto Earl Anderza, qui a enregistré l'album *Outa Sight* en 1963 ». Après plusieurs semaines, la seule réaction d'un Michael Lukes, se présentant comme musicien, n'éclaircit pas le mystère. Lukes écrit simplement qu'il est lui aussi un fan d'Earl Anderza, et raconte ses recherches infructueuses pour retrouver sa trace. Tout le monde – en tout cas ceux qui ont été frappés par la fulgurance d'*Outa Sight* – partage la même perplexité, remarque Lukes, qui se dit ami de Jack Wilson, le pianiste qui avait joué avec Earl sur l'album. Mais Jack Wilson ne sait rien lui non plus de ce qui a pu arriver au saxophoniste. Et il est difficile de lui parler, écrit notre correspondant, parce que Jack

Wilson, à 70 ans, est aujourd'hui bien fatigué, et qu'il a du mal à s'exprimer.

La vie d'Earl Anderza semble donc engloutie dans le mystère le plus obscur. Et puis, quelques semaines plus tard, arrive un e-mail inespéré :

> « Bonjour,
> Je suis la nièce d'Earl Anderza, de Los Angeles, où il est né le 24 octobre 1933, et malheureusement il est mort vers 1982. D'après ses sœurs (qui vivent encore à Los Angeles dans la rue même où il a passé son enfance), il est mort à Chicago. Il avait environ 3 enfants et il était marié. Je ne sais pas quelles autres informations vous recherchez, mais n'hésitez pas à me le faire savoir.
> Janae. »

Donc Earl Anderza est mort, à moins de 50 ans, et il avait établi résidence à Chicago. Il enseigna donc – peut-être – au Malcolm X College, où un quart de siècle plus tard la trace et le souvenir d'un professeur anonyme semblent avoir disparu.

Il y a bien sûr encore des questions pour Janae. Deux jours plus tard, connexions familiales aidant, arrive le mail d'un neveu du saxophoniste, Montry. Qui donne des détails sur celui qu'il appelait son « oncle Buddy », qu'il voyait jouer dans le salon de sa grand-mère, avec son saxophone doré. Sur la femme d'Earl, Leona, et ses trois enfants toujours vivants. Montry m'oriente aussi vers un ami d'enfance d'Earl Anderza, Ron Clark, qui créa à Washington, au début des années soixante-dix, un centre de traitement pour toxicomanes, Rap Inc. C'est Ron Clark qui m'aide à replacer ensemble les pièces du puzzle, et finira par le compléter pour les toutes dernières années de la vie du saxophoniste. Voici les détails mis bout à bout, collage encore parsemé de vides, ce qu'on peut reconstituer d'une vie dont ne restent plus que quelques bribes éparses. Biographie musicale et carcérale qui semblait s'arrêter en 1964, complétée par les souvenirs de neveux et nièces, deux ou trois photos, une ou deux feuilles d'un dossier pénitentiaire évanoui, un texte de pochette, quelques comptes rendus de concert du *San Quentin News*, une coupure du *Washington Post* du milieu des années soixante-dix, plusieurs conversations avec Ron Clark.

Earl Anderza est donc né en Californie en octobre 1933. Son père Peter, orphelin de naissance, à la vie violente et agitée, a été assassiné quand il était encore jeune, alors qu'il tentait d'entrer, sérieusement éméché, dans une maison qui n'était pas la sienne. Earl n'a jamais connu son père. « Mais on lui a toujours dit qu'il était un vaurien comme lui, et je suis sûr que ça a beaucoup joué plus tard [1] ». Earl est élevé par sa mère, qui donne des leçons de piano aux enfants du quartier noir de Los Angeles, du côté de Central Avenue, où vit la famille. Sa sœur, Sharon, passe pour un prodige du piano, mais elle n'en fait pas son métier.

Earl commence à étudier la clarinette et le saxophone vers l'âge de 12 ans, d'après la seule interview de lui dont la trace ait été conservée [2]. C'est un adolescent rieur, farceur. Il joue le dimanche à l'église dans une formation dirigée par une dame patronnesse du voisinage. « Pour plaisanter on faisait dériver les chants religieux vers le blues, elle n'aimait pas ça du tout », raconte Ron Clark, l'ami d'enfance, qui joue lui aussi du saxophone. Le père de Ron dirige un petit orchestre. Earl encore adolescent fournit quelques arrangements à la formation qui se produit sous le nom de Roy Clark and the Revellers.

Anderza devient bientôt un élève de Lloyd Reese, l'un des deux professeurs légendaires qui ont formé des générations de jazzmen à Los Angeles pendant les années quarante et cinquante. Trompettiste et saxophoniste, Reese a été dans les années trente un des

---

1. Conversation avec Ron Clark, été 2007.
2. Notes de l'album *Outa Sight* par John Williams Hardy, 1963.

piliers de l'orchestre de Les Hite, l'une des formations les plus réputées de Californie. Il a aussi enregistré avec Art Tatum. Mais il a abandonné les orchestres, les disques et les tournées pour se consacrer à l'enseignement et à la pédagogie. Certains des plus grands noms du jazz d'après-guerre passeront par sa classe. Le fait d'être distingué par lui est un honneur. Les lycéens musiciens prometteurs de Los Angeles se battent pour être admis parmi ses élèves. Pouvoir jouer dans l'orchestre qu'il fait répéter, tous les dimanches matin, à l'occasion d'un concert impromptu dans un local du syndicat des musiciens, sur la 17e Rue, est le début de la consécration.

Au tournant des années cinquante, Earl Anderza fait partie des jeunes musiciens qui traînent dans Central Avenue et y côtoient leurs aînés. La concentration de la vie musicale et artistique noire dans un seul quartier – deux ou trois carrefours sur quelques centaines de mètres – met les aspirants à la gloire au contact permanent de ceux qui en sont déjà auréolés. Les membres des grands orchestres comme ceux de Duke Ellington et de Count Basie sont facilement accessibles pour les gamins qui viennent les voir en coulisses, à leur hôtel. Les stars du jazz prennent un pot dans le hall de l'hôtel Dunbar, mangent un hamburger au drugstore de la 54e Rue. Un point de rendez-vous obligé est le « local 767 » de la Fédération des musiciens américains, créé dans les années vingt pour les Noirs, qui ne sont pas admis au local 47, à Hollywood, réservé aux Blancs.

C'est une sorte de club où les jazzmen se rassemblent, passent, échangent des tuyaux sur les « *gigs* » disponibles, jouent dans la grande salle du premier étage où Lloyd Reese fait répéter ses élèves le dimanche selon les canons d'une discipline stricte. Il veut leur donner des bases solides en théorie, en harmonie et en composition musicale. Peu importe que ses élèves poursuivent ou non des études par ailleurs : les parents d'Eric Dolphy, qui fera bientôt partie des explorateurs apôtres d'Ornette Coleman, lui en voudront longtemps d'avoir un jour dit à leur fils qu'un diplôme universitaire ne lui servirait à rien. Lloyd Reese n'a pas d'indulgence pour le romantisme du musicien inspiré qui suit sa seule improvisation et joue à l'oreille. Tous ses élèves, quel que soit leur instrument de prédilection, doivent aussi savoir jouer du piano. Ils doivent lire la musique parfaitement, et apprendre à composer. Les bases une fois posées, Reese encourage ses étudiants à explorer les possibilités de leur instrument, et à aller au-delà. « Il nous apprenait à jouer en dehors de la gamme », dira Earl Anderza dans la même interview du texte de pochette d'*Outa Sight*. L'exploration de nouvelles sonorités ou structures harmoniques est encouragée, à condition que l'élève s'adosse à une solide formation théorique. Reese donne à ses étudiants des problèmes de structure et de composition qu'ils doivent résoudre eux-mêmes. Il leur enseigne qu'il y a plus d'une manière de jouer, qu'ils doivent trouver eux-mêmes leur voie. Quelques-uns des plus grands noms du jazz fréquenteront sa classe. Dexter Gordon, dont les autres se moquent parce qu'il ne sait pas bien lire les partitions, Charlie Mingus, Buddy Collette, Eric Dolphy... Même un musicien confirmé comme Ben Webster, quand il passe en ville avec le grand orchestre de Duke Ellington, vient prendre quelques leçons avec Lloyd Reese.

Earl Anderza retiendra les leçons de modernité et de créativité de son professeur, qui l'encourage à pousser l'exploration du saxophone alto au-delà de la gamme traditionnelle, dans les sons les plus aigus. Dans la bande des jeunes saxophonistes adolescents du tournant des années cinquante, il s'illustre par son talent précoce et moderne. « Il était méchamment bon (« *bad* »). C'était un des types qui jouaient du saxo alto quand Frank Morgan et Ornette Coleman étaient à Los Angeles. Mais Earl était le plus excitant, celui dont tout le monde disait qu'il jouait ce *crazy sound* », résumera le tromboniste Horace Tapscott [1].

Earl suit aussi les cours de l'autre professeur légendaire des jeunes jazzmen de Los Angeles, Samuel Browne, qui enseigne à la Jefferson High School, le lycée de la 41e Rue, au coin de Hooper Avenue. C'est le grand lycée du quartier noir, à un bloc de Central Avenue et de ses clubs de jazz. Samuel Browne y est arrivé à la fin des années trente. Il apporte un soin particulier au choix de ses étudiants, il les repère et les sélectionne lui-même très tôt, à l'âge de 12 ou 13 ans, dans les écoles du quartier. Pour ses élèves du lycée, c'est ensuite le cours de musique quotidien, en fin de journée, dans le bungalow numéro 11. Browne lui-même a une formation de musicien classique : « Je n'y ai pas amené le jazz, il était déjà là (...) J'ai juste essayé de le sauver, et de le rendre respectable, puisqu'il était là pour longtemps. » Tous les jours, les jeunes musiciens de sa classe arrangent, composent, répètent. Samuel Browne est de la même trempe que Lloyd Reese, et cherche à fournir à ses élèves les fondations sur lesquelles pourra s'arc-bouter plus tard leur créativité musicale. Il entretient avec ses étudiants des relations qui vont au-delà de la salle de classe, connaît leurs familles, leur rend visite à domicile pour s'assurer qu'ils travaillent. Il les invite chez lui, et en guise de travaux pratiques, sort parfois avec eux, le soir, dans les clubs de Central Avenue.

Le début des années cinquante marque un tournant dans la vie nocturne et culturelle de la grande artère noire de Los Angeles, l'avenue du jazz. Les clubs ferment l'un après l'autre. La drogue se fait plus dure et

---

[1]. *Songs of the Unsung : The Musical and Social Journey of Horace Tapscott*, Horace Tapscott et Steven Louis Isoardi, Duke University Press, 2001.

le travail plus rare. Earl Anderza arrive à l'âge adulte. Son diplôme de la Jefferson High School marque la fin de ses études. Il va quitter les cours de Samuel Browne, se retrouver sur le marché du travail, tenter de trouver des engagements, ici ou là.

Il reste une photo de lui à cette époque. Elle est publiée dans le livre de souvenirs d'Horace Tapscott, l'un de ses condisciples. C'est à l'occasion d'un concert donné par l'orchestre de la Jefferson High School. Earl Anderza tient son saxophone sur les genoux, grand gamin dégingandé qui rit en regardant l'objectif du photographe. Tapscott, debout à l'avant-scène, est en train de jouer son solo. Earl doit avoir 17 ou 18 ans, il a l'air insouciant d'un adolescent espiègle, comme s'il venait d'échanger une bonne plaisanterie avec son voisin d'orchestre, qui rit lui aussi derrière ses grosses lunettes.

Earl Anderza sort sans doute de la Jefferson High School vers 1951 ou 1952. Il lui reste quatre ou cinq ans de liberté. Pendant cette période il va découvrir la drogue, se marier, faire trois enfants, tout en se frottant à ce que la musique lui fournit d'influences. Parmi ses mentors au saxophone alto, il citera plus tard Charlie Parker, bien sûr. Mais aussi le Blanc Lee Konitz, qui s'est mis à explorer d'autres univers sous l'influence du pianiste Lennie Tristano. « Konitz, absolument, a été une influence aussi déterminante que Bird. Ce que j'aimais dans le jeu de Lee n'était pas forcément sa sonorité, mais son savoir technique et ses idées [1]. »

C'est un géant qui s'est taillé depuis le lycée la réputation d'une tête brûlée, et qui a commencé jeune de tâter aux drogues les plus dures. En mai 2000, un de ses amis de cette période, le trompettiste et cornettiste Bobby Bradford, évoque Anderza dans un entretien de plus d'onze heures recueilli pour les archives du dépar-

---

1. Interview pochette d'*Outa Sight*, 1963.

tement d'histoire orale de l'Université de Californie à Los Angeles. Bradford parle d'Anderza comme d'un saxophoniste très talentueux, déjà délinquant et « voyou ». « C'était le genre de gars à aborder une fille avec " alors on baise ? ", alors que nous, les autres, on était plutôt des mauviettes, tu vois ce que je veux dire ? » Bradford rend un jour visite à son ami qui séjourne à l'hôpital après avoir attrapé une jaunisse, maladie commune des accros à l'héroïne. Earl Anderza lui raconte que l'infirmière de nuit le rejoint tous les soirs dans son lit.

Une nuit à Los Angeles, Bradford et Anderza sont en voiture, Anderza essaie de démarrer, fait par erreur une marche arrière, et rentre dans la voiture de derrière, occupée par deux Blancs un peu ivres. Earl descend de la voiture, va voir les deux hommes, et leur lance : « Vous avez endommagé ma voiture, je vais appeler la police et vous êtes ivres. Donnez-moi cinquante dollars et je n'appellerai pas la police. » Les deux Blancs protestent, Anderza donne posément un coup de poing à l'un d'eux, et parvient à se faire remettre vingt dollars par l'autre.

A l'époque où il parle de son ancien ami, Bobby Bradford avoue ne pas savoir s'il vit encore – il parle lui aussi de Chicago, et il croit que l'album d'Anderza s'intitulait *Something else* – qui est en fait un disque d'Ornette Coleman. Il se souvient qu'Earl avait deux thèmes favoris : *What's new*, qui figure bien sur son unique album, et *Undecided*, un classique du trompettiste Charlie Shavers, qui lui aurait permis de démontrer sa virtuosité dans les tempos rapides. Son style de l'époque est dans la droite lignée de Charlie Parker et, d'après Bradford, il ne joue pas encore « *outside* » – en dehors des courants musicaux dominants, dans l'espace ouvert qu'est en train d'explorer justement Ornette Coleman. Earl a un sens aigu de la compétition. Il lance des défis – « on joue en quarte » –

pendant les jam-sessions, rentre chez lui furieux s'il a été « battu » par un autre musicien. « Il prenait un paquet de *"bennies"* [1], il répétait pendant une semaine, et y retournait : " Je vais me faire ce *motherfucker* ". C'était ce genre de mec ».

Quand Bradford est appelé pour le service militaire, Anderza lui « conseille de faire comme (lui) », et de dire qu'il est drogué. « Ils ne pouvaient pas le prendre, parce qu'il avait des traces plein les bras ». Bradford conclut : « Il était fou et cinglé, mais le genre de fou et cinglé qu'on aime. »

Le trompettiste se souvient de la « petite Chinoise, une de ses petites amies » qui était tombée enceinte et que sa famille avait chassée de chez elle. Leona est en fait d'origine philippine. Earl et Leona auront finalement trois enfants. Thomas, Diana et Earlinda.

Dans les dossiers de l'administration pénitentiaire, le mot « musicien » est inscrit à la rubrique « profession » de la fiche d'identité d'Earl. Depuis sa sortie du lycée, il s'est produit dans les clubs du sud de la Californie, à la recherche de *gigs* passagers, engagements d'un soir. Il a peut-être tenté de former son propre groupe, rassemblant des amis disponibles pour aller jouer au hasard des occasions, dans un restaurant, ou une boîte de nuit, ou pour un mariage ou une fête privée. Il lui faut parfois emprunter son saxophone : à en croire son neveu, il met régulièrement son instrument au clou pour les quelques dollars nécessaires à une dose, puis il va le récupérer quelques jours plus tard.

On ne retrouve le nom d'Anderza dans aucun des grands orchestres de l'époque, sur aucun enregistrement, même comme accompagnateur sans grade. Bobby Bradford parle d'une formation bop menée par un certain Vernon Slater, qui finira comme accompagnateur du bluesman B.B. King. Earl Anderza y aurait

---

1. Cachets de benzédrine.

joué du saxophone baryton – pas son instrument, mais il faut bien vivre – alors que Sonny Criss, un autre des grands brûlés de l'époque, jouait de l'alto.

Mais les feux de Central Avenue sont en train de s'éteindre. Le jazz des clubs cède la place au jazz des concerts. La musique des boîtes de nuit s'efface devant le disque et la télévision. Les temps sont durs pour les grands orchestres. Les studios de cinéma, l'industrie de la télévision ont certes besoin de vrais musiciens pour leurs accompagnements sonores, à une époque où les synthétiseurs et la musique électronique n'ont pas encore droit de cité : mais ce sont plutôt les musiciens blancs qui sont embauchés. Sans doute un hasard... Hollywood en tout cas veut du consensus, de la musique qui accompagne et qui s'oublie dans le paysage. Pas de la musique qui réveille et qui bouscule.

Les musiciens comme Earl Anderza vivent comme ils peuvent. Ou plutôt ils survivent, quand ils n'ont pas encore pu se faire un nom. Menant la vie habituelle des musiciens de la nuit, dèche et héroïne, engagements sporadiques, petits trafics, combines. Jusqu'à la rencontre avec « *the Man* » – la police – toujours ravie de pouvoir faire un exemple avec un musicien, quand elle ne cherche pas à le retourner pour en faire un informateur. Jusqu'au passage devant un juge qui applique la loi et envoie le drogué se calmer quelque temps en prison.

Earl se distingue aussi par son caractère emporté, raconte son neveu. Il semble avoir hérité de son père une nature un rien violente. Il devient vite « physique » quand une répétition ne tourne pas rond, vaguement menaçant pour ses compagnons musiciens qu'il domine de son mètre quatre-vingt-dix.

Quand Bobby Bradford revient du service militaire, il n'arrive pas à retrouver son ami dans les clubs de L.A. Et pour cause : Earl Anderza est tombé en avril 1956 pour deux crimes dont aucun d'ailleurs ne porte sur l'usage de stupéfiants. Il est condamné à une peine allant de cinq ans à la perpétuité pour avoir employé un mineur à vendre de la drogue. D'après Ron Clark, Earl avait une petite amie mineure que la police a convaincue de le charger au moment du procès. Il est aussi condamné à une autre peine distincte, allant de six mois à quinze ans, pour cambriolage. Il est d'abord envoyé comme tout le monde à Chino, la prison gare de triage. En juin, il est emprisonné à Soledad, sur les bords de l'autoroute 101, à deux cents kilomètres au sud de San Francisco.

Earl Anderza y passe trois ans. Le 15 mai 1959, il est transféré à San Quentin. Commence-t-il d'emblée à jouer dans les petites formations et orchestres de la prison ? Un mois à peine après son arrivée, Cannonball Adderley, lui aussi saxophone alto, rend visite aux musiciens prisonniers à San Quentin. Earl Anderza est là.

Dans notre jazz band informel et changeant de San Quentin, Earl Anderza tiendra le pupitre du saxophone alto. Le même instrument qu'Art Pepper, star incontestée de notre formation. La position sera donc sans doute plus délicate pour Earl à partir de l'arrivée de Pepper à San Quentin, en mars 1961. Mais à cette date il est déjà pensionnaire de l'institution depuis près de deux ans. Il a eu le temps de s'affirmer, de jouer dans les concerts réguliers aux orchestres changeants. Il a participé aux festivals annuels de musique, il y a même été couronné pour certaines de ses compositions. C'est une personnalité forte, peut-être abrasive, au point que devant Cannonball Adderley, d'autres musiciens se plaignent de sa volonté de tout régenter, d'être toujours « le leader [1] ».

La première mention de sa participation aux activités musicales de San Quentin date de février 1960. Anderza fait alors partie du big band qui anime le

---

1. Souvenirs de Richard Hadlock, entretien le 6 juin 2006.

spectacle du directeur, le samedi soir. A titre exceptionnel, le spectacle est montré aux détenus – cinq concerts d'environ une heure, pour les 3 500 détenus. Earl Anderza apparaît pour la première fois dans le *San Quentin News*, comme membre de l'orchestre « très apprécié » emmené par Charlie Caudle, le trompettiste blanc qui s'est imposé comme son leader. Merle Haggard, le chanteur country qui va bientôt quitter San Quentin, fait partie du spectacle – il interprète la chanson de Johnny Cash sur une prison californienne, *Folsom prison blues*. Frank Washington, à la contrebasse, un autre membre de notre San Quentin Jazz Band, joue ce jour-là avec Earl Anderza. La formation dirigée par Caudle compte alors neuf membres. Elle termine le spectacle par une interprétation de *How's your mambo*, présenté comme une création originale du trompettiste leader.

Il faut attendre près d'un an pour qu'Earl Anderza soit à nouveau mentionné dans le journal de la prison. En janvier 1961, il fait toujours partie de la formation de neuf musiciens de Charlie Caudle. Entre-temps, même si son nom n'est pas mentionné, on peut penser qu'il n'a pas quitté le big band toujours à court de talents qui assure l'animation du *warden's show* les samedis soir. Par exemple en avril 1960, quand un concert impromptu est donné par Caudle et ses hommes – l'orchestre compte ce jour-là dix-neuf musiciens, alors qu'un nouveau venu au pedigree prestigieux, le trompettiste Dupree Bolton, est la star du jour.

On ne sait pas si Earl et Dupree s'étaient déjà croisés dans les clubs de Central Avenue, ou s'ils se sont rencontrés pour la première fois à San Quentin. Peut-être avaient-ils simplement entendu parler l'un de l'autre dans le petit monde du jazz de Los Angeles. Mais de ce jour date un début de complicité qui donnera bientôt naissance à un projet de disque commun.

En juin 1960, Earl Anderza n'a peut-être pas jugé bon de s'inscrire à la septième édition du concours de « musique créative ». Il ne figure pas, en tout cas, parmi les lauréats dont les noms sont publiés comme chaque année par le *San Quentin News*. Mais c'est un membre régulier des formations à géométrie variable dirigées par Charlie Caudle. Le 1er janvier 1961, il chauffe ainsi la salle avec l'orchestre de prisonniers pour le *« show of stars »* annuel, spectacle de nouvelle année auquel participent des vedettes venues de l'extérieur. Frank Washington, pilier indestructible de notre San Quentin Jazz Band, est à la contrebasse.

Deux mois plus tard, un autre spectacle est donné par des détenus et pour les détenus. Trois heures durant, dix-neuf numéros défilent pour cette revue appelée « Red, Hot and Blue ». Un big band de quatorze musiciens assure les transitions et joue des arrangements signés de Caudle, encore. « Le meilleur, peut-être, fut un classique joué sur un tempo rapide, *African lobster*[1], qui permit à Earl Anderza de jouer un solo de saxophone plein de " soul " », écrit le reporter du *San Quentin News*[2].

Anderza devient une star du big band de la prison. Il participe en juin 1961 au concours de musique créative, dont c'est la huitième édition. Il y remporte le premier prix – et les cinq dollars de prime – dans la catégorie « composition pour orchestre de danse ». Titre du morceau : *Kid's stuff* – Truc d'enfant. Quand les compositions gagnantes seront jouées en concert pour les détenus et leurs familles le 18 juin, le *San Quentin News* notera que « *Kid's stuff* recueillit le plus d'applaudissements, le public tombant d'accord avec les juges sur le fait que la composition méritait la meil-

---

[1]. Vraisemblablement *Tales of an African lobster*, un thème composé par le trompettiste Shorty Rogers en 1953.
[2]. « *19 top acts feature inmate variety show* », *San Quentin News*, 16 mars 1961.

leure note ». Un compte rendu officiel de l'administration pénitentiaire sur le concours, destiné aux autorités californiennes, confirme la véracité du compte rendu du journal : « Le numéro le plus applaudi fut *Kid's stuff* d'Earl Anderza. Les juges ont attribué au morceau la note de 290, sur un total possible de 300. » Earl Anderza avait aussi soumis au concours sa version du standard *These foolish things* : il recueillera la deuxième place de la catégorie « arrangements ».

Earl Anderza a même droit à sa photo à la une du *San Quentin News* du 6 juillet 1961. Les six lauréats des différentes catégories du concours posent sur la scène autour du président du conseil des détenus, un certain Dave Vorce, grand organisateur des festivités. Sept hommes en rang d'oignons et uniforme de taulards, avec l'orchestre en arrière-plan. Chemises à manches longues ouvertes sur tee-shirts blancs, pantalon de jean que certains ont roulé en revers au niveau de la cheville. Earl Anderza est à l'extrême droite, légèrement en retrait sur les autres, les yeux masqués par des lunettes de soleil. Sur la photo jaunie du journal, il a l'air de tenir quelque chose sous son bras gauche, peut-être l'étui de son saxophone. Notre contrebassiste, Frank Washington, est à côté de lui, légèrement plus grand, les mains derrière le dos. Il porte lui aussi des lunettes.

La une du même journal, à côté de la photographie, consacre un article à la visite à San Quentin de Dizzy Gillespie et de ses hommes, venus donner un concert le 1er juillet. Ce jour-là, Earl Anderza a fait partie de la petite formation qui a succédé sur scène à l'orchestre du trompettiste, avec trois autres membres de notre jazz band : Dupree Bolton à la trompette, Jimmy Bunn au piano et l'infatigable Frank Washington. Le saxophoniste ténor Clifford Solomon, future star du rhythm'n'blues, lui aussi pensionnaire de San Quentin, est avec eux. Après avoir joué *Dig*, un thème de Miles

Davis, les musiciens sont rejoints sur scène par Dizzy et ses hommes pour une version endiablée de *Cherokee*.

Jam-sessions l'après-midi pendant la *music hour*, petits concerts, animations musicales avant le cinéma, participation au spectacle du samedi soir. Anderza doit mener alors la vie ordinaire des musiciens emprisonnés. Sa complicité avec Dupree Bolton se confirme. En février 1962, on retrouve Anderza dans une formation emmenée par le trompettiste à l'occasion d'un spectacle de détenus donné le jour de l'anniversaire de George Washington – célébré aux Etats-Unis par un jour férié. Le concert a lieu dans la cour du bloc ouest pour une centaine de détenus spectateurs. Soit une infime minorité des pensionnaires de San Quentin. Le journal de la prison qui rend compte de la fête n'explique pas la cause de cette sélectivité. Il raconte en revanche que c'est « le groupe swinguant de Dupree Bolton » qui a assuré l'animation musicale pendant les deux heures du spectacle. Une formation en quintet, avec Anderza au saxophone, Frank Washington, qui a changé d'instrument, à la guitare, un certain Jack Reed à la basse. Deux autres détenus, Richard Hurley et Leroy Martin se relaient à la batterie. Les hommes jouent *Wee-Da* sur un tempo rapide, écrit le *San Quentin News*. Puis Bolton, « un trompettiste reconnu, échangea des solos avec Anderza sur *Swamp fire* de Theolonious Munk » – sous l'orthographe approximative, on acceptera de reconnaître Thelonious Monk, bien que le titre ne figure pas dans sa discographie officielle.

La vie d'Earl Anderza se fait alors plus imprécise. Les archives de Californie indiquent qu'il va sortir de San Quentin en octobre 1962, en liberté surveillée. Mais depuis février, son nom n'a plus jamais été mentionné dans le journal de la prison, qui a pourtant tendance à être exhaustif sur les concerts et les musiciens qui y participent. Le nom d'Anderza n'apparaît pas non plus dans la liste des lauréats du huitième festival de musique qui a lieu en juin. Fait-il alors un séjour au trou, l'*adjustment center* où sont envoyées les fortes têtes ? Mais dans ce cas aurait-il pu bénéficier d'une libération anticipée en octobre ?

Il est vrai qu'entre-temps Art Pepper, un autre saxophoniste alto, à la réputation plus établie, est devenu la véritable star de San Quentin. Dans ce monde clos, c'est lui qui semble partager la vedette avec Dupree Bolton. Un autre praticien du même instrument, Frank Morgan, est par ailleurs l'un des nouveaux pensionnaires du lieu. Anderza se sent-il de trop ? Renonce-t-il à concourir avec ses propres compositions, alors même qu'il a été lauréat l'année précédente ? Y a-t-il d'un coup trop-plein de virtuoses sur le même instrument, le saxophone alto, dans le petit monde confiné de San Quentin ?

Une clé de cette absence est peut-être fournie par ce qu'on connaît de son caractère. Il le laisse entendre dans les propos qu'il tient à l'auteur du texte de pochette de son disque *Outa Sight*, qui sera enregistré l'année suivante : « Les circonstances – vicissitudes que j'ai rencontrées dans la profession musicale – ont influencé ma décision d'être un leader. C'est plus avantageux pour moi, financièrement et du point de vue de l'expression artistique, d'avoir mon propre groupe. » Anderza donne à cette occasion sa vision du solo en jazz, et explique pourquoi il aime être seul, sans accompagnement de basse ou batterie comme c'est l'usage en jazz : « Pendant les solos, je ne veux pas que le batteur ou le bassiste me suive, parce que je ne sais pas où mon idée va finir. Et si je ne sais pas, il n'y a aucun moyen qu'il puisse jouer une réponse préméditée à mes questions. J'ai plutôt envie de jouer les questions, et la plupart des réponses (...) Je ne crois pas que quelqu'un doive anticiper ou penser qu'il peut lire mes émotions ou ma créativité, ou qu'il sait ce que je vais faire. Il ne peut pas »... Avec une telle conception hautaine du solo, avec son caractère entier, il est peu probable qu'Anderza ne se soit fait que des amis musiciens en prison. Cette difficulté de se plier aux règles d'un groupe est à rapprocher de l'anecdote rapportée par Richard Hadlock sur certains musiciens se plaignant, dès 1959, de l'autoritarisme d'Anderza. Elle peut expliquer cette disparition de la chronique musicale de la prison à partir de février 1962. Mise à l'écart, retrait volontaire, ou fuite dans la drogue, Earl Anderza est l'homme des disparitions.

Le journal de la prison va pourtant parler encore une fois de lui – mais une fois qu'il aura quitté San Quentin. Ce sera pour citer le magazine de jazz *Down Beat*, en mars 1963. Avec la fierté d'un directeur d'école qui parlerait d'un ancien élève ayant réussi dans la vie, le journal signale alors en brève que « Dupree Bolton et Earl Anderza semblent sur la voie du succès dans le monde du jazz. *Down Beat* a annoncé que tous deux viennent de signer un contrat avec Pacific Jazz Recordings, et qu'ils vont enregistrer des albums ensemble, et séparément sous leur propre nom ».

Le disque de Dupree Bolton, qui quitte une première fois San Quentin un mois après Earl Anderza, en novembre 1962, ne verra jamais le jour. Mais Earl Anderza enregistre son propre album, *Outa Sight*, qui sortira dans le courant de 1963 [1].

Le texte de présentation du saxophoniste sur la pochette de son premier album reste dans le flou artistique sur les détails biographiques. Anderza est à l'époque, à 30 ans, un musicien au passé inavouable. « Né à Los Angeles, (Anderza) a vécu pendant plusieurs années loin de la ville dans l'enfermement et l'obs-

---

1. A en croire les informations de la pochette, le disque aurait été enregistré « en mars 1962 à Los Angeles ». Mais en mars 1962, Anderza est encore pensionnaire de San Quentin. Les droits d'auteur de deux compositions originales du saxophoniste, *Benign* et *Freeway*, ont été déposés au Copyrights Office américain le 18 mars 1963.

curité », écrit le rédacteur de manière plus qu'elliptique. Anderza évoque de manière tout aussi allusive son passé immédiat : « Je suis au début de mon retour à la vie musicale, et ce disque est seulement une tentative pour faire le point. Je jouerais mieux si j'avais du travail et si j'avais plus de temps pour pratiquer (...) Je peux seulement jouer ce qui me met à l'aise, et seulement pour des périodes limitées. »

Richard Bock, le président de Pacific Jazz, a recruté les musiciens qui accompagnent Anderza sur son premier disque. Sortant de prison après tant d'années, le saxophoniste aurait eu du mal à trouver lui-même une section rythmique. Ce que le texte de pochette explique de manière toujours oblique : « Earl était en ville depuis quelques jours seulement, avait eu peu d'occasions de jouer en public, et ne connaissait qu'une poignée de musiciens. » Bock a donc engagé des musiciens disponibles. Au piano Jack Wilson, qui avait fait ses classes dans le grand orchestre de Gerald Wilson. Il a 27 ans, il est musicien professionnel depuis plus de dix ans et il vient d'accompagner sur son dernier disque la chanteuse Dinah Washington, qui va mourir à la fin de l'année d'une overdose de médicaments. C'est le même Wilson qui joue sur *Katanga!*, l'album enregistré par Dupree Bolton avec le groupe du saxophoniste Curtis Amy quelques jours avant, ou après, cette session d'*Outa Sight*. Donald Dean, à la batterie, est lui aussi présenté comme « jeune », et il est simplement mentionné qu'il a travaillé auparavant avec le trompettiste Carmell Jones. Et Richard Bock fait appel à deux contrebassistes, George Morrow et Jimmy Bond. Ce qui semble suggérer que l'enregistrement du disque s'est déroulé en deux séances – mais le disque ne mentionne pas les dates précises d'enregistrement au-delà de la mention d'ailleurs erronée de « mars 1962 ». George Morrow avait joué avec la formation de Max Roach et Clifford

Brown, mais aussi avec Curtis Amy, et Jimmy Bond avec plusieurs formations dont celle de Chet Baker. Notre monde est petit : Jimmy Bond tenait la contrebasse aux côtés d'Art Pepper trois ans plus tôt sur les deux albums enregistrés juste avant l'arrestation qui allait envoyer le saxophoniste à San Quentin : *Smack up* en octobre 1960 – Pepper allait se faire arrêter le jour même de l'enregistrement – et *Intensity* en novembre – album improvisé, dans tous les sens du terme, pour permettre au saxophoniste de payer l'argent de sa caution, et profiter en liberté de quelques mois de répit avant sa condamnation définitive.

Les bassistes sont des vétérans, le batteur et le pianiste sont « jeunes ». C'est avec cette équipe qu'Earl Anderza, saxophoniste dont les seuls vrais publics ont été jusque-là les prisonniers de San Quentin, grave son premier disque, qui est aussi le dernier. Un 33-tours, neuf morceaux allant des standards aux compositions originales. Le disque s'ouvre sur *All the things you are*, un classique sur lequel les musiciens s'étaient échauffés pour faire connaissance en arrivant dans le studio, et autour duquel ils avaient scellé leur entente. Jack Wilson a trouvé un clavecin dans le studio, et l'utilise pour une improvisation originale sur tempo rapide, et également sur *Blues baroque*, un morceau improvisé sur place pour répondre à la suggestion de Richard Bock de jouer quelque chose de « bluesy ». *Outa Sight*, qui donne son titre à l'album, ouvre la face B du disque. Le morceau a été composé par le pianiste Jack Wilson. L'idée en a surgi en studio, quand le patron de Pacific Jazz Richard Bock a suggéré une variation à partir du standard *The song is you*, que Wilson jouait pour s'échauffer. Anderza lui-même a écrit deux des compositions, *Freeway* et *Benign*. *Freeway* a une structure de blues, sur un tempo ultra-rapide. « Je l'ai écrit en cinq minutes, dit le saxophoniste à John Hardy, je pensais à l'autoroute du port » – Harbor Freeway est le nom couramment donné à l'autoroute 110, la principale voie de communication pour transporter les marchandises arrivées au port de Los Angeles. *Benign* « est le seul morceau pour lequel je me sois posé et que j'aie vraiment écrit », dit Anderza qui explique que le titre pour lui signifie « bonté et gentillesse ». Le morceau dure quatre minutes. Le saxophoniste expose le thème et prend le premier, long solo après changement de tonalité, avant que Jack Wilson ne se lance lui-même dans son improvisation au piano.

L'album s'inscrit dans la lignée rythmique et harmonique du jazz post-bop dont Miles Davis et ses hommes, quelques années auparavant, ont posé les fondations. Certains solos d'Anderza semblent comme un écho de ce que John Coltrane, au ténor, est en train d'explorer. Mais tout en s'inscrivant dans le cadre du nouveau classicisme, Anderza semble aussi tenté par l'exploration plus libre encore de sons inédits, toujours à la frontière d'autres univers sonores. La stridence explosive de certaines notes semble laisser entrevoir l'envie du saxophoniste d'aller gambader ailleurs. On devine sur ce premier disque ce qu'un second aurait pu donner, plus loin peut-être encore des canons du moment. « De nos jours, avait-il averti dans le texte de pochette, de nombreux musiciens ne veulent plus se conformer au langage bop établi des années quarante et cinquante. »

Outa Sight ne crée pas l'événement parmi la critique spécialisée. Il n'aide pas en tout cas Earl à sortir de sa dérive. A partir de cette date, les pièces de son puzzle biographique deviennent plus rares. Les registres pénitentiaires indiquent ainsi que le 29 juin 1964, il est à nouveau incarcéré à San Quentin. La seule raison possible est qu'il a violé les termes de sa liberté conditionnelle, commis un nouveau délit, s'est fait prendre sans doute à voler, ou à acheter de la drogue. Sa rechute est peut-être antérieure à la date du 29 juin, puisqu'il n'est pas exclu qu'il ait séjourné dans une autre prison californienne. Le séjour à San Quentin cette fois va être bref : à peine trois mois. En septembre, Earl Anderza est à nouveau libéré. En novembre, la radio FM KBCA de Los Angeles consacre une heure à *Outa Sight*. Le programme sera rediffusé en mai 1965.

Mais une autre séance d'enregistrement a eu lieu avant son retour en prison, dans la foulée d'*Outa Sight*. Les deux morceaux joués ce jour-là ont sommeillé pendant plus de quarante ans dans les archives de Pacific Jazz, dont le catalogue fut racheté par Blue Note, aujourd'hui partie du groupe EMI. Michael Cuscuna, qui dirige à présent de manière minutieuse le label Mosaic Records, spécialisé dans la redécouverte et la réédition d'œuvres intégrales de jazzmen, raconte qu'il a un jour trouvé par hasard une bande magnétique avec ces deux morceaux. Après enquête et recoupements, raconte-t-il, « j'ai découvert que ça devait être la fameuse session des junkies ». Earl Anderza mène la formation, et Dupree Bolton fait partie des musiciens qui l'accompagnent. Les deux hommes sont encore dans ces quelques mois de créativité qui est comme un point d'orgue à leur période San Quentin. Ils jouent encore, au sommet de leur art, comme sur la lancée des concerts donnés devant les prisonniers avec Art, Jimmy, Frank et les autres. Deux autres « junkies », eux aussi anciens pensionnaires de San Quentin, participent à cette séance d'enregistrement du 30 juin 1963 : Onzy Matthews, l'arrangeur, et Hadley Caliman, qui joue du saxophone ténor. D'après Caliman, la session se passe mal. Dupree Bolton et le batteur retenu pour l'occasion, Chuck Carter, passent leur temps à se quereller. La situation devient à ce point pénible qu'Earl Anderza et Richard Bock, le patron de Pacific Jazz, décident de suspendre la séance. Deux titres ont quand même pu être enregistrés : *Joe and I*, à l'auteur inconnu, et *Midnite lament*, une composition du trompettiste Benny Harris [1]. La séance reste sans lendemain. Earl Anderza ne retournera plus jamais dans un studio.

A partir de 1964, sa trace officielle et administrative se perd. Quelques témoignages indiquent qu'il joue dans les clubs de Los Angeles dans les années soixante. Ron Clark, l'ami d'enfance qui a fondé à Washington son centre de traitement pour drogués, et qui passe souvent par Los Angeles, a retrouvé son ami à sa sortie de prison. Il se souvient d'un soir au It Club, où se produit Ornette Coleman, qui a « inventé » le free jazz avec son saxophone en plastique, au tournant des années soixante. Ornette surprend tout le monde dans son exploration de rythmes nouveaux, favorisant improvisations collectives et dissonances. Son groupe inclut Eric Dolphy, l'ancien condisciple d'Anderza dans la classe de Lloyd Reese. « Earl est monté sur scène, et il jouait vite, mais personne ne jouait comme Ornette. Et puis d'un seul coup Earl a arrêté, il a secoué la tête en riant, il riait toujours beaucoup, et puis il a renoncé, il a quitté la scène », raconte Ron Clark.

Un autre témoin se souvient d'un soir au club Metro, entre deux apparitions du grand orchestre de Gerald Wilson ou d'Onzy Matthews : « On voit apparaître un saxophoniste, avec un bassiste et un batteur. C'est Earl Anderza. Je crois qu'il était sorti récemment de prison. Il se met au bord de la scène, et il joue si vite, incroyable. J'avais jamais entendu ça... Le bassiste a abandonné après un chorus et le batteur a tenu encore un ou deux chorus avant de renoncer. Earl jouait comme quelqu'un de possédé. Peut-être vingt ou trente chorus. Je n'avais jamais rien entendu de tel, et je n'ai rien entendu de tel depuis... Le public ce soir-là était trop occupé à paraître branché et ne comprenait

---

1. Les deux morceaux ont finalement été produits par Mosaic Records, en 2007, partie du coffret de trois albums consacrés à l'œuvre intégrale d'Onzy Matthews.

pas que c'était l'événement d'une vie. Ça m'a fait un trou dans le cerveau, et je n'ai jamais oublié. »

Earl Anderza va sortir des registres de l'administration pénitentiaire – et du champ de sa surveillance – en 1975. C'est en tout cas ce qu'indique par retour de courrier le Service des archives de Californie, sans fournir d'autres explications. 1975 serait donc l'année de la libération pleine et entière. Depuis 1964, onze ans d'un long pointillé biographique. Libre, ou semi-libre, peut-être soigné dans les centres pour toxicomanes de Californie.

Mais le hasard des recherches conduit à un curieux événement musical en 1975, à l'autre bout du pays, sur la côte Est. On en retrouve la trace grâce à un article du critique jazz du *Washington Post*, Hollie West, daté du 30 janvier 1975, et consacré à un concert inhabituel donné la veille par le grand Sonny Rollins dans l'auditorium de l'université qui fut longtemps la plus grande université noire du pays. « Rollins au cœur d'un orage jazz », titre le journal. « Les jam-sessions (...) peuvent être à l'occasion des compétitions sauvages où les musiciens essaient de se battre au plus haut de leur niveau sonore. C'est ce qui s'est passé mardi à Howard University. Ce qui avait commencé par une conférence-démonstration tranquille du saxophoniste Sonny Rollins s'est terminé en cacophonie turbulente, Rollins essayant de tenir bon au cœur de l'orage [1]. »

Et le journal raconte : Sonny Rollins a joué un peu, en ouverture d'un séminaire musical prévu pour deux jours. Il commençait à répondre aux questions sur sa vie et sur sa musique, quand soudain Earl Anderza est monté sur scène, lui a parlé brièvement et a commencé à assembler son saxophone alto. Les deux hommes se sont ensuite lancés dans une série de duos,

---

[1]. « *Rollins : At the eye of a jazz storm* », Hollie I. West, *Washington Post*, 30 janvier 1975.

raconte le *Post*. Le style d'Anderza, que le journaliste semble n'apprécier qu'à moitié, est marqué par « une tonalité délibérément fausse, et des mélodies en zigzag et saute-mouton ». L'audience apprécie et encourage les deux duellistes, et bientôt d'autres musiciens présents dans la salle montent sur scène et accompagnent le duo. Et tout se termine par une grande jam-session autour de *Take the A train*, le classique de Duke Ellington.

Dans les années soixante-dix, il arrive parfois que de jeunes Turcs du jazz perturbent les concerts de leurs anciens en happenings provocateurs qui visent à montrer comment le free jazz entend dynamiter le classicisme. Défis inattendus et improvisés, destinés à secouer l'arbre du jazz pour en faire tomber de nouveaux fruits. Mais trois ans seulement séparent Sonny Rollins et Earl Anderza. Qu'y a-t-il alors dans l'intervention de l'ancien pensionnaire de San Quentin ? Pas seulement cette volonté provocatrice de lancer un défi stylistique et musical à l'une des plus grandes stars du jazz – qui a lui aussi essayé l'héroïne, pendant quelques années. Dans l'intervention d'Earl Anderza sur la scène de l'auditorium d'Howard University, il y a la volonté de sortir de la grande ombre des dix ans de prison qui ont assourdi sa musique et l'ont presque fait disparaître. Un jour, pendant une demi-heure, il est monté sur scène pour défier Sonny Rollins, et il s'est montré son égal...

D'où vient-il, d'où sort-il, Earl Anderza, provocateur surgi à 42 ans de sa boîte obscure onze ans après avoir quitté San Quentin ? Le *Post* explique qu'il est « résident de RAP Inc depuis trois mois, et avant cela prisonnier à San Quentin ». Le journal se trompe ici puisque dix ans se sont écoulés entre San Quentin et Washington. Ron Clark, le fondateur de RAP Inc et l'ami d'enfance, aide à compléter l'histoire. Un des séjours d'Earl dans un centre de traitement pour toxicomanes californiens s'est mal passé, et Ron a suggéré à son ami de venir se reposer à Washington. Earl a déjà décroché de la drogue, Ron Clark est formel : « Quand il est venu ici, il était clean, et il l'est resté pendant son séjour ». Earl suit néanmoins un programme de soutien destiné aux anciens toxicomanes, pour les aider à ne pas rechuter. Il habite dans un petit appartement au troisième étage d'une maison de Church Street dont Ron Clark occupe le deuxième. Après quelques mois Earl va vivre dans le Maryland, dans la banlieue de la capitale.

« Et puis un jour il a eu envie de partir pour New York ». Earl Anderza joue dans des clubs, ici et là, au hasard de rares occasions, survit dans une ville qui tolère le jazz comme une excentricité. Ron Clark ne sait pas s'il a aussi exercé d'autres métiers. Mais il s'affirme sûr que son ami est resté sobre, éloigné des drogues, pendant toute cette période.

« Peut-être un an ou deux plus tard, j'ai reçu un coup de fil de lui, me disant qu'il voulait aller vivre à Chicago. » Dans les souvenirs de Ron Clark, c'est vers la fin des années soixante-dix. Earl a de la famille dans la grande ville du Nord, et il a envie de voir autre chose. Peut-être à ce moment-là trouve-t-il du travail au Malcolm X College. Il reste en contact téléphonique avec son ami Ron. Et lui annonce un jour qu'il a eu un cancer, qu'il a été hospitalisé et que tout s'est bien passé. D'après les plaisanteries de corps de garde échangées au téléphone, Ron Clark croit se souvenir qu'il s'agissait d'un cancer de la prostate. « Et puis un jour, venu de nulle part, je ne me souviens plus qui c'était, j'ai reçu un coup de fil de Chicago m'annonçant qu'il était mort. » Earl Anderza avait 49 ans.

4
Lover man

Les accros à l'héroïne parlent du « singe sur le dos », symbole du fardeau perpétuel qu'ils trimbalent partout avec eux. Le singe qu'il faut nourrir régulièrement, qui mord s'il a faim. Le singe qui continue de vivre en prison. A San Quentin, les toxicomanes savent trouver ce dont ils ont besoin. C'est même parfois plus facile qu'à l'extérieur. Frank Morgan, émergeant de ses trente ans de prison, décrit ainsi un univers toxico-idyllique où les drogues sont disponibles à volonté ou presque, ce qui libère l'esprit du musicien qui n'a plus à y consacrer son temps et son énergie. « Il n'y a pas un jour que j'ai passé à San Quentin où je n'aie pas été défoncé d'une manière ou d'une autre. » Dans les années quatre-vingt, quand il se raconte, Morgan a peut-être envie d'en rajouter pour rendre l'histoire plus attrayante. Mais il reste au moins cette réalité que pour un junkie, un séjour à San Quentin n'est pas toujours synonyme de sevrage ou de manque.

Le jour même où il arrive à Quentin, Art Pepper, que sa réputation a précédé, se voit offrir de l'héroïne par « des Mexicains ». Il en conçoit immédiatement un préjugé favorable pour l'ensemble de la communauté latino. « Ils étaient magnifiques, mon pote »... La poudre arrive de l'extérieur par tous les moyens mis au point par l'imagination débordante des détenus. Femmes ou compagnes, mères ou parfois grands-mères peuvent transporter la poudre dans un ballon de baudruche ou un préservatif dissimulé n'importe où. La bouche par exemple, et la dose passe à leur compagnon au moment du premier baiser. Une poignée de main insistante. Ou alors il y a les gardiens soudoyés pour fermer les yeux, quand ils ne livrent pas la drogue eux-mêmes. Un autre jour des détenus utilisent le réseau des égouts. San Quentin a sa propre unité de traitement des déchets et d'assainissement des eaux. Le passeur envoie sa dose bien empaquetée dans les toilettes des visiteurs, à l'entrée de la prison. Un complice travaillant à l'unité de traitement des déchets la récupère à l'arrivée, et la transmet à son destinataire.

Fait divers parmi d'autres, dépêche d'Associated Press du 15 novembre 1961 : « Une femme d'Oakland a été arrêtée et six détenus ont été placés en isolement après la découverte de ce que les autorités de San Quentin ont qualifié de plus grand trafic de drogue de l'histoire de la prison ». Anne-Marie Kellam, 25 ans, organisait la livraison aux prisonniers de marijuana, d'héroïne et de peyotl (le « cactus divin ») à l'occasion de ses visites. La dépêche ajoute que la police recherche deux complices, dont la mère d'un détenu.

L'herbe est rare en prison à cause de l'odeur qu'elle dégage, trop facilement identifiable par les gardiens. La poudre blanche, elle, est inodore. En l'absence de vraies seringues, les prisonniers s'échangent entre eux l'*outfit*, le petit nécessaire composé d'une aiguille et d'un compte-gouttes pour injecter la préparation. Il y a aussi toutes les pilules possibles. Amphétamines sous diverses formes, simplement identifiées par leur couleur. « *Black and whites* », ou « *reds* », entrées en contrebande. Et quand l'approvisionnement se fait rare, l'ingéniosité locale prend le dessus. Colle volée à l'atelier de fabrique de meubles. Aérosols de parfum pulvérisé sur du coton et inhalé. A San Quentin, celui qui veut se défoncer y parvient.

Les détenus ont organisé leur économie parallèle qui crée de la richesse et rend possibles échanges et trafics. Les cinq ou six dollars par mois qu'ils gagnent s'ils occupent un des emplois de la prison ne suffisent pas. Tous n'ont pas une famille riche qui peut envoyer de l'argent chaque mois – argent mis sur un compte et uniquement destiné à acheter des produits de la cantine. Les trafics abondent. Jeux de dominos pour de l'argent, avec les dominos dessinés sur des bouts de carton. Paris clandestins sur des matchs de boxe ou de football américain. L'unité monétaire est la cartouche de cigarettes. Il y a les riches et les pauvres. Ceux qui contrôlent trafics et paris, qui accumulent les « cartons » de cigarettes, les cachent dans leurs cellules ou dans des planques ménagées sur tout le territoire de San Quentin, et s'en servent pour prêter aux autres à des taux d'usure – deux cartouches à rendre pour une empruntée. Et ceux qui jouent, empruntent et accumulent les dettes, ou remboursent leurs créanciers en faveurs diverses – sexuelles, professionnelles, ou services rendus, une fois libérés, au prisonnier qui est resté à l'intérieur.

En échange de leur participation au « spectacle du directeur » du samedi soir, les musiciens de la prison bénéficient souvent d'un régime carcéral à surveillance minimale qui leur autorise davantage de visites et de contacts avec l'extérieur. Ils peuvent continuer d'entretenir leur habitude. Les autorités pénitentiaires ne sont pas dupes et veulent continuer de faire comme si elles n'avaient rien vu. Les musiciens peuvent bien se shooter dès lors qu'ils ne le font pas en public. Depuis vingt ans s'est installée dans l'imagerie populaire l'idée que les jazzmen sont des junkies. San Quentin n'a pas l'ambition de renverser le cours des choses.

Un soir de décembre 1945, dans le club qui porte le nom de son propriétaire Billy Berg, au numéro 1356, North Vine Street, à Los Angeles, un jeune pianiste de 17 ans assiste à un concert trop longtemps attendu. Le Billy Berg's est un des rares établissements du quartier blanc d'Hollywood qui accepte les clients sans se soucier de la couleur de leur peau, bastion de résistance à la vague de ségrégation raciale qui s'étend dans tous les Etats-Unis et gagne la Californie, longtemps plus tolérante. Ici Noirs et Blancs se rassemblent encore dans une ambiance dénuée des tensions qui pointent et polluent déjà l'atmosphère d'autres clubs de la ville. Billy Berg lui-même passe plus de temps à jouer aux cartes dans son arrière-salle avec ses amis de poker qu'à écouter les orchestres qu'il a invités à jouer dans son club. Il choisit sa programmation sur les conseils des musiciens qu'il fréquente. Il a fait un pari risqué cette année-là en invitant le quintet de Dizzy Gillespie et Charlie Parker, qui ont lancé de New York, quelques années plus tôt, une révolution musicale qu'on appelle be-bop [1].

Le jeune pianiste s'appelle Hampton Hawes et il est encore lycéen, à la Polytechnic High School. Mais il est déjà inscrit depuis plus d'un an au « local 767 » de l'American Federation of Musicians, le syndicat des musiciens américains, dont l'immeuble se dresse sur Central Avenue entre la 17e et la 18e Rue. C'est la branche du syndicat des musiciens noirs, qui ne fusionnera qu'en 1953 avec le local 47, réservé aux Blancs. La carte du syndicat est indispensable pour qui veut se produire dans les clubs de Los Angeles. Document en poche, Hampton est devenu l'un des habitués des clubs de Central Avenue, où il joue régulièrement avec des

---

1. *West Coast Jazz*, op. cit.

musiciens confirmés mais à peine plus vieux que lui. Il a pu côtoyer ce que la ville compte de futurs grands noms du jazz – comme les saxophonistes Dexter Gordon, Teddy Edwards et Sonny Criss, ou le contrebassiste Charlie Mingus.

Cette semaine de décembre 1945, Central Avenue est un peu désertée, car de nombreux musiciens sont allés en spectateurs au Billy Berg's, pour entendre enfin Parker et Gillespie. Deux légendes, déjà, d'un jazz en métamorphose qui est en train de secouer sérieusement la tradition. Deux émissaires venus de la côte Est et qu'on n'avait jamais encore entendus sur les rives du Pacifique.

Hampton Hawes racontera plus tard, dans une autobiographie élégante et sans complaisance, écrite tous nerfs à vif, que rien n'aurait pu lui faire manquer cette occasion. Il résume l'impression que lui laisse ce soir-là le concert de Parker et Gillespie : « J'ai été modelé sur place, (...) comme un morceau d'argile [1] ». Les hommes de Dizzy restent huit semaines au Billy Berg's. Le succès populaire est limité, mais tous les musiciens de Los Angeles défilent alors dans le club, déjà fans, excités ou simplement curieux, en spectateurs, pour entendre ce be-bop qui a mis cinq ans pour arriver sur la côte Ouest.

Les rumeurs de la révolution be-bop avaient été colportées jusqu'en Californie par les rares musiciens voyageurs. Le long de Central Avenue, la grande artère du jazz local, les musiciens en parlaient, et les radios de l'après-guerre avaient donné une idée de ce qui s'était tramé à New York pendant ces longues années de guerre. Mais en Californie, on en reste encore au ouï-dire. Rien encore de *live*, pas de be-bop de chair et d'os. La révolution se déroule à l'Est ; l'Ouest se contente de sa rumeur.

---

1. *Raise Up Off Me*, Hampton Hawes, Da Capo Press, 1979.

D'autant qu'au cœur de la guerre, le pays a été privé de disques pendant deux bonnes années, quand les studios d'enregistrement ont fermé pour une longue pause. Le 1er août 1942, l'AFM, le puissant syndicat des musiciens, a décrété une grève générale des séances d'enregistrement pour protester contre le refus des grandes compagnies de disques de rémunérer les artistes pour les airs joués à la radio et sur les juke-box. Certaines maisons de disques comme Capitol et Decca ont vite entamé des négociations, mais d'autres labels ont fait durer les choses, et la grève des enregistrements ne s'est terminée qu'en 1944.

Le be-bop a donc manqué dès ses origines de certificat de naissance. Les enregistrements qui auraient pu témoigner de sa genèse sont inexistants. Le mythe s'en est renforcé. Et quand même certaines traces, précoces ou bricolées, seraient parvenues jusqu'en Californie, rien ne peut jamais remplacer la musique *live*.

Difficile de se représenter, soixante ans plus tard, la distance séparant la musique vécue et sa version enregistrée à une époque où la haute fidélité n'avait pas encore été inventée, et où le son enregistré n'était qu'un écho assez assourdi du « vrai truc », *the real thing*... Entre l'éclat chatoyant d'un big band consommé sur place et sa version tout aussi énergique, mais sur microsillon crachotant, autant de points communs qu'entre le Grand Canyon et sa carte postale. Sans compter que dans ces années d'après-guerre, encore marquées par restrictions et pénuries, le disque 78-tours est rare, et même objet de marché noir : il est souvent vendu à la sauvette au coin des rues, à des prix de contrebande, par les spécialistes en produits prohibés. Herbe, poudre, be-bop : les dealers savent le prix des choses.

Aux côtés de Hampton Hawes, d'autres jazzmen californiens sont donc venus assister à l'événement du Billy Berg's. Après avoir entendu la formation, des musiciens pourtant frottés à une concurrence âpre dans les clubs de Central Avenue, vétérans de ces batailles musicales que sont parfois les jam-sessions, jusqu'au petit jour (certains clubs, dits *after hours*, n'ouvrent qu'à 1 heure du matin, et il existe même des *breakfast clubs*, des clubs du petit déjeuner pour les infatigables), parleront de l'événement comme on le fait d'une révélation quasi religieuse. Certains décideront tout bonnement de renoncer à la musique [1].

D'autres passeront ensuite des semaines à traquer Charlie Parker dans les clubs de Los Angeles où il s'invite parfois pour jouer toute la nuit avec des musiciens dont il connaît à peine le nom, et dont le style n'a souvent rien à voir avec le sien.

Certains de ceux-là, parmi les plus jeunes, penseront que pour approcher même un peu de la musique de Parker, il faudra non seulement essayer de jouer comme Parker, mais aussi vivre comme lui. Partager sa conception de l'existence – et devenir *hip* comme lui. Jouer avec des lunettes noires. Porter des costumes froissés. Et communier, surtout, dans le culte de l'héroïne. Cette année-là, Charlie Parker a 25 ans, dont déjà dix de pratique assidue de l'héroïne, ce singe si familier.

Hampton Hawes va devenir l'un des confidents de Parker pendant son séjour californien. Lui rendant de menus services, l'écoutant discourir de la vie – mais aussi de philosophie et de musique moderne, comme pouvait le faire cet adepte de Nietzsche et de Stravinsky. Un soir, il retrouve Bird dans sa chambre. Des emballages de sandwiches, des canettes et des bouteilles d'alcool vides jonchent le sol. Parker boit du whisky, avale quelques *bennies*, se shoote tout en fumant un joint. Il transpire pendant cinq minutes,

---

[1]. Résumé dans le film de Clint Eastwood sur Charlie Parker, *Bird*, par un musicien qui jette son saxophone ténor à la rivière après avoir entendu jouer Parker.

enfile un costume. Une demi-heure plus tard il joue dans un club, comme si de rien n'était. Les jeunes musiciens qui l'admirent « auraient fait n'importe quoi pour se chauffer à ce feu-là, pour avoir un peu de cette graisse dans notre sang. Il nous a baisé la tête. Nous avions trouvé la vérité ultime [1] ».

Quand Parker sortira de l'hôpital psychiatrique de Camarillo où il a été interné six mois durant, Hampton Hawes va devenir son pianiste attitré. Il cédera lui aussi à l'héroïne, qui lui vaudra des années plus tard un séjour en prison dont il ne sortira qu'après une grâce accordée personnellement par le président John F. Kennedy, en 1963. Mais Hampton Hawes n'aura pas été le seul à sombrer dans l'imitation héroïnomane. Dans les années d'après-guerre, sur la côte Ouest, la défonce et ses illusions font partie intégrante du mythe parkérien, dont nombre de jeunes musiciens de jazz veulent percer le secret. Et le séjour californien de Bird a été un élément constitutif du mythe, culminant avec l'enregistrement, pendant l'été 1946, du fameux solo de *Lover man*.

Au cœur de la Seconde Guerre mondiale, *after hours* dans les caves des cabarets new-yorkais, Charlie Parker a dynamité les codes et langages du jazz, avec son compère Dizzy Gillespie – qui décrivit son ami comme « le deuxième battement de (son) cœur ». Saxophone alto pour Parker, dit « Bird » en raison, semble-t-il aussi, d'un appétit pantagruélique pour le poulet frit. Trompette pour « Diz ». Révolution en cuivres majeurs, le bop ou be-bop a renversé le monde du jazz. A la fin des années quarante, Parker est devenu l'idole d'une génération de jazzmen. Comme toute révolution, celle-ci généra les habituelles et stériles querelles entre anciens et modernes. Reste qu'au moins pour les modernes – la plupart des anciens finirent par être convaincus, et l'on n'entendit bientôt plus le dernier

---

1. *Raise Up Off Me*, *op. cit.*

quarteron des irréductibles – Charlie Parker fut l'étoile et le modèle indépassable, le soleil noir auquel tous les jeunes musiciens, de New York à Los Angeles, rêvaient de se chauffer. Soleil particulier, chaleur exclusive : la passion de la jeunesse pour cette forme de jazz contraste alors avec la totale ignorance qu'affichent l'Amérique blanche et ses grands médias. Dizzy et Bird sont au Billie Berg's, mais le *Los Angeles Times*, le grand quotidien de la ville, ne commencera à parler de la musique du premier qu'en 1954, et il attendra 1962 avant d'évoquer Charlie Parker – sept ans après sa mort.

Quelques mois après ces concerts de décembre 1945 au Billy Berg's, événement dont un critique assimilera plus tard la force et la signification au débarquement des GI sur les côtes de Normandie [1], le génie est fatigué. Au début de l'été 1946, Charlie Parker est échoué en Californie. Dizzy Gillespie et ses musiciens sont repartis pour New York début février après les concerts du Billy Berg's. Bird a raté l'avion parce qu'il a revendu le billet pour s'acheter une dose, et il est resté en plan à Los Angeles. Il ne jouera plus jamais en formation régulière avec Dizzy Gillespie, son vieux compère. Cet été-là, il vit dans un garage insalubre, avenue McKinley, allongé à longueur de journée sur une paillasse en métal qui lui sert de lit, son manteau pour seule couverture. Les murs sont nus, les tuyaux rouillés, les nuits fraîches et le chauffage inexistant. Bird passe son temps à écouter des disques de Bartók et Stravinsky sur un vieux tourne-disques en s'imbibant d'une méchante bibine que le commerce californien n'hésite pas à vendre sous le nom de porto. Parker en alterne les rasades avec un litre de whisky quotidien, pour faire bonne mesure.

Cette année en Californie est pour Charlie Parker à la fois celle du triomphe et de la dérive, des fulgu-

---

1. *West Coast Jazz, op. cit.*

rances et du cauchemar. En quelques mois, il tutoie la mort et côtoie la folie. L'année commencée dans l'adoration de ses fans musiciens se termine dans un asile psychiatrique dont il ressort régénéré – au moins pour un temps. Ceux qui l'écoutent alors *live*, et ceux qui écoutent encore aujourd'hui les quelques enregistrements qu'il en a laissés, ont l'impression d'être en présence tantôt d'un génie, tantôt d'une épave, et parfois l'un et l'autre se disputent et jouent en même temps. Quand il repartira vers l'Est, une génération de musiciens californiens aura décidé qu'elle a vu la lumière, et que Parker est leur génie. Beaucoup – une grosse majorité – auront aussi décidé qu'il leur fallait acquitter le prix de l'héroïne pour accéder au génie, ou au moins s'en approcher. Comme si la dope était le portillon obligé de la grandeur musicale, partie intégrante du jazzman *hip*, rite collectif qui signe l'adhésion au groupe élu.

Depuis décembre et les concerts au Billy Berg's, Parker est souvent arrivé en retard aux concerts ou aux séances d'enregistrement que Dizzy Gillespie a organisés en Californie. Il lui est même arrivé de ne pas venir du tout, comportement qui deviendra de plus en plus fréquent. Le batteur Max Roach, qui joua avec les deux hommes à New York, raconte par exemple qu'un soir, « Bird arrive en retard et au lieu de venir sur l'estrade il va droit aux toilettes. Dizzy va voir et regarde par-dessus la porte. " Tu sais ce que ce fils de pute est en train de faire ? Il est là-dedans en train de se shooter " ».

Dizzy Gillespie, leader de la tournée californienne, avait signé un contrat pour emmener un quintet. Mais il a prévu six musiciens. Fatigué du comportement de Charlie Parker, qui multiplie les retards, les absences, les moments de dérive, les interventions approximatives, il avait même envisagé la tournée sans lui. Mais le propriétaire du Billy Berg's a fait de la présence de

Bird une condition non négociable. C'est la raison pour laquelle Dizzy a prévu un sixième homme pour assurer ses arrières – le vibraphoniste Milt Jackson. Billy Berg trouve finalement que la formation est un peu chiche et demande qu'on y ajoute un autre musicien : à Los Angeles, Dizzy s'adjoint les services du saxophoniste ténor Lucky Thompson. Deux précautions valent mieux qu'une. « J'avais six types au lieu de cinq parce que je savais que parfois il ne serait pas là et je ne voulais pas de problème avec la direction (du club) », racontera Gillespie. « Avec Bags [1] on était sûr d'avoir cinq hommes sur scène, que Bird soit là ou pas [2]. » Ray Brown à la basse, Al Haig au piano et Stan Levey à la batterie constituent la section rythmique de ce quintet devenu septet.

Mais entre les absences de Bird, il y a ses fulgurances. Comme ce 28 mars 1946 où il a enregistré quelques moments de génie musical pour Dial, le label tout juste créé par un retraité de la marine marchande qui tient à Los Angeles une boutique de disques. Ce *Sacre du printemps* du jazz moderne n'a rien perdu soixante ans plus tard de son éclat sidérant. Parker a réuni un septet, où la trompette est tenue par le jeune Miles Davis, débarqué à Los Angeles dans l'unique but de retrouver son mentor.

La veille, un incident a failli compromettre l'enregistrement : alors que les musiciens avaient rendez-vous dans un club de la ville pour une ultime répétition des morceaux prévus au programme, Parker a quitté la séance pour se lancer pendant deux heures dans une recherche frénétique de son fournisseur de drogue, Emry Byrd dit « Moose the Mooche », dans les rues de L.A. Furieux, le contrebassiste Red Callender a remballé son instrument. Il a été remplacé le lendemain par Vic McMillan. Et ce jeudi après-midi du 28 mars,

---

1. Surnom de Milt Jackson.
2. *You Can't Steel a Gift*, Gene Lees, University of Nebraska Press.

dans un studio de Santa Monica, au bord du Pacifique, Charlie Parker et sa formation enregistrent pour Ross Russell, le marin à la retraite, quatre plages qui ancrent la légende. Une seule composition vraiment originale que Parker choisit d'appeler... *Moose the Mooche*; et puis *Yardbird Suite*; *Ornithology*, qu'il a déjà enregistré. Enfin le *Night in Tunisia* célèbre de son compère Dizzy Gillespie.

Mais quatre mois après cet enregistrement historique, Charlie Parker a disparu de l'hôtel Civic où il avait échoué au hasard de son errance californienne. Son dealer, l'indispensable Moose the Mooche, de son vrai nom Emry Byrd, a été envoyé en prison sur sa chaise roulante d'hémiplégique. Fini pour lui, pour quelque temps, les ventes d'herbe, d'héroïne (et aussi de 78-tours bop revendus trois fois leur prix). Parker s'est donc rabattu sur le porto et le whisky. C'est ainsi qu'il s'alimente. Le trompettiste Howard McGhee, explorateur lui aussi des labyrinthes toxicomanes, le retrouvera enfin dans le garage de l'avenue McKinley, et parviendra à le convaincre après quelques visites de venir vivre chez lui.

« Il était toujours debout », racontera McGhee. « J'y allais à cinq heures du matin, il était debout. A midi, il était encore debout. A huit heures du matin, il était debout. Je me disais " quand est-ce que ce type dort [1] ? " »

Communauté de l'exil, de la dope et de l'errance. McGhee est arrivé lui aussi à Los Angeles dans les bagages d'un grand orchestre, celui de Coleman Hawkins, et il a décidé de rester. Il a acquis une petite habitude qui lui coûte 500 dollars par jour et l'enverra plus tard en pension pendant deux ans au pénitencier de Riker's Island, sur l'East River, à New York. McGhee est marié à une femme blanche, Dorothy, un ancien

---

1. *Can't Find My Way Home : America in the Great Stoned Age, 1945-2000*, Martin Torgoff, Simon and Schuster, 2004.

mannequin. Et dans une ville encore relativement épargnée par les grands drames et la ségrégation raciale, la police de Los Angeles a décidé d'accélérer l'Histoire et de persécuter les couples mixtes, alignant la Californie sur les pratiques du reste du pays. Les couples ou groupes mixtes sont régulièrement interpellés pour vérification d'identité – McGhee est un jour arrêté après être allé au cinéma avec sa femme. A Hollywood, quartier blanc, certains propriétaires de club commencent à refuser d'admettre les groupes mixtes. Les Noirs sur la scène, pas dans la salle [1]. Central Avenue continue d'accueillir les amateurs de jazz en races mélangées, mais le quartier est de plus en plus une exception dans la ville.

En mai 1946, Howard McGhee a repris et rouvert le Finale Club, dans le quartier Little Tokyo, fermé deux mois plus tôt par la *vice squad* de la police de Los Angeles. C'est désormais un *bottle-club* : on n'y sert pas d'alcool, les clients paient à l'entrée pour la musique mais peuvent apporter leur propre bouteille – d'où le nom de ces établissements. Charlie Parker a théoriquement un emploi régulier au Finale – pour autant que le mot ait, dans son cas, un sens. Il lui arrive de jouer le dos au public – une attitude qui n'est pas encore devenue celle de son jeune protégé Miles Davis. Parfois Bird décide de ne pas jouer, assis sur sa chaise, dodelinant de la tête, s'endormant même parfois au milieu des solos de ses complices. Ses proches commencent à s'inquiéter des tics qui le saisissent quand il joue. « Ce printemps-là, c'était un homme malade », dit Ross Russell [2].

Il faut donc s'occuper de Parker qui dérive. Deux mois plus tôt, il a cédé la moitié de ses royalties, à vie, à son dealer Moose the Mooche, probablement en

---

1. *West Coast Jazz, op. cit.*
2. *Bird Lives! : The Highlife and Hard Times of Charlie (Yardbird) Parker*, Ross Russell, Quartet Book, 1973.

échange d'une dose ou deux. Le destin lui a épargné de respecter la lettre et l'esprit du contrat. En juin, Moose, très formel, a écrit au patron des disques Dial, Ross Russell. « En raison d'une infortune j'aimerais vous annoncer mon changement d'adresse ». Il demande donc qu'on fasse suivre sa part de royalties à son nouveau domicile, la prison de San Quentin.

Parker insiste auprès de Ross Russell. Il veut faire un nouveau disque. Il a des idées, promet d'écrire de nouvelles compositions. Il est sûr de pouvoir convaincre Miles Davis de revenir pour l'occasion sur la côte Ouest. Miles était arrivé à New York en septembre 1944 pour étudier à la célèbre Juilliard School, l'école de musique la plus exigeante et réputée du moment. Il avait commencé par chercher ses idoles Parker et Gillespie. « J'ai passé toute ma première semaine à rechercher Bird et Dizzy. *Man*, j'ai cherché ces deux mecs partout, dépensé tout mon argent, et je ne les ai pas trouvés. J'ai dû appeler mon père pour qu'il m'envoie de l'argent. » Suivent des semaines passées à traquer Bird, qui un jour, de passage à Saint Louis, avait conseillé à Miles de venir le voir s'il passait par New York. Pendant l'année 1945, Miles a joué plusieurs fois avec son idole, et il a rejoint son orchestre régulier à la fin de l'année quand Dizzy Gillespie, à bout de patience face à son imprévisibilité, a cessé d'accéder aux suppliques quotidiennes de son compagnon dans la débine. Miles, 19 ans à peine, et qui commence à boire un peu d'alcool, a déjà tout vu. Parker lui a un jour volé une valise pour la mettre au clou et en tirer un peu d'argent. Une autre fois, Miles a même dû assister sur le siège arrière d'une voiture à une séance de fellation prolongée administrée par une admiratrice à un Charlie Parker par ailleurs occupé à dévorer quelques morceaux de poulet frit [1]...

---

1. *Miles, the Autobiography*, Miles Davis, Simon and Schuster, 1989

Ross Russell, le propriétaire du magasin de disques et patron de Dial, accède à la demande pressante d'Howard McGhee d'organiser une nouvelle séance d'enregistrement pour Parker : « Il faut faire quelque chose, l'a supplié le trompettiste, ce type est barré. » Moitié pitié, moitié curiosité : Ross Russell accepte. Le C.P. McGregor Transcription Studio, sur Western Avenue, est loué pour le mardi 29 juillet 1946. Un orchestre est assemblé à la hâte – quelques musiciens formant la section rythmique avec laquelle McGhee avait pris l'habitude de jouer sur la côte Ouest. Roy Porter à la batterie. Bob Kesterson à la basse, qui trimbale comme d'habitude son instrument imposant sur un petit scooter italien. Et le pianiste Jimmy Bunn, jeune prodige de la West Coast, que nous retrouverons dans quinze ans à San Quentin, partie intégrante de notre Jazz Band. Signe de l'ambiance qui préside à l'enregistrement, on a prévu la présence d'un psychiatre, Robert Freeman, le frère du financier de Dial, Marvin Freeman. Bird est absent, comme s'il ne savait pas quoi jouer, jusqu'à ce que McGhee suggère *Max is making wax*, un titre alors en vogue chez les jazzmen.

Le reste est catastrophe. Bird, qui avouera plus tard avoir bu un litre de whisky juste avant la session, est rongé de tics et ne parvient pas à jouer en face du micro, contraignant l'ingénieur du son à des contorsions acrobatiques. Il a ensuite envie de jouer *Lover man*, le standard devenu l'air fétiche d'une autre étoile brûlée, Billie Holiday. Il rate le début, change de tempo, alors que le reste de l'orchestre, qui n'en est plus à essayer de l'accompagner, tente simplement de limiter le désastre. Les deux autres morceaux enregistrés ce jour-là, *The Gypsy* et *Be-bop*, sont à l'avenant – tempos trop rapides, saxophone épuisé. On entend même le batteur Roy Porter encourager Parker sur l'un des morceaux : « *blow man, blow* »... A la demande de l'ingénieur du son, Ross Russell ira à un moment dans le studio pour enlacer Parker par-derrière, et tenter de le contraindre à l'immobilité face au micro enregistreur.

Parker en voudra à Ross Russell d'avoir laissé diffuser ces quatre morceaux. Il est encore furieux, cinq ans plus tard : « Si vous voulez savoir quel est le pire de mes enregistrements, c'est facile. Je dirai *Lover man*, une chose horrible qui n'aurait jamais dû sortir – enregistré la veille du jour où j'ai craqué. Non en fait je choisirais *Be-bop*, enregistré en même temps. Ou *The Gypsy*. Tout était nul [1]. »

Le « jour où j'ai craqué » est en fait le jour même de l'enregistrement. Après la séance Dial, Parker rentre à l'hôtel Civic, où McGhee a pu lui réserver une chambre grâce à l'avance de Ross Russell. Sous l'effet de l'alcool, du manque d'héroïne et des cachets de phénobarbital fournis par Richard Freeman, il déambule nu, en chaussettes, dans le hall de l'hôtel. La deuxième fois, le manager décide de l'enfermer dans sa chambre. Parker s'endort en fumant, incendie son matelas, et manque de mettre le feu à l'hôtel. Ross Russell le retrouvera cinq jours plus tard au quartier psychiatrique de la prison du comté de Los Angeles, en camisole de force et enchaîné à son lit. Il sera jugé coupable d'attentat à la pudeur, de tentative d'incendie et de rébellion contre les policiers venus l'arrêter. Grâce à l'intervention du psychiatre Richard Freeman, le juge le condamnera au traitement le moins sévère qu'il ait à sa disposition : six mois à l'hôpital de Camarillo, à deux heures de route au nord de Los Angeles.

Parker en sortira l'esprit clair, reposé, à nouveau prêt à briller, sidérant encore ses frères jazzmen qui pensent ne jamais pouvoir approcher son génie. Après son retour à New York, les années 1947-1948 pendant lesquelles il enregistre à nouveau des plages de légende avec Miles Davis, sont aussi celles de la naissance du

---

1. Interview radio sur Voice of America, 1951.

mythe. Parker est revenu de l'abîme. Et l'enregistrement déchirant de *Lover man* devient paradoxalement le symbole de son œuvre. Le signe indubitable que son art a triomphé de sa vie, de sa douleur, de sa déchéance. La preuve évidente que le drogué magnifique peut revenir de tout.

Les jazzmen qui pensaient que prendre de l'héroïne les feraient jouer comme Charlie Parker vont désormais en prendre parce qu'ils veulent vivre et sentir comme Parker. Alors que le mythe s'étend, s'allonge au même rythme la liste des accros à l'héroïne. En quelques années, le phénomène aura pris une telle ampleur que le clarinettiste et leader de big band Artie Shaw pourra s'alarmer : « Le jazz est né dans un tonneau de whisky, a grandi à l'herbe et est en train de mourir à l'héroïne. » Le jazz n'en est pas mort, mais on ne peut pas en dire autant de certains de ses praticants, parmi les plus brillants.

C'est à cette charnière des années quarante que le jazzman qui fumait des joints passe à l'héroïne et aux drogues dures. Avant guerre, la substance de rigueur parmi les musiciens de jazz est la marijuana. Un jeune dealer de l'époque, qui se surnomme « Detroit Red » et deviendra plus tard célèbre dans un autre registre sous le nom de Malcolm X, raconte : « Je vendais de l'herbe comme une bête... Je dormais à peine, j'allais là où étaient les musiciens. Dans tous les orchestres, la moitié des types fumaient de l'herbe. » Le saxophoniste Charlie Barnet, leader d'un des grands big bands de l'époque et l'un des rares chefs d'orchestre blancs capables d'allumer des foules noires, se souvient de l'époque de ses débuts, les années vingt, comme l'une des plus heureuses de sa vie, notamment parce que « la marijuana était abondante et bon marché ». Son usage n'étant pas illégal, seule la vente pouvait être réprimée – d'ailleurs pour des raisons fiscales : les vendeurs ne paient pas d'impôt. Barnet raconte même que certains petits malins s'allumaient un joint et allaient en souffler la fumée à la figure des policiers en faisant semblant de leur demander leur chemin [1].

Le clarinettiste Mezz Mezzrow, né dans une famille juive de Chicago, et qui deviendra l'ami de Louis Armstrong et de Sidney Bechet, impressionne davantage ses collègues musiciens par son commerce de marijuana que par son talent, plutôt mineur. Blanc voulant s'assimiler à l'univers des Noirs admirés depuis son adolescence, il est devenu au début des années vingt le fournisseur attitré des musiciens de jazz de Chicago, qui donneront même son nom à un joint particulièrement massif, le Mighty Mezz. Dans les années vingt et trente, l'association est étroite entre jazz et gangsters. Les grands clubs appartiennent à des parrains locaux qui ne regardent pas à la dépense pour fournir à leurs stars tout ce qui peut leur faciliter la vie – y compris du « thé » à prix abordables. Après avoir joué dans un club appartenant à Al Capone, Mezzrow s'établit à Detroit, où il garde le contact avec ses fournisseurs de Chicago, issus de l'immigration mexicaine et qui lui fournissent du « thé » de la meilleure qualité. Il suit, au début des années trente, la grande migration des musiciens de jazz vers New York, introduit ou peu s'en faut la marijuana dans la ville, devient une célébrité locale – comme dealer plus que comme musicien. S'impose déjà l'idée que la drogue supprime les inhibitions, que les prestations des musiciens, leurs improvisations, en sont améliorées, qu'elle favorise la création. Et déjà le snobisme *cool*, qu'on retrouvera plus tard chez les musiciens quand surgira l'héroïne : les jazzmen qui fument du « thé » regardent avec condescendance ceux qui en sont restés à l'alcool : la vieille garde, en somme.

---

1. *Those Swinging Years : The Autobiography of Charlie Barnet*, with Stanley Dance, Louisiana State University Press, 1984.

Louis Armstrong, qui en retour méprisera toute sa vie les accros à l'héroïne, explique le plaisir de fumer un joint et de se sentir ainsi en bonne compagnie, la compagnie des *cool* et des *hipsters* : « Quand tu es avec un autre fumeur de thé, tu ressens un certain genre de fraternité [1] ». Armstrong lui-même a été brièvement incarcéré en 1931 pour avoir fumé un joint. Il décrit dans ses Mémoires la culture du joint dans les milieux du jazz, expliquant que les fumeurs s'appelaient entre eux les « *vipers* ». L'usage d'herbe n'est encore au début des années trente qu'une contravention sans gravité, et à l'époque où il répond aux questions de ses biographes, Armstrong jure qu'il a renoncé aux plaisirs du thé quand la loi est devenue plus sévère. Mais il en garde la nostalgie : « Même quand on sera plus vieux que Mathusalem, nos mémoires seront encore pleines de la beauté et de la chaleur de l'herbe. Mary Warner, poursuit Armstrong en donnant à la marijuana un de ses surnoms familièrement phonétiques, c'était bon, chérie, et on s'est bien marrés [2]. »

La marijuana fait à ce point partie intégrante de l'univers du jazz et de sa culture qu'elle s'est même inscrite à son répertoire depuis les années vingt. De nombreux morceaux y font ouvertement référence, titres explicites et textes souvent humoristiques. Ainsi *Muggles*, de Louis Armstrong – *muggles* étant l'un des termes d'argot utilisés par les musiciens pour désigner la substance. La *Texas tea party* du big band de Benny Goodman : « Momma momma momma, où tu as caché mon thé ? » *Viper's drag* de Fats Waller : « J'ai rêvé d'un joint d'un mètre cinquante (...) Je vais être high, pas trop longtemps (...) je suis le roi du monde, il

---

1. Cité dans *Hep-Cats, Narcs, and Pipe Dreams : A History of America's Romance with Illegal Drugs*, Jill Jonnes, Scribner, 1996.
2. *Louis : The Louis Armstrong Story, 1900-1971*, Max Jones et John Chilton, Studio Vista, 1976.

faut que je plane avant de swinguer, que j'entende les cloches ding ding dong ». *That funny reefer man* du chef d'orchestre et chanteur Cab Calloway : « Mais qu'est-ce qu'il a ce mec ? Il doit être bourré au hasch ! Tu veux dire que ce mec est défoncé ? Il plane... il plane... Mec, c'est le type au hasch ? Je crois qu'il perd la boule... Je crois qu'il a perdu la boule »...

Quand, en janvier 1945, le saxophoniste Lester Young, mobilisé depuis quelques mois, passe devant un tribunal militaire pour avoir été surpris avec de la marijuana et des barbituriques sur lui, il explique au procureur, lors de son procès, qu'il fume cinq ou six joints par soir pour se maintenir en forme. Il fume depuis une dizaine d'années, explique-t-il. Et quand le procureur lui demande si les autres musiciens de l'orchestre de Count Basie, avec lequel il jouait avant son service militaire, fumaient eux aussi, Lester répond : « Tous ceux que je connaissais [1] ».

Seule la phobie des seringues et de piqûres a évité à Lester Young de toucher à l'héroïne. Mais la plupart des jazzmen n'ont pas la même aversion. L'amie de Lester, l'autre partie de son âme, Billie Holiday dite « Lady Day », a fait connaissance avec l'héroïne vers 1941, et la drogue est vite devenue la gouvernante impitoyable de sa vie. Dès la fin des années quarante, la situation a changé au point que Cab Calloway n'a plus envie de rire ni de chanter les « *reefer men* ». Il ne trouve plus rien de drôle aux dealers qui gravitent autour des orchestres et accompagnent parfois leurs déplacements. La drogue n'est plus la même, et la seringue a succédé au papier à rouler des joints. En 1951, Calloway publie dans le magazine noir *Ebony* un article alarmé : « La dope est-elle en train de tuer nos musiciens ? » « Pendant ma carrière j'ai vu (...) des dizaines de ces jeunes artistes prometteurs abattus par

---

1. *You Just Fight for Your Life, The Story of Lester Young*, Frank Büchmann-Moeller, Praeger Publishers, 1990.

un fléau aussi cruel et infatigable qu'une pieuvre de grands fonds (...) La drogue a causé la déchéance d'un nombre inquiétant de bons musiciens devenus des has-been sans espoir. » L'article fait d'autant plus de bruit qu'il est illustré des photos de musiciens dont, entre autres, Miles Davis, Dexter Gordon, Fats Navarro, Howard McGhee, Billie Holiday et Art Blakey [1]. Certains, comme Miles Davis, ne pardonneront jamais à Cab Calloway, « Mr. Hi-de-ho », de les avoir désignés à l'attention publique.

L'association jazzman = junkie s'impose dans l'imagination populaire. Musique de la marge et de la rupture, de la vie et de la transgression, de la minorité et de la nuit, le jazz s'y prête bien. Le frisson des plaisirs interdits en devient un élément constitutif, sur lequel surfe une forme de marketing de la marge. Il faut bientôt, de manière sans doute prévisible, que Hollywood s'empare du cliché – avec d'autant plus de succès que le cliché repose sur une réalité qui éclate périodiquement dans les journaux et magazines, à chaque interpellation, arrestation ou condamnation d'un grand nom du jazz. Au milieu de la décennie, *Man with the Golden Arm*, film d'Otto Preminger d'après le roman de Nelson Algren [2], fixe ainsi sur celluloïd l'image du musicien de jazz torturé par sa dépendance à l'héroïne. Frank Sinatra sera nominé pour les Oscars pour son interprétation de Frankie Machine, batteur de jazz sorti de prison qui ne parvient pas à décrocher.

Même les musiciens qui n'ont jamais touché aux drogues dures, ni même fumé un joint, peuvent être à leur corps défendant affectés par la réputation de l'univers dans lequel ils évoluent. Le batteur Gene Krupa est arrêté en 1943 après que la police, apparemment bien informée, eut trouvé de la marijuana dans sa

---
1. « *Is dope killing our musicians?* », Cab Calloway, *Ebony*, février 1951.
2. *L'Homme au bras d'or*, avec Frank Sinatra et Kim Novak.

poche de veste. Il s'avérera en appel que le paquet a été placé là par un assistant limogé et rancunier. Krupa est évidemment acquitté, mais il se trouvera à sa mort, trente ans plus tard, des journaux pour affirmer qu'il avait été toxicomane, et que son arrestation avait été l'un des « plus bas moments » de sa vie....

Reste qu'ils ont été nombreux à voguer sur la galère menant aux paradis artificiels et qu'il est difficile de mettre le doigt sur le facteur clé qui aurait déclenché la junk-épidémie chez les jazzmen. Les explications sociologiques, économiques ou politiques se croisent, sans jamais emporter tout à fait l'adhésion exclusive.

La marijuana est devenue illégale en 1937. Sa criminalisation a été décidée par le Congrès américain dominé par les démocrates de Franklin Delano Roosevelt, après des auditions et un débat exceptionnellement brefs, contrairement aux usages du Congrès américain. L'American Medical Association, sorte de syndicat national des médecins, a pourtant officiellement témoigné qu'elle n'avait pu faire état d'« aucun indice tendant à prouver que la marijuana présent[e] des effets nocifs ». Le Marijuana Tax Act est l'aboutissement de la campagne de prohibition menée de manière obsessionnelle par celui qui a été nommé en 1930 au poste nouvellement créé de Commissaire aux narcotiques, Harry J. Anslinger, un ancien diplomate affecté au Bureau de la prohibition à l'époque où l'alcool était interdit dans tous les Etats-Unis. Anslinger devient dans la première moitié du siècle l'équivalent dans la lutte antidrogue de ce qu'est en train de devenir J. Edgar Hoover à la tête du FBI : un proconsul tout-puissant obtenant ce qu'il veut du Congrès et des administrations successives.

Dans les années trente, Anslinger supervise personnellement la campagne faisant de la marijuana la drogue du démon qui risque d'entraîner la jeunesse américaine dans la furie du jazz, les rythmes de la jungle et les danses de sauvage. Les articles ne font pas dans le détail et les rapports d'« experts » sur le sujet assimilent peu ou prou la marijuana à une menace pour la civilisation américaine.

En 1937, seuls quelques Etats ont rendu la marijuana illégale. Ce sont en général les Etats à forte immigration mexicaine, les étonnantes propriétés du chanvre – qui pousse d'ailleurs librement sur tout le territoire des Etats-Unis – ayant été révélées par les immigrants du sud du Rio Grande. La Californie est une sorte d'exception : la consommation de marijuana y a été interdite dès 1915, alors même que l'immigration mexicaine y était encore embryonnaire. C'est ce qui explique la brève interpellation de Louis Armstrong à Los Angeles en 1931. Mais dans la plupart des Etats américains, la définition même de la marijuana comme stupéfiant n'est pas encore acquise, et il faut pour y parvenir une campagne d'opinion. Anslinger ne lésine pas sur les moyens [1]. « Une nouvelle drogue hilarante sème la discorde parmi les musiciens de la région », note ainsi le *Chicago Tribune*, inquiet dès 1928 [2]. Les articles outragés d'une presse souvent raciste qui dénonce les effets de la drogue sur le comportement des « *negroes* » visent tous à renforcer l'association jazzman-drogué-danger pour la jeunesse.

La campagne pour l'interdiction de la marijuana est fortement soutenue par plusieurs lobbies industriels du textile qui luttent contre l'industrie du chanvre pour des raisons de concurrence, et veulent en supprimer la culture aux Etats-Unis. Elle s'est appuyée sur des articles de presse mais aussi sur des films comme *Reefer Madness*, en 1935, histoire abracadabrante où les adolescents d'un lycée, sous l'influence néfaste de deux

---

[1]. *Waiting for the Man : The Story of Drugs and Popular Music*, Harry Shapiro, 1988, Quartet Books.
[2]. « New giggle drug puts discord in city orchestras », *Chicago Tribune*, 1er juillet 1928, cité dans *Waiting for the Man*, op. cit.

de leurs camarades dealers d'herbe, deviennent des loques relevant de l'asile psychiatrique. Le film est devenu un objet culte aujourd'hui pour son outrance et son grotesque, mais à l'époque il est pris très au sérieux.

A partir de la fin des années trente, les références à la drogue dans les airs de jazz doivent donc se faire plus allusives. Ainsi dans un chant de Julia Lee sur les « épinards » (*Spinach song*), où la plante en question, comme le note Harry Shapiro, n'a rien à voir avec Popeye. Ainsi encore la double signification – en anglais *double entendre* – du thé dans les paroles de *Tea for two*. (« Est-ce que tu aimes l'Oolong autant que j'aime l'Oolong, Voyages-tu en Ceylan comme je voyage en Ceylan ? »)[1]. Mais c'est encore l'époque où, à New York, un policier peut demander poliment au propriétaire d'un club de jazz de ne pas laisser ses clients fumer de l'herbe sur le trottoir : la fumée est si dense qu'elle tourne la tête des chevaux...

Si elle dissuade certains musiciens comme Louis Armstrong – du moins d'après ce qu'il affirme dans ses Mémoires, qu'il faut prendre sur ce sujet avec de sceptiques pincettes –, la loi qui criminalise la marijuana a aussi pour conséquence d'en bouleverser le marché. Elle rejette l'herbe dans le monde des trafiquants et des dealers. Les *pushers* ont beau jeu de proposer à leurs clients un univers de sensations plus fortes. Et leurs clients trouvent plus facile de sauter le pas : si tout est pareillement illégal, autant opter pour les substances plus radicales...

La toxicomanie à l'héroïne semble pourtant suspendue pendant la Seconde Guerre mondiale. Rien à voir avec la discipline militaire au moment où les jeunes Américains ont été envoyés sur les côtes de Normandie ou dans les jungles du Pacifique. L'explication est plus simple, plus commerciale. La guerre en Asie a coupé

---

1. *Waiting for the Man, op. cit.*

les routes de l'opium – voilà pour la crise de l'offre, massive. Et à l'intérieur, du côté de la demande, l'époque est aux restrictions, pas aux distractions ou aux fêtes nocturnes.

Mais le commerce traditionnel reprend ses droits dès la fin des hostilités. Les mafias s'installent dans l'espace commercial créé par la reprise des courants d'échange illicites avec la Turquie et l'Asie. La route du pavot est rouverte, contact est renoué avec les producteurs. Dans les pays consommateurs, la prohibition crée l'horreur du vide, et favorise les esprits entreprenants. Les prix baissent naturellement, puisque l'offre augmente. L'héroïne se vend à des tarifs qui ne contraignent pas encore ses usagers à la criminalité. On la trouve en capsules, vendues autour de deux dollars l'unité. Dix capsules pour un gramme d'héroïne. Dealers et pushers ont vite identifié leurs cibles. Dans certains clubs de New York, les vendeurs étalent leur marchandise ouvertement, tiennent leur stand dans les toilettes.

Plus tard, nombre de musiciens impatients de combattre le cliché omniprésent du jazzman junkie voudront expliquer le fléau par le rôle des mafias ayant délibérément ciblé les milieux du jazz, envoyant leurs rabatteurs séduire les plus jeunes musiciens à l'entrée des clubs. Mais l'explication est courte. Dans le monde du jazz, la fin de la Seconde Guerre mondiale marque le retour des anciens, mobilisés en Europe ou en Asie. Les jazzmen sont souvent précoces. Les plus jeunes ont échappé à l'appel. Ils vont se montrer soucieux de surpasser dans tous les domaines leurs aînés partis au front. Le swing cède la place au bop. La marijuana à l'héroïne.

Quant à ceux qui reviennent de cette guerre sur d'autres continents, ils se joignent à la fête. Ils retrouvent, dans les rues de New York, de Chicago ou de Kansas City, la grande barrière de la race, que l'illusion de l'uniforme avait paru abattre au cœur des combats. Vers la fin de la guerre, on a vu que Los Angeles semble un temps relativement préservé. Blancs et Noirs, stars d'Hollywood et employés de bureaux se pressent en foules mélangées dans les clubs de Central Avenue. Mais la police locale va vite interrompre la *party*. Blancs et Noirs vont revenir à la tradition – chacun chez soi. La guerre n'a été qu'une illusion, et dans le sud du pays, les orchestres mixtes sont toujours interdits de représentation. Pas de trompettiste blanc dans les orchestres noirs. Pas de batteur noir dans les orchestres blancs. Echappatoire, évasion, fuite et refuge : le recours à l'héroïne est aussi chez les musiciens de jazz un moyen d'exister dans l'Amérique de l'époque. Hampton Hawes le résumera : « Toute cette peur, toute cette oppression, poussait les *niggers* à s'envoyer en l'air. Surtout les musiciens, parce que si un musicien veut jouer ce qu'il ressent, il faut qu'il échappe à toute cette merde. C'est arrivé à presque tous ceux que je connaissais [1]. »

Mimétisme ou contagion culturelle, les musiciens de jazz blancs ne sont pas en reste dans la course à l'héroïne. Le musicien noir qui se shoote veut échapper au monde des Blancs. Le musicien blanc qui se pique veut rejoindre l'univers des Noirs. Tous communient dans l'attitude, une détermination dandy à se placer à part, à poser une différence délibérée avec l'univers trivial et ringard des « *squares* », les autres, les gens normaux, les musiciens qui en sont restés à l'alcool, ou à l'herbe. Fraternité de la marge dont le bulletin d'adhésion est le « *fix* »... Les *cool cats* prennent soin de se séparer des autres par une invisible frontière qui a pour métaphore la couverture de Serge Chaloff et ses acolytes. Chaloff tient le pupitre du saxophone baryton dans le grand orchestre de Woody Herman au début des années cinquante. Il

---

1. *Raise Up Off Me*, op. cit.

a converti à l'héroïne toute la section de saxophones et quelques autres musiciens de l'orchestre. Il organise matériellement la distinction entre les « *hips* » et les autres : les junkies voyagent à l'arrière du bus qui emmène l'orchestre d'une ville à l'autre, et tendent une couverture pour s'isoler des rares « *straights* » de l'avant – et pour pouvoir vaquer tranquilles à leurs occupations. L'héroïne marque la distance. L'héroïne « était le truc qui nous rendait différents du reste du monde », résume le trompettiste Red Rodney. Les boppers obtiennent de ceux qu'ils regardent de haut le résultat escompté : la vieille garde les considère comme des voyous sur lesquels on ne peut pas compter. Devenu vieux, en 1984, le leader de big band Charlie Barnet écrit ses Mémoires et, dans sa conclusion, se lamente sur l'état de la musique et dénonce avec amertume les « boppers » qui, quarante ans plus tôt, ont révolutionné la musique : « Une large proportion des boppers s'adonnaient à l'héroïne et devinrent ingérables, imprévisibles et instables. Beaucoup de ces types non seulement se sont détruits, mais ont donné une mauvaise réputation à la musique », ajoute Barnet [1]. C'est aussi précisément dans ce rejet même par les gens « propres », cette mise à l'écart, que les plus jeunes musiciens, disciples de Parker, puisent une forme de fierté : le rejet des musiciens respectables et établis les conforte dans la fierté d'être à part. Il reste bien sûr des musiciens parmi les plus jeunes et les plus radicaux qui résistent à l'attrait de l'héroïne. Mais ceux-là subissent la moquerie, la méfiance ou le dédain des *hipsters*. « Si tu ne te shootais pas, même si tu étais bon, ça n'avait pas d'importance parce que les autres types ne se sentaient pas à l'aise quand ils jouaient avec toi », écrit le tromboniste et pianiste Horace Tapscott [2].

---
1. *Those Swinging Years, op. cit.*
2. *Songs of the Unsung, op. cit.*

Dizzy Gillespie, la conscience claire de ces années-là, n'aura jamais d'indulgence pour les grands accros qui firent partie de ses formations ou orchestres – quelques années après Charlie Parker, il devra faire face à la dépendance de John Coltrane, à un moment où une dizaine des membres de son orchestre sont des accros durs [1]. Mais l'idée domine que pour être un jazzman musicalement complet, il faut sacrifier aux joies de l'héroïne – *horse* dans l'argot des musiciens. Que la musique et la vie sont indissociablement liées, ce que Parker lui-même théorisera à sa façon : « La musique est ton expérience, ta pensée, ta sagesse. Si tu ne la vis pas, elle ne sortira pas de ton instrument. Ils disent qu'il y a une limite à la musique. Mais il n'y a pas de limite à l'art. »

Charlie Parker n'est pas le responsable unique du succès foudroyant de l'héroïne dans le monde du jazz, l'enchanteur qui aurait entraîné la communauté des musiciens derrière la mélodie diabolique de son saxophone envoûté. Mais pour reprendre les termes de Martin Torgoff, en 1950, trois ans après que Parker eut quitté la Californie pour retourner à New York, l'écrasante majorité des musiciens de jazz de la West Coast « étaient devenus des junkies durs [2] ».

Le destin de Hampton Hawes, de ce point de vue, est exemplaire. Le soir de juin 1947 où il reçoit le diplôme de fin d'études de son lycée, il jette son uniforme – une toge et une drôle de toque – sur le siège arrière de sa vieille Ford, conduit jusqu'au club The Last Word, et prend son poste dans l'orchestre de Jay McNeely, dont il est déjà le pianiste attitré. « Avec à peine un quart d'heure de retard. » Pendant le second séjour de Charlie Parker en Californie, il sert à Parker – « Dieu ou son fac-similé », écrit-il – de chauffeur, de

---

1. *John Coltrane, His Life and Music*, Lewis Porter, University of Michigan Press, 2000.
2. *Can't Find My Way Home*, op. cit.

guide et d'homme à tout faire. Les deux hommes vont un week-end au cinéma. Hampton fume son premier joint [1].

Hawes raconte que sur la côte Ouest, les trois premières notes (si bémol-sol-ré) de *Parker's mood*, l'un des titres enregistrés sur Dial par le saxophoniste, servent de signal de reconnaissance, au coin des rues, pour ceux qui veulent acheter de la drogue et recherchent un fournisseur.

D'autres insistent sur l'ombre portée de Charlie Parker sur le mode de vie des musiciens de ces années-là. Frank Morgan, qui va devenir un de nos pensionnaires de San Quentin, a 7 ans à peine quand il rencontre Charlie Parker, un ami de son père. Jeune saxophoniste, lui aussi à l'alto, il est venu entendre Bird à l'occasion d'un des concerts qu'il donne à Los Angeles pendant son premier séjour de 1946. Bird revient en Californie cinq ans plus tard et le jeune Frank va le voir, tout fier. Depuis qu'il a vu et parlé à son idole cinq ans plus tôt, il est passé de l'herbe à l'héroïne. Il a hâte de dire à son héros et modèle qu'il a effectué le rite de passage. « J'ai assisté au concert et je suis allé le voir, je voulais vraiment lui dire que je faisais partie du club. Contrairement à ce que je pensais, il n'a pas eu l'air heureux, il était très triste. Mais on s'est shootés ensemble parce que j'avais acheté une belle quantité et j'étais prêt à la lui faire partager [2]. »

Cet « air triste » de Parker est un trait protecteur qu'on retrouve chez les musiciens accros qui essaient souvent de dissuader les plus jeunes de se mettre à l'héroïne. A la fin des années cinquante, le saxophoniste Gerry Mulligan, alors sérieusement sous influence, menace de casser la figure de quiconque fournirait de l'héroïne à la chanteuse Anita O'Day – que Stan Getz et Chet Baker étaient tout prêts à initier dans les coulisses

---

1. *Raise Up Off Me, op. cit.*
2. *San Francisco Chronicle*, 23 mars 1986.

d'un concert. Pour elle, ce ne sera que partie remise, et elle entamera quelques années plus tard une longue traversée de l'enfer de la poudre. Mais ce soir-là, la menace protectrice de Gerry Mulligan lui aura au moins donné un répit.

Le saxophoniste ténor Frank Socolow résume le dilemme du musicien *hip* de ces années-là : « Charlie était un grand junkie, et pour être comme lui il fallait être un junkie. Tout le monde fumait de l'herbe, mais les trucs durs sont vraiment devenus populaires, si on peut employer ce mot, avec Bird et ses disciples [1] ». « Beaucoup de jeunes musiciens étaient tellement fascinés par (...) Charlie Parker que quelque chose leur disait que s'ils vivaient comme lui ils pourraient l'approcher », dit le contrebassiste Chubby Jackson.

Mais même parmi les musiciens qui ont survécu aux années héroïne, rares sont ceux qui rendent Charlie Parker responsable de leurs problèmes. Il y a dans l'acte du drogué la part irréductible du libre arbitre. Jackie McLean, saxophoniste alto qui connut aussi ses dérives et qui cite l'influence de Parker comme un des facteurs de l'épidémie d'héroïne parmi les jazzmen, le dit carrément à un biographe : « Je ne me suis pas lancé dans la drogue à cause de quelqu'un en particulier. Personne ne m'y a obligé, personne ne m'y a incité. (...) On se drogue parce qu'il faut se brûler pour savoir ce que c'est que le feu. On m'avait averti, mais je ne peux pas dire que j'y connaissais grand-chose quand j'ai commencé [2]. »

« Dans notre univers, c'est devenu acceptable et comme un comportement social », dit Dexter Gordon. « Mais il faut comprendre une chose. On ne savait rien, on ne comprenait pas ce que c'était. Ce n'était pas de la marijuana. L'herbe, si tu en as tant mieux, si

---
1. *Hep-Cats..., op. cit.*
2. *Four Jazz Lives*, A.B. Spellman, University of Michigan Press, 2004.

tu n'en as pas tant pis. L'héroïne, quand c'est arrivé, c'était cool, tu te sentais bien. Et puis quand ça devient obligatoire, tous les jours, vingt-quatre heures par jour, tu commences à comprendre (...) On était des gamins, on avait dans les vingt ans, et c'était un truc social. Et c'est devenu *hip* [1] ».

Dans cette interview, Gordon parle d'or. Habitué des clubs de Central Avenue dans les années quarante, il s'est imposé très vite comme l'un des grands saxophonistes ténors de la côte Ouest, l'un des plus influents. A peine sorti de l'adolescence, il a baladé son mètre quatre-vingt-quinze et sa grande silhouette élégante et dégingandée, d'un club à l'autre, à la recherche d'un travail, d'un orchestre ou même d'une jam-session, juste pour le plaisir. Art Pepper, son cadet de deux ans, a traîné, fumé, joué avec lui. Dexter a aussi joué à New York et dans l'est du pays. Ira Gitler raconte que Gordon a joué un jour pour son dealer qui le lui demandait, en plein air, à Harlem, au coin de la 5ᵉ Avenue et de la 111ᵉ Rue. A la fin de 1945 et au début de 1946, alors que Charlie Parker est en Californie, Dexter Gordon est à New York.

Initié à l'héroïne à l'âge de 17 ans, « Long Tall Dexter », dit aussi « le Vice-Président », passe près de deux ans pour usage et trafic d'héroïne à Chino, une prison de Californie, au début des années cinquante. Ses « problèmes », comme on dit pudiquement à l'époque, le font disparaître des studios et des clubs entre 1952 et 1960. Sur la prison, Dexter Gordon a rétrospectivement une vision plutôt apaisée : « Tout n'était pas si mal en prison... Je dois probablement ma vie au fait que j'ai eu quelques vacances " forcées " – qui m'ont permis de reconstruire mon corps et de mener une vie à peu près normale – normale, je veux dire, sans drogue. » Gordon a apprécié les heures régulières

---

1. Dexter Gordon, article *Rolling Stones*, 1986. (*Chicago Tribune*, 26 octobre 1986.)

et les repas équilibrés de la prison. Son organisme se reconstitue. D'autres n'ont pas eu la chance de prendre de telles vacances. Ils continuent jour et nuit, sans relâche. « C'est pas marrant d'être enfermé, et tout ça. Mais tout n'est pas négatif. Tu as du temps pour penser, pour lire... étudier, passer le temps [1]... ».

Le saxophoniste raconte en 1966 à Mike Hennessey, le correspondant parisien de *Melody Maker*, les pressions subies une fois qu'il eut décidé de se débarrasser de l'habitude qui avait fini par lui coûter 200 dollars par jour. « Tous les jours je recevais des appels des pushers. " Allez Dexter, *let's swing*... " J'ai dû leur répéter encore et encore que j'étais bien décidé à arrêter [2] ». Entre-temps, Dexter Gordon a quitté les Etats-Unis en 1962 pour l'Europe et un séjour qui durera quatorze ans, en raison notamment d'une police et de lois plus clémentes pour les toxicomanes au Danemark ou en France qu'à New York ou en Californie.

Dexter Gordon s'est rendu célèbre à la fin des années quarante par une série de duels au saxophone ténor avec son compère Wardell Gray – immortalisés lors de la célèbre séance *The Chase*, enregistrée pour le label Dial. Wardell Gray, qui a un temps résisté à l'héroïne, s'y mettra à son tour, plus tardivement que les autres. Il meurt dans des circonstances étranges en mai 1955, son corps retrouvé un jour dans le désert du Nevada, non loin de Las Vegas, alors qu'il se produit dans l'établissement du boxeur Joe Louis, le premier club et hôtel noir de la ville. Sa mort n'a jamais été élucidée : règlement de comptes, ou overdose d'héroïne survenue dans sa chambre d'hôtel avec des compagnons qui auraient décidé de se débarrasser du corps pour éviter les ennuis.

---

1. *Dexter Gordon, A Musical Biography*, Stan Brit, Da Capo Press, 1989.
2. *Melody Maker*, 1966.

Stan Getz, qui connaît la défonce et l'alcoolisme, raconte que la première fois qu'il prit de l'héroïne, il n'était pas encore averti qu'elle conduisait à la dépendance. Getz fait partie dans les années cinquante des « Four Brothers » de l'orchestre de Woody Herman – quatre saxophonistes, trois ténors et un baryton, qui formaient le poumon du big band. Il s'agit de la « deuxième bande », qui a remplacé les « Brothers » d'origine. Il y a là Zoot Sims, Al Cohn et le baryton Serge Chaloff, dont le prosélytisme en faveur de l'héroïne a été efficace.

C'est progressivement que s'installe la dépendance, comme le décrit Sonny Rollins : on commence par sniffer de la cocaïne, à laquelle un dealer propose un jour d'ajouter de l'héroïne – à moins qu'il n'opère la substitution délibérément, sans avertir. Sniffer l'héroïne entraîne la dépendance, qui débouche un jour ou l'autre sur le shoot (« *taking skin* », littéralement le prendre dans la peau, dans l'argot alors en vigueur).

« On était des gamins » : ce rappel de Dexter Gordon donne aussi une des clés du succès de l'héroïne parmi les musiciens de jazz. Parker a 16 ans quand il se shoote pour la première fois (ou plutôt, quand sa première femme le voit se piquer pour la première fois) – et il a moins de 25 ans quand il devient l'idole de sa génération. Ils sont nés dans les années vingt, ont autour de 20 ans – un peu plus, un peu moins – quand la guerre finit et qu'ils peuvent enfin retourner à leurs passions.

Et ils se mettent à la drogue très tôt, et les membres de notre San Quentin Jazz Band ne font pas exception. Earl Anderza est encore adolescent quand il rejoint « le club ». Frank Morgan a 17 ans, Dupree Bolton, 15 ans. Nathaniel Meeks, 18 ans. Art Pepper fait figure d'attardé, qui tâte de l'héroïne pour la première fois vers 25 ans, en 1950 sans doute.

La communauté be-bop paie un lourd tribut au singe. Comme l'écrit Hampton Hawes : « La liste des dégâts pendant les années cinquante – morts, blessés, mentalement dérangés – donnait l'impression que la guerre de Corée se déroulait au coin de Central Avenue et de la 45e Rue » – deux artères de Los Angeles au cœur de l'ancien quartier du jazz. Selon l'historien du jazz James Lincoln Collier, aux sources il est vrai douteuses, « il est probable que 75 % des joueurs bop ont touché aux drogues dures, qu'un quart à un tiers ont été des addicts sérieux, et que 20 % en sont morts... Le carnage fut immense »...

Liste inépuisable que celle des morts prématurés. Souvent au sommet de leur énergie créative, mais parfois au début de leur vie. Overdoses parfois, mais surtout maladies directement provoquées par des années de frénésie toxicomane ou alcoolique. Cirrhoses, hépatites, pneumonies. Liste non exhaustive de musiciens aux vies interrompues, qui nous laissent imaginer les musiques qui n'ont pas eu lieu. Sonny Berman, trompettiste, mort à 22 ans. Fats Navarro, trompettiste, mort à 26 ans. Carl Perkins, pianiste, à 29 ans. Ernie Henry, saxophoniste, 31 ans. Sonny Clark, pianiste, 32 ans. Paul Chambers, contrebassiste, 33 ans. Serge Chaloff, saxophoniste, 33 ans. Charlie Parker, saxophoniste, 34 ans. Curtis Counce, contrebassiste, 37 ans. Wynton Kelly, pianiste, 39 ans. John Coltrane, saxophoniste, 40 ans. Bud Powell, pianiste, 41 ans. Elmo Hope, pianiste, 44 ans. Hampton Hawes, pianiste, 48 ans. Tadd Dameron, pianiste et compositeur, 48 ans.

D'autres prisons du pays, pendant la décennie précédente, ont accueilli des jam-sessions dont aurait rêvé tout producteur. Sonny Rollins est incarcéré pendant les années cinquante au pénitencier de Rikers Island, cette île au large de Manhattan où se dresse un complexe de onze prisons différentes. Il y retrouve

Elmo Hope, pianiste qui a longtemps joué en Californie et a enregistré avec plusieurs des membres de notre jazz band de San Quentin – c'est lui notamment qui tient le clavier dans *The Fox* de 1959, le premier disque où Dupree Bolton joue en soliste à part entière, dans la formation dirigée par Harold Land. Howard McGhee, le trompettiste qui fut ami de Charlie Parker et l'aida pendant son séjour agité à Los Angeles, passa lui aussi quelque temps à Rikers Island, tout comme Chet Baker. Les prisons de l'Ouest ont également hébergé quelques-uns des plus grands noms du jazz et de l'héroïne – on sait l'effet qu'a pu avoir sur Dexter Gordon son passage à Chino, la « prison sans murs », en 1952 et 1953.

A la même époque circule une plaisanterie douce-amère dans les milieux du jazz : « pour recruter le meilleur orchestre, va dans le Kentucky » : c'est à Lexington, dans cet Etat sudiste patrie du bourbon et du *bluegrass*, musique folklorique blanche à base de violons, guitares et banjos, que le gouvernement américain a établi dans les années trente la première prison-hôpital pour toxicomanes. Il s'agit surtout à l'époque de lutter contre les effets jugés néfastes de la marijuana. Plus tard, à partir de la fin des années quarante, Lexington accueille aussi des musiciens de jazz héroïnomanes. Les patients de Lexington peuvent d'ailleurs demander à y séjourner même en l'absence de condamnation judiciaire. Une légende tenace a longtemps voulu que Charlie Parker y ait fait un passage. En fait le créateur du bop, qui ne connut la vraie prison qu'occasionnellement, et ne fut jamais condamné pour usage de stupéfiants, n'a jamais fait le voyage du Kentucky. Un de ses anciens musiciens, le trompettiste Red Rodney, y passa en revanche quelque temps, tout comme le saxophoniste Zoot Sims, ou Ray Charles. Arrivant à Lexington à la fin des années cinquante, Chet Baker est surpris d'y retrouver plusieurs musiciens de connaissance. « Tadd Dameron s'occupait de l'orchestre, dont les membres passaient leurs journées à s'installer sur la grande scène de l'auditorium et à répéter. » Lexington accueille aussi d'autres prisonniers-patients célèbres, comme l'écrivain William Burroughs, un des pères de la *beat generation*.

Prison-violence, prison-broyeur, prison raciste et absurde. Mais parfois, aussi, prison-repos pour des musiciens qui jouent la nuit et le jour traquent la dose. Frank Morgan, des années plus tard, alors même qu'il y a passé près de trente ans, rend grâces à San Quentin de son rétablissement et de sa renaissance musicale. En prison, la drogue est facile à obtenir. La prison a ses règles internes. Son ordre est un repos. On a du temps pour jouer. Le vedettariat aide – le musicien est cool, il se produit sur scène, il est respecté pour son statut de star. La musique en prison est une histoire ancienne. A la fin des années trente, au pénitencier de Huntsville, au Texas, un trompettiste étonnant du nom de Jack Purvis anime un orchestre, les Rhythmic Swingsters, qui dispose même d'une émission hebdomadaire d'une demi-heure sur WBAP, une radio de Dallas. Le nom de l'émission est explicite : « Trente Minutes derrière les murs ». Purvis, tête brûlée et trompettiste novateur qui avait joué avec les plus grands orchestres swing des années vingt et trente, fit une tournée en France, fut aussi à différentes étapes de sa vie escroc, contrebandier, pilote d'avions, mercenaire et cuisinier. Il est mort en 1962 à San Francisco, des conséquences d'une cirrhose du foie, à quelques kilomètres de la prison où sont enfermés les musiciens de notre jazz band.

L'héroïne n'entraîne pas toujours la mort ou la prison. Mais elle provoque presque toujours chez les musiciens des comportements pathologiques. Il y a les retards, devenus à ce point courants qu'ils font partie des habitudes. A l'arrivée dans une nouvelle ville, dans un nouveau club, pour un nouveau concert, la première préoccupation est d'en trouver. *To score* – trouver le filon, le dealer, l'ami compréhensif qui va fournir la dose. Pianiste dans la formation de Stan Getz, Horace Silver raconte : « Tous les soirs, avant de jouer, Stan devait s'arrêter à Harlem pour acheter de la drogue. On était en retard tous les soirs à cause de ça. » Un soir, Getz ne peut attendre et se shoote dans la voiture. Un autre soir, il vient voir ses musiciens et leur dit qu'il n'a pas d'argent pour les payer, alors qu'il a bien été rémunéré par le propriétaire du club[1] : il a déjà dépensé le cachet. Horace Silver devient plus tard le pianiste des Jazz Messengers d'Art Blakey. Alors qu'ils jouent à Youngstown, une petite ville de l'Ohio, Blakey, le trompettiste Kenny Dorham et le saxophoniste Hank Mobley font régulièrement le voyage en voiture de New York, à 600 kilomètres de là, pour rendre visite à leur dealer. Les musiciens sont régulièrement en retard de deux heures... Souvent les propriétaires de clubs, protégés ou possédés par la mafia, refusent de payer les musiciens qui arrivent systématiquement en retard. Face à des hommes de main plutôt patibulaires, rares sont ceux qui se risquent à protester, et à vouloir entamer des négociations sur les clauses de leurs contrats de travail...

Les habitués apprennent à reconnaître les musiciens toxicos. Ceux qui ont l'air de somnoler, dodelinent du chef, se grattent les bras fréquemment. Art Blakey raconte à Horace Silver qu'à l'époque où il jouait dans le grand orchestre de Billy Eckstine avec Charlie Parker, toute la section de saxophones carburait à l'héroïne. Les musiciens gardaient près d'eux une boîte vide de café Maxwell pour pouvoir vomir à leur guise. A la fin des années quarante, un soir, pendant un concert, Zoot Sims, l'un des piliers du big band de

---

1. *Let's Get to the Nitty-Gritty; The Autobiography of Horace Silver*, Horace Silver et Joe Zawinul, University of California Press, 2006.

Woody Herman, vomit dans le pavillon de son saxophone.

Tout à l'obsession de se procurer leur dose, les junkies se volent et s'escroquent les uns les autres. Instruments piqués au voisin et mis au clou, « emprunt » d'argent jamais rendu, petites rapines. Miles Davis, dont Charlie Parker a mis un jour une valise au clou, va à son tour, quand il aura lui aussi découvert l'héroïne, mettre au mont-de-piété les costumes de son pianiste, Horace Silver. Il trouvera finalement de l'argent pour les récupérer et les rendre à leur propriétaire.

Horace Tapscott décrit le quotidien des junkies dont il ne fut pas. Des musiciens qui changent de personnalité, qu'on ne veut plus inviter chez soi – de peur qu'ils ne fouillent toute la maison, qu'ils ne volent un téléviseur. Des « zombies » pour qui rien d'autre n'a d'importance que la dose à traquer. Tapscott raconte que vers la fin de sa vie, le pianiste Elmo Hope, qui voulait lui transmettre une partie de son expérience, ne pouvait plus jouer parce qu'il s'était mis à se piquer les mains, désespérant de trouver encore de la place sur ses bras ravagés [1].

Longtemps les critiques, les journaux, les musiciens eux-mêmes hésitent à nommer les choses par leur nom. Métaphores et périphrases servent à décrire les « problèmes » des musiciens. Il s'agit d'abord d'éviter d'en rajouter dans l'association jazzmen-junkies que les polices toujours vigilantes prennent soin d'entretenir par les arrestations spectaculaires des stars parfois les plus vulnérables. Ainsi en janvier 1949, alors qu'elle se produit au Café Society de San Francisco, Billie Holiday est arrêtée dans sa chambre de l'hôtel Mark Twain, sur Taylor Street, près d'Union Square, après que la police de San Francisco a « découvert » dans ses affaires de l'opium et une pipe. Son compagnon de

---

1. *Songs of the Unsung*, op. cit.

l'époque, contrebassiste et maquereau violent, Jake Levy, est arrêté avec elle. Ils sont libérés contre une caution de 500 dollars. Tout indique que la drogue est celle de Levy, mais la police locale et le procureur veulent faire un exemple et Billie Holiday est la star – c'est elle qui sera inculpée. Son avocat la fait acquitter en plaidant que la drogue est celle de son mari souteneur, également indicateur de police. Il a aussi laissé entendre, sans apporter de preuves concluantes, que c'est Levy qui a dénoncé Billie Holiday à la police pour se débarrasser d'elle.

Ray Charles, lui aussi, a été arrêté de manière spectaculaire avant d'être finalement acquitté par la justice. Un matin de novembre 1961, à 9 heures du matin, des agents de la brigade des stupéfiants d'Indianapolis, dans l'Indiana, se sont fait ouvrir la porte de sa chambre d'hôtel en se faisant passer pour des employés de la Western Union. Ils ont trouvé une seringue, des aiguilles hypodermiques, des capsules d'héroïne vides avec résidus de poudre blanche, et une boîte contenant de la marijuana. En janvier 1962, Ray Charles comparaît devant un juge qui va le relaxer trois semaines plus tard, estimant que la police n'avait pas de mandat valide pour perquisitionner dans sa chambre. La célébrité du chanteur et pianiste ne doit pas faire oublier qu'il a « les mêmes droits constitutionnels que n'importe quel autre citoyen », écrit le juge Burke. D'autres musiciens comme Thelonious Monk sont aussi harcelés par la police de New York qui va parfois jusqu'à placer elle-même dans les voitures ou les appartements des musiciens la drogue qu'elle est venue y chercher.

Face à ces arrestations à grand spectacle, la presse musicale et les commentateurs spécialisés prennent soin de ne pas ajouter leurs voix au chœur des condamnations et des amalgames à un moment où l'héroïne pour l'opinion publique passe pour un stigmate du jazzman. Articles, textes de pochettes de disque, quand il faut évoquer des biographies souvent hachées par la prison, se font elliptiques. John William Hardy, dans son texte de pochette de l'album *Katanga !*, enregistré par Dupree Bolton après un premier séjour à San Quentin, décrit ainsi la carrière du trompettiste : « Dupree Bolton a fait sa première apparition avec le ténor Harold Land sur le disque *The Fox* il y a quelques années. Bien que ce disque ait été remarqué par les critiques, Bolton n'a pas fait suivre cet événement d'autres occasions qui auraient conforté sa position. » Et pour cause : Bolton était en prison. Hardy enchaîne : « Bien qu'il soit un peu tôt pour faire des prévisions sur l'avenir de Bolton dans le jazz, compte tenu de sa carrière sporadique,... » Nulle part n'est mentionnée la nature des « problèmes » ayant handicapé la carrière effectivement « sporadique » du trompettiste. Enregistré à la même époque pour le même label, le disque *Outa Sight* d'Earl Anderza s'accompagne de ces lignes sur le saxophoniste, compagnon de Bolton à San Quentin : « Né à Los Angeles, il a vécu dans l'isolement et l'obscurité, loin de la ville, pendant plusieurs années ». Là non plus, nulle mention de l'endroit isolé et obscur où Anderza a eu tout le temps de travailler son style.

    Les articles sont rares qui abordent de front la question. Certains musiciens le font, sur le mode de l'alarme, de la dénonciation ou de l'autocritique. Il y a eu l'article de Cab Calloway dans *Ebony*, au début des années cinquante. En 1956, Art Pepper accorde à John Tynan, de *Down Beat*, une interview où il parle sans fard de sa toxicomanie. Il décrit sa jeunesse, l'alcool, les premiers joints, son premier shoot d'héroïne. Raconte sa vie : « Etre accro à la merde devient un mode de vie. Tu vis pour ça, que pour ça. Rien d'autre n'a d'importance parce que tu as un but dans la vie. Et ce but est de trouver de l'héroïne. Tu n'as plus une seule pensée vraie ou honnête dans la tête. Et pour ce qui est de créer, c'est impossible. Il n'y a aucune création [1]. » L'interview est longue, crue. Pepper met en garde les musiciens plus jeunes. Déclare savoir qu'il risque plusieurs années de prison s'il tombe à nouveau. Affirme vouloir décrocher. Quatre ans plus tard, il est arrêté et envoyé à San Quentin.

Mais si les médias laissent aux musiciens le soin de parler de la drogue, ils préfèrent pour eux-mêmes la discrétion. Quatre ans plus tard, en avril 1960, Tynan écrit un autre article sur Art Pepper en mentionnant son « passé agité » et de mystérieuses « circonstances » sur lesquelles aucune explication n'est fournie [2].

Les musiciens accros qui échappent à la persécution policière et à la prison au début des années soixante vont parfois chercher en Europe une tranquillité, d'ailleurs toute relative. En 1962, l'année même où notre jazz band joue dans la cour de San Quentin, le trompettiste Chet Baker passe d'un pays à l'autre, d'une prison à la suivante, collectionnant les interdictions de séjour. Début janvier il sort de la prison italienne où il a été incarcéré plusieurs mois. Il enregistre un album censé être celui du grand retour : *Chet is back*, accompagné par deux musiciens belges, Bobby Jaspar et René Thomas. En mai, il est arrêté en Allemagne pour avoir dérobé de fausses ordonnances prescrivant de la morphine, avec la complicité de son batteur Donald Scott Brown. Le tribunal l'oblige à suivre une cure de désintoxication de plusieurs semaines. Le 27 juin, il sort d'une clinique de la banlieue de Munich. Devenu persona non grata, il rejoint en juillet la France pour un engagement de deux semaines, après avoir été aussi déclaré indésirable en Suisse et en Italie.

---

1. « *Art Pepper tells tragic role narcotics played in blighting his career and life* », John Tynan, *Down Beat*, 19 septembre 1956.
2. « *The return of Art Pepper* », John Tynan, *Down Beat*, 14 avril 1960.

Dexter Gordon, lui, après une année musicale exceptionnelle où il a enregistré pas moins de sept albums, s'est envolé pour Londres en août 1962, saxophone sous le bras, quelques heures après une session en quartet organisée par le label Blue Note dans les studios Rudy Van Gelder, à Englewood Cliffs, dans le New Jersey. Le saxophoniste a été engagé pour jouer dans le club ouvert trois ans auparavant dans la capitale britannique par un saxophoniste du cru, Ronnie Scott. Son engagement devait durer un mois. Il restera quatorze ans en Europe.

Mais la roue tourne lentement, et au début des années soixante s'achève l'époque où les accros aux drogues dures sont traités comme des délinquants plutôt que comme des malades. La sociologie, la médecine, la psychologie font des progrès que le droit pénal accompagne. Les autorités pénitentiaires et médicales commencent à faire preuve d'un peu plus de finesse, aidées par l'évolution du système judiciaire. Cette même année 1962, le 25 juin, la Cour suprême des Etats-Unis, statuant dans l'affaire « Robinson contre l'Etat de Californie », décide que l'usage de stupéfiants n'est pas en lui-même un crime, mais une maladie qui doit être traitée comme telle. Par un arrêt adopté par six voix contre deux, les juges suprêmes annulent une loi californienne prévoyant des peines de prison pour les détenteurs de stupéfiants, même en l'absence de preuves de trafic ou d'acquisition illégale. La Cour suprême assimile la loi californienne à une loi qui prévoirait la prison pour les « malades mentaux, lépreux, ou personnes atteintes de maladies vénériennes » et déclare que la prison pour les drogués relève des « châtiments cruels et inhabituels » formellement prohibés par le 8e amendement de la Constitution des Etats-Unis. Lawrence Robinson avait été condamné à 90 jours de prison après avoir été arrêté par un policier qui avait simplement remarqué des traces de piqûres sur ses bras.

Il y a le droit, mais aussi l'usage qui s'apaise parmi les musiciens, où les ravages de l'héroïne finissent par faire repoussoir. Elle est remplacée parfois, peu à peu, par des drogues plus maîtrisables, comme la cocaïne. Il devient en tout cas moins fréquent qu'on jette en prison des musiciens qui n'ont rien fait d'autre que se punir eux-mêmes. Tout au plus, au passage des frontières, des douaniers interpellent-ils des musiciens imprudents qui transportent leur drogue dans leurs bagages. C'est d'ailleurs le rock qui devient la musique de la révolte et de la marge, alors que le jazz devient une grande musique classique, enseignée dans les meilleurs conservatoires, et que certains de ses jeunes disciples, à l'instar d'un Wynton Marsalis, mettent un point d'honneur à jouer en costume et cravate.

Notre San Quentin Jazz Band voyage sur la queue de comète d'une époque violente et arriérée où les polices ne rechignent pas à mettre au trou des musiciens noirs à la réputation forcément douteuse, puisqu'ils jouent du jazz... Et aussi les musiciens blancs qui ont eu le tort de vouloir se fondre dans cet univers noir, s'y sont imposés à la force de leur talent et de leur musique, et passent donc pour traîtres aux yeux des polices de plus en plus réactionnaires. A partir de la fin des années soixante, les racismes ne s'évanouiront certes pas, pas plus que les idées reçues, pas plus que ne disparaîtra le chœur infatigable des imbéciles à préjugés. Mais à de rares exceptions près, on n'embastillera plus la musique, et les drogués finiront par être soignés plutôt qu'emprisonnés.

Reste la question sans réponse, que ne doivent pas obscurcir les déclarations sincères des repentis revenus du fond du gouffre affirmant, à l'image de Jackie McLean, que l'héroïne « n'a jamais rien fait pour (eux), à part (leur) enseigner une longue, dure leçon [1] ». D'autres, comme Art Blakey, nuancent : « Tu ne joues

---

1. *Four Jazz Lives, op. cit.*

pas mieux avec l'héroïne, mais tu entends mieux [1] ».

Tous ces musiciens, ceux qui sont morts trop tôt et ceux qui ont survécu, ont-ils été grands grâce à l'héroïne, ou malgré elle ? A les entendre après coup, ils auraient dû s'en passer, et elle n'a rien apporté à leur musique, à leur créativité, à leur talent. Mais les remords ou les regrets ne suffisent pas à refaire l'histoire. Pour tous ces grands qui ne pouvaient vivre sans la seringue, combien de jazzmen restés à l'écart de la dope ?

Les moments les plus intenses, les airs les plus sophistiqués, les notes les plus aériennes de cette musique ont été jouées par des musiciens jouant sous l'influence de la dose qu'ils venaient de s'injecter. Mais d'autres jazzmen, « *straight* », ont aussi fait preuve d'un génie qui ne le cède en rien à leurs frères toxicos. Pour tous, les junkies et les straight, les sauvages et les plus sages, les écorchés et les plus calmes, on sait ce qu'ils ont fait, joué, composé, improvisé. On ne saura jamais ce qui aurait pu être. Le jazz est une musique de l'instant. Ce qui est joué une fois ne le sera jamais plus.

---

1. *The Legend of Charlie Parker*, Robert Reisner, Quartet, 1974.

5

Dupree

Pourquoi *Katanga* ? Dans les premiers mois de 1961, un trompettiste de 32 ans compose dans sa cellule de San Quentin un air fulgurant qui porte le nom de la province de l'ancien Congo belge entrée en rébellion contre les nouvelles autorités indépendantes de ce pays d'Afrique. Peu auparavant, le Katanga a proclamé son indépendance du pays dirigé par Patrice Lumumba. Moïse Tschombé s'y est autoproclamé président. La sécession est encouragée en sous-main par l'ancien pouvoir colonial, la Belgique, qui lorgne les ressources en minerais de la province la plus riche du Congo.

Pourquoi Dupree Bolton, du fond de sa prison, consacre-t-il une de ses rares compositions au Katanga, lointaine province africaine que l'ancien pouvoir colonial tente de récupérer au prix d'une rébellion sanglante ? Il n'a pu recevoir de ces événements qu'un écho étouffé, puisque depuis mars 1960, il est emprisonné à San Quentin. Le Congo a proclamé son indépendance le 30 juin. Le Katanga a fait sécession le 11 juillet. Et le *San Quentin News*, journal bimensuel des prisonniers, ne couvre rien de l'actualité internationale...

Près d'un an après la sécession du Katanga, le journal rend compte en revanche, dans son édition du 8 juin 1961, des résultats du concours de composition du septième festival annuel de « musique créative » de la prison. L'œuvre de Dupree Bolton, *Katanga*, y obtient le deuxième prix dans la catégorie « jazz et formes expérimentales », indique le journal. Le premier prix est allé à John Mudgett, présenté comme « pianiste-arrangeur de talent », pour une composition intitulée *Relativity*.

Depuis sa première arrestation, à l'âge de 17 ans, Dupree Bolton a passé à peine plus d'un an en liberté. Le Katanga n'est pas une de ces causes susceptibles de mobiliser les Noirs américains en lutte contre les discriminations raciales, et qui pourraient espérer trouver dans les mouvements d'émancipation coloniale un écho distant et un soutien à leurs combats. Le conflit peut au contraire passer pour un symbole – l'une des dernières tentatives d'un pouvoir colonial pour préserver ses intérêts en essayant coûte que coûte de garder la clé du coffre. Bientôt les Nations unies passeront une résolution visant à remettre la province au pas, et enverront sur place des troupes qui réduiront la sécession.

Le Katanga est aussi la région où fut assassiné en janvier 1961 Patrice Lumumba, l'un des idéologues des émancipations africaines, hostile aux Etats-Unis, et premier chef de gouvernement du Congo indépendant. Limogé en septembre 1960, emprisonné, Lumumba avait été livré aux autorités de la province en rébellion, ce qui dans les faits, signait son arrêt de mort : il fut vite assassiné, avec l'aide active de la police belge.

Est-ce à ces événements que pense Dupree Bolton au fond de sa cellule numéro 4-E-36, au début de 1961, quand il compose *Katanga* ? Est-ce au héros de la cause noire et tiers-mondiste assassiné par le pouvoir colonial au grand soulagement, et peut-être avec la complicité, de la CIA ? Ou a-t-il juste besoin d'un nom à consonance africaine pour une composition chargée de ses colères et frustrations de prisonnier, et de ses rêves de liberté ? En 1961, le Katanga est loin de San Quentin.

Il faudra attendre deux ans pour que *Katanga* émerge de l'obscurité carcérale. En 1963, Dupree Bolton connaît un des rares moments de liberté de sa vie de musicien. Il est sorti de San Quentin en novembre 1962, et il retourne en prison en décembre 1963. Dans l'intervalle, en mars, il a enregistré un album qui porte le nom de la composition que les juges de San Quentin ont couronnée deux ans plus tôt : *Katanga !* Un point d'exclamation s'est ajouté au titre. Le disque sort sous le double nom de Bolton et du saxophoniste Curtis Amy, qui dirige la formation de six musiciens. Le 33-tours compte six compositions, dont l'une, *Shade of brown*, est signée d'un autre ancien pensionnaire de San Quentin, le saxophoniste Clifford Solomon, futur accompagnateur de Ray Charles. A la même époque la formation de Curtis Amy donne des concerts en Californie, dont plusieurs au It Club, à Los Angeles. *Down Beat*, la bible bimensuelle des amateurs de jazz, rend compte de l'une de ces soirées. « La formation d'Amy est la chose la plus sauvage de la côte Ouest aujourd'hui »... Le son que Dupree Bolton tire de sa trompette, poursuit le critique, « est si cru qu'il vous arrache la tête ». « Il crie " écoute-moi " chaque fois qu'il embouche son instrument. Et il est impossible de ne pas l'écouter [1] ». Le *San Quentin News*, dans son édition du 28 mars, reproduit fièrement cette critique, comme un journal local parlerait d'une personnalité prometteuse de la ville qui a réussi dans le monde.

Avant la fin de l'année 1963, Dupree Lewis Bolton aura repris sa vie de prisonnier, et quasiment terminé sa vie de musicien. *Katanga !* a été le deuxième disque où son nom soit apparu après un album de Harold Land, *The Fox*, en 1959. Deux disques majeurs autour desquels il faut tenter de reconstituer ce qu'aurait été

---

1. John Tynan, *Down Beat*, 14 mars 1963.

une vie consacrée à la musique plutôt qu'à l'héroïne. Salué comme un génie, perdu dans la drogue, Dupree va alterner les années en prison et les séjours en cure de désintoxication sans effets. Dans l'histoire du jazz, il reste comme un éclair qui a violemment impressionné la rétine. Musicien dont il faut essayer de rêver la musique, d'imaginer l'œuvre. Dupree Bolton, et ce qu'il aurait pu être.

Il est possible qu'il ait donné le meilleur de lui-même à San Quentin, où il séjourne entre mars 1960 et novembre 1962. Plus de deux ans à jouer, sans rien d'autre à faire. Dans une sobriété forcée parfois interrompue par une fumette furtive, quelques pilules actives, un fix rapide, quand une petite quantité de drogue, partie d'un lot de contrebande, parvenait jusqu'à sa cellule.

Il aurait dû jouer avec les plus grands. Former son propre orchestre. Visiter l'Europe et l'Asie, traverser l'Amérique du nord au sud. Parcourir le monde d'un festival à l'autre. S'imposer dans l'histoire de la musique comme compositeur original et trompettiste majeur. Quitte peut-être à défrayer la chronique à l'occasion d'une arrestation mouvementée dans un aéroport parce qu'un chien dressé à cet effet aurait détecté de la poudre suspecte dans ses valises. Il aurait bâti une œuvre discographique célébrée par les critiques. Son portrait aurait été régulièrement rappelé par les journaux du monde entier, au hasard de ses engagements. Il serait passé par les phases qui font une carrière au long cours. Des éclipses, des oublis, des « retours » salués par la presse spécialisée. Il serait mort chez lui, son corps peut-être prématurément fatigué par les punitions qu'il lui avait imposées. Mais les nécrologies auraient alors rendu hommage, de Londres à New York et de Paris à Tokyo, à un grand nom du jazz moderne.

Au lieu de quoi Dupree Bolton mourra en clochard oublié et diabétique dans un hospice d'Oakland, près de l'aéroport, après des années d'errance dans les rues de San Francisco, de l'autre côté du Bay Bridge, à survivre d'aumônes en jouant d'une vieille trompette. Après *Katanga!*, il passera une dizaine d'années dans les prisons californiennes avant d'aller essayer les établissements pénitentiaires dans d'autres Etats du pays, du Michigan au lointain Oklahoma, où il était né, et de revenir en Californie où il avait vécu sa vie abrégée de musicien. Après 1963, plus personne ne se souvient de lui, aucun article ne lui est plus consacré, il tombe dans l'oubli en continuant sporadiquement de jouer dans les prisons qui l'hébergent. Fini, les studios d'enregistrement, les engagements et les tournées dans les clubs enfumés.

Grâce aux archives de l'Etat de Californie, on en sait plus aujourd'hui sur la vie de Dupree Bolton en prison que sur sa vie d'homme libre, elle-même explorée par le journaliste britannique Richard Williams qui, en avril 2000, a consacré au musicien une première étude approfondie – la seule disponible à ce jour [1]. Et il reste les traces discographiques, éparses. Un nom sur la liste des musiciens d'un grand orchestre des années quarante. *The Fox* en 1959. *Katanga!* en 1963. Quelques séances en studio, accompagnant d'autres musiciens. Et les éloges répétés du *San Quentin News*, fier de compter dans les cellules de la prison une « star reconnue sur le plan national » comme Dupree Bolton.

Même son nom a eu du mal à s'imprimer durablement. Son identité reste tremblée dans les registres officiels. Erreurs d'orthographe, ou noms d'emprunt fantaisistes donnés par les employés de service, au hasard des arrestations. Il est mort en 1993 sous le nom de Bolten, sans doute à cause de l'erreur d'un

---

1. « *Gifted* », Richard Williams, *Granta* n° 69, printemps 2000. Version abrégée du même article, « *The lost trumpeter* », *Independent on Sunday*, 16 avril 2000. Williams n'avait pas eu à l'époque accès aux archives de l'Etat de Californie.

employé des services funéraires du comté d'Oakland. Il a été connu sous les noms de Dupree Lewis, Louis Dupree, ou même Walter Williams, ou Walter Glasby, ou alors Raymond – ou Walter – Chauncey, selon son inspiration au moment de décliner son identité pour les autorités policières des différents Etats. Les employés de la prison ont pu aussi donner par erreur son nom à un autre détenu de San Quentin, Aaron Burton, lui aussi musicien, amateur autodidacte, dont les fiches signalétiques portent parfois le nom d'Aaron Bolton...

Sur la photo anthropométrique qui demeure dans son dossier pénitentiaire, Dupree Bolton regarde droit l'objectif. Il a l'air ailleurs, peut-être encore dans une fin de stupeur narcotique. Un panneau est plaqué sur sa poitrine, soutenu par une barre tenue hors champ par un gardien. On y lit son matricule, A 57496, sous l'indication « California prison ». La photo a été prise le 22 octobre 1968, l'une des nombreuses dates où il avait été à nouveau incarcéré dans un des établissements de l'Etat, pour avoir violé les termes de sa libération conditionnelle. Pas de trace apparente du caractère entier, souvent colérique, qu'ont pu décrire les proches. Aucun signe de la personnalité prompte aux énervements soudains des grands écorchés vifs, que les rapports de l'administration pénitentiaire permettent de reconstituer. Sur la photo, le regard de Dupree Bolton est parti en voyage, et aucun objectif au monde ne peut le rattraper. Cette photo, la plus nette, est aussi la dernière. Pour la postérité, du moins pour ceux qui se donneraient le mal d'aller consulter le dossier du matricule A 57496, dans les archives de l'Etat de Californie à Sacramento, Dupree Bolton aura toujours 39 ans.

Il est né le 3 mars 1929 à Oklahoma City, dans ce « *dust bowl* » qui a été le creuset des grandes émigrations vers l'Ouest et les terres promises de Californie ou de l'Oregon. Le même jour, à Washington, un nouveau président, le républicain Herbert Hoover, prend officiellement ses fonctions. Une cinquantaine d'Indiens de l'Oklahoma, membres de la tribu Kaw, emmenés par le major Gordon W. Lillie, ont fait le voyage de plus de deux mille kilomètres pour assister aux festivités, en hommage au nouveau vice-président, Charles Curtis, dont l'arrière-grand-mère faisait partie de la même tribu.

Avant la fin de l'année, un autre trompettiste naît dans le même Oklahoma, dans la petite ville de Snyder, à deux cents kilomètres au sud-ouest de la capitale de l'Etat. Chet Baker connaîtra les mêmes passions envahissantes que Dupree Bolton. Le jazz et la dope, trompette et héroïne. Deux destins fracturés, lignes de vie en zigzags, qui ne se croiseront jamais, hormis indirectement via quelques musiciens comme le saxophoniste Art Pepper, qui aura joué avec Chet en liberté et avec Dupree en prison.

L'Oklahoma de la fin des années vingt est une marmite musicale en fusion, où convergent les influences du blues du Sud, du jazz naissant, de la country music, du vaudeville et des *minstrel shows* – ces spectacles alternant sketches et chansons où des chanteurs à la face noircie font rire les foules, blanches ou noires. Charlie Christian, venu avec sa famille du Texas, et qui invente la guitare comme instrument de jazz, joue au Cherry Blossom Club, club d'Oklahoma City appartenant au père du futur trompettiste Don Cherry, qui naît dans la ville en 1936. C'est à Tulsa, autre grande ville d'Oklahoma, que vers la fin des années vingt Count Basie, joueur de piano bastringue dans une revue, a entendu son premier big band, les Blue Devils du contrebassiste Walter Page, avec sa star le trompettiste « Hot Lips » Page et son chanteur, Jimmy Rushing. Count Basie rejoint l'orchestre, et quelques années plus tard prend la direction de son propre big band, qu'il installe à Kansas City, à cinq cents kilomètres au nord-est. La pianiste Mary Lou Williams, l'année même où naissent Dupree Bolton et Chet Baker, joue à Oklahoma City dans l'orchestre des Dark Clouds of Joy, emmené par Andy Kirk, nouvellement choisi par les musiciens qui ont renvoyé le leader précédent Terrence « T » Holder, pour avoir joué au casino – et perdu – le cachet de l'orchestre à Noël 1928. L'orchestre joue au Winter Garden à Oklahoma City, et au Crystal Palace de Tulsa. Les demoiselles à dix *cents* la danse attendent les danseurs. L'Oklahoma, premier producteur de pétrole des Etats-Unis, vit à l'ombre des derricks et au rythme d'un boom pétrolier qui a l'air éternel.

Mais les années du jazz et de l'insouciance prennent bientôt le virage de la misère. Le mardi noir d'octobre 1929 sonne le début de la grande dépression. Et sur l'Oklahoma va s'abattre pendant les années trente la calamité climatique connue sous le nom de *« dust bowl »*. Des vents et des tempêtes qui rabotent les terres arables, soulèvent des nuages de poussière, rendant la vie impossible dans les plaines éternelles, et jettent dans la misère les familles de fermiers qui doivent aller chercher vers l'ouest leur subsistance en un gigantesque exode de la faim. Ces émigrants de l'intérieur échouent la plupart du temps en Californie où les propriétaires des grandes exploitations agricoles sont ravis de trouver une main-d'œuvre bon marché.

Cette migration de la misère ne touche pas seulement les petits fermiers blancs immortalisés par Steinbeck dans ses *Raisins de la colère*, et qui ont pour toujours le visage de Henry Fonda dans le film de John Ford. Les Noirs, eux aussi, quittent le Midwest dévasté pour aller chercher fortune là où la nature est plus clémente, et le travail plus abondant. Plusieurs *« black towns »*, des villes uniquement peuplées d'anciens esclaves libérés et de quelques Indiens, avaient été établies en Oklahoma à la fin du XIXe siècle. A la veille de la Seconde Guerre mondiale, elles sont pratiquement désertées.

Dupree Bolton est l'aîné des cinq enfants de Drysell Bolton, mécanicien, et de sa femme Juanita. Drysell a 46 ans à la naissance de son premier fils, Juanita tout juste 20. En 1941 – Dupree a 12 ans – le père quitte Oklahoma City pour aller chercher du travail à Los Angeles. Une fois établi, il cherche à faire venir sa famille. Quand celle-ci le rejoint finalement, Dupree n'est déjà plus là, et les raisons de cette absence se sont perdues dans l'obscurité des souvenirs ensevelis. « A l'âge de 14 ans, je me suis enfui de chez moi », dit-il en 1963 au critique de jazz John Tynan, qui l'interroge pour *Down Beat*. Ce serait la raison primitive de ses changements de nom fréquents, dès cette époque : échapper à sa famille, et notamment à la sévérité de son père.

Il est probable que Dupree, qui a commencé d'étudier la trompette très tôt, est simplement monté dans le bus d'un grand orchestre de passage dans la ville. Les big bands itinérants de l'époque changent souvent d'effectifs au hasard de leurs déambulations. Un musicien aime une ville et décide d'y rester ; ou alors il manque le bus du départ parce qu'il a rencontré une petite amie ; ou bien il quitte l'orchestre à cause d'un différend avec son leader, pour une question d'argent ou autre ; à moins qu'il ne passe quelques jours au poste pour un délit mineur. Les occasions sont nombreuses où le leader doit au pied levé remplacer un de ses musiciens par un talent local.

Dupree Bolton joue en tout cas quelque temps avec le grand orchestre de Jay McShann – qui a vu débuter Charlie Parker. On sait aussi de manière à peu près certaine que le 4 octobre 1944, le trompettiste de 15 ans est à New York, membre de la section de trompettes du grand orchestre de Buddy Johnson qui enregistre ce jour-là trois airs, *That's the stuff you gotta watch*, *One of them good ones* et *Fine brown frame*. Bolton est sans doute le plus jeune des cinq membres de la formation. La législation américaine est à l'époque plutôt laxiste sur le travail des mineurs, et il arrive souvent que les jeunes musiciens mentent sur leur âge pour pouvoir se faire embaucher par les big bands.

On sait aussi qu'un peu plus d'un an plus tard, Dupree Bolton est toujours membre du même orchestre de Buddy Johnson, qui enregistre à nouveau à New York, en novembre 1945, trois titres, *Opus two*, *Since I fell for you* et *Walk' em*. *Opus two* garde la première trace enregistrée de Bolton jouant en solo – sa brève improvisation de quatorze secondes s'intercale entre les solos d'un certain David Van Dyke au saxophone ténor, et du bassiste Leon Spann.

L'orchestre de Buddy Johnson, qui se produit avec la chanteuse Ella Johnson, la sœur du leader, est un des orchestres swing les plus populaires de l'époque, surtout auprès du public noir. Ce n'est pas un orchestre de stars reconnues, comme le sont les big bands de Count Basie ou de Duke Ellington, mais une formation de musiciens jeunes, souvent très jeunes, recrutés pour leur talent, et pour leur capacité de se fondre dans un ensemble. On joue presque exclusivement les compositions du patron, écrites pour faire danser les auditoires – l'orchestre laisse de côté les grands standards du jazz qui forment la trame invisible commune aux grands orchestres de l'époque.

Un mois plus tard, Dupree Bolton a changé d'employeur. Il est toujours à New York, toujours dans un grand orchestre célèbre. Celui du saxophoniste alto et compositeur Benny Carter, qui enregistre le 12 décembre pour le label Capitol. Le big band de Benny Carter est d'ordinaire basé à Los Angeles. Mais les musiciens qui l'ont suivi à New York ne sont pas nombreux, et Carter a sans doute dû en remplacer plusieurs par des musiciens embauchés sur place. Dupree Bolton est de ceux-là. Interrogé quarante-cinq ans plus tard sur cette époque, Benny Carter ne se souviendra pas du jeune trompettiste qui participa aux enregistrements de *Cuttin' time*, *Prelude to a kiss* et *Just you, just me* [1].

Dupree enregistre ensuite brièvement avec Benny Carter au début de 1946, puis, comme l'écrit Richard Williams, il plonge dans le premier de ses longs silences, qui va durer treize ans [2]. A partir de cette date, on ne trouve plus le nom de Dupree Bolton sur les pochettes de disque ou sur les affiches annonçant l'arrivée en ville des grands orchestres, mais dans des décisions de justice, ou des rapports de policiers ou de gardiens de prison.

Sa première arrestation date de cette année 1946, c'est pour usage de drogue, et il n'a pas 17 ans. Les détails s'en sont perdus. Dupree est condamné à trois ans de séjour dans un établissement fédéral de « réhabilitation » pour mineurs, dont il ne sort qu'en 1949.

Il faut ensuite appuyer sur la touche avance rapide, jusqu'au mois d'août 1951. Entre les deux dates s'étale ce qu'on peut seulement deviner d'une errance probablement faite d'engagements sporadiques et de petites rapines. Dupree est en tout cas revenu en Californie, où l'attirent les derniers feux du jazz de la côte Ouest aux éclats concentrés autour de Central Avenue, à Los Angeles, et ses liens familiaux. Sa mère, ses frères, sa sœur y résident. Le 15 août 1951, il achète à un inconnu des formulaires de mandats volés. Une complice, une certaine Velma C. Fulton, en remplit dix-sept elle-même, pour des sommes allant de 49,99 à 77 dollars. Condamné pour faux et usage de faux, Bolton est transféré en avril 1952 dans la prison d'Etat de

---

1. « *Gifted* », *op. cit.*
2. « *Gifted* », *op. cit.*

Soledad. Il va y rester plus de trois ans, affecté au travail dans des champs d'oignons, puis dans une laiterie qui dépend de la prison, enfin dans un de ses ateliers textiles.

La fin de l'année 1954 qu'il passe à Soledad semble avoir été tumultueuse. Il collectionne les sanctions. Dix jours d'isolement pour mauvais travail, en juin. Quinze jours d'isolement et quatre-vingt-dix jours de régime sévère pour avoir désobéi aux ordres et ne pas avoir respecté les horaires de travail, en juillet. Six mois de suspension de certains privilèges pour mauvaise conduite, chapardage et trafics divers, en octobre. Cinq jours d'isolement et encore six mois de suspension pour contrebande et jeu illégal, en novembre. Il est aussi réprimandé six fois pour avoir manqué l'appel quotidien, ou pour avoir « refusé de finir toute sa nourriture »...

En janvier 1956, il sort de Soledad en libération conditionnelle. En avril de la même année, il est arrêté dans l'Oklahoma, l'Etat où il est né et où il est retourné pour des raisons inconnues. Il est accusé d'avoir falsifié un chèque du gouvernement américain. Le 29 octobre, il est condamné à trois ans de prison qu'il effectue dans une prison fédérale à Leavenswhorth, dans le Kansas voisin.

Il est libéré avant la fin des trois ans, puisqu'un jour de 1959, le saxophoniste Harold Land l'entend jouer dans un club des quartiers sud de Los Angeles. Land est l'ancien saxophoniste ténor de la formation de Max Roach et Clifford Brown. Il a quitté l'orchestre parce que des raisons familiales le retiennent en Californie, et l'empêchent de partir en tournée. Il cherche des musiciens pour enregistrer un disque en tant que leader. « J'étais sérieusement impressionné, et je lui ai demandé si faire un disque l'intéresserait », se souvient Land plus tard en racontant sa découverte de Dupree Bolton. « Autant que je me souvienne, il était dans les vapes, mais pas aussi gravement qu'à d'autres moments de sa vie. A la manière dont il jouait, ça ne pouvait pas être le pire qu'il ait connu. Se préparer avec nous, répéter avec nous, ça l'a peut-être calmé un peu [1]. »

En une nuit d'août 1959, le quintet nouvellement formé d'Harold Land enregistre *The Fox*, premier et avant-dernier enregistrement d'importance de Dupree Bolton. C'est la séance des junkies. Le pianiste Elmo Hope, compositeur de quatre des six morceaux du disque, a envoyé ses partitions au leader depuis la prison d'où il vient de sortir, après avoir purgé une peine pour usage de drogue. Et le batteur Frank Butler va devenir comme Dupree Bolton un habitué des prisons californiennes – il le croisera d'ailleurs à San Quentin. Land, lui-même ancien toxicomane, se souvient de la complicité de junkie de Bolton et Butler, sans doute renforcée par leur commune dépendance.

L'enregistrement de *The Fox* est marqué par un incident raconté des années plus tard par le producteur du disque, David Axelrod. Dupree se plaint du peu d'espace qui lui est laissé pour ses solos. Il veut jouer davantage, exige plus de temps pour lui pendant l'enregistrement. La discussion dégénère. Il menace de se battre avec Land et Axelrod, veut sortir régler le différend sur le trottoir. Les deux hommes essaient de lui expliquer que c'est l'album d'Harold Land, et qu'Elmo Hope a écrit la plupart des morceaux, mais rien n'y fait. Finalement il se calme tout seul.

En octobre 1959, *Down Beat* publie une page de photos prises lors de l'enregistrement de *The Fox*. « Les musiciens de la côte Ouest qui ont entendu les bandes d'une séance récente produite par Dave Axelrod sont secoués par le trompettiste Dupree Bolton », note la légende. Et, sous une autre photo : « Land a l'air de ne pas croire ce qui sort de la trompette de

---

1. « *Gifted* », *op. cit.*

Bolton. Doué d'une technique exceptionnelle et d'une puissance explosive, Bolton est comparé au défunt Clifford Brown pour ses envolées brillantes. Mais il a quelque chose de mystérieux : même Land ne sait pas d'où il vient [1]. »

A l'occasion d'une nouvelle sortie de *The Fox*, en 1969, Leonard Feather écrit dans son texte de pochette à propos de Dupree Bolton : « Personne ne sait d'où il venait, personne ne sait où il se trouve aujourd'hui ». La réponse pourtant était assez simple : il venait de prison, et il se trouvait en prison. Dans son texte, Feather cite Harold Land : « Si les choses s'étaient bien passées pour lui, il aurait pu être l'un des plus grands trompettistes de notre époque. »

Le magazine *Down Beat* salue la sortie de l'album, estimant que *The Fox* est « l'une des meilleures sessions » d'Harold Land, assisté d'une formation de musiciens « de première classe ». Le journal insiste notamment sur « le nouveau son brillant de Dupree Bolton, qui évite le syndrome Miles Davis pour quelque chose d'autre, peut-être inspiré de Fats Navarro et Clifford Brown [2] ».

Dupree Bolton n'a pas l'occasion de lire l'article, ou de s'installer dans la satisfaction des critiques élogieuses. Quand l'album sort, en 1960, il est à nouveau en prison. Quelques jours à peine après la séance d'enregistrement du disque, il a été arrêté, le 26 août 1959, pour un cambriolage dans un entrepôt des services de l'enseignement public de la ville de Los Angeles. On l'a trouvé faisant le guet dans une voiture, à Compton, cœur de la banlieue noire, alors que son complice Lloyd Wells allait voler « une machine à écrire, un rabot et une machine à calculer ». Bolton affirme à la police qu'il s'est endormi dans la voiture parce qu'il avait trop bu, qu'il n'était pas au

---

1. *Down Beat*, 15 octobre 1959.
2. *Down Beat*, 26 mai 1960.

courant et qu'il n'a rien vu. Insensible à cette stratégie de défense, un tribunal de Los Angeles le condamne le 21 janvier 1960, pour « cambriolage au deuxième degré », à une peine comprise entre six mois et quinze ans de prison, avec un minimum de deux ans. Le 16 février, Dupree Bolton est incarcéré à Chino, le centre de détention où les prisonniers font l'objet d'une évaluation psychologique et sociale avant d'être envoyés dans l'une ou l'autre des prisons californiennes.

Le rapport rédigé le 16 mars, un mois après son arrivée à Chino, par l'agent de probation J.S. Presha, donne une première idée de l'opinion que va progressivement se forger l'administration pénitentiaire du « sujet » Dupree Lewis Bolton. « Le dossier d'arrestation du sujet porte trace d'une carrière orageuse d'infractions dues à son usage de stupéfiants, qui a commencé à l'âge de 15 ans. Il apparaît que son adaptation à la vie a été influencée par ses voyages précoces avec des orchestres de jazz. Il a commencé à gagner sa vie dans ces circonstances dès l'âge de 13 ou 14 ans, voyageant loin de la surveillance de ses parents. »

Tout est dit d'une opinion administrative qui ira en se renforçant d'année en année. Le délinquant juvénile. La mauvaise influence de l'univers du jazz. Le musicien comme junkie. L'absence d'autorité paternelle, source de dérives.

Le rapport indique que Bolton s'est à une époque présenté comme « musulman » mais déclare désormais être protestant. « Il affirme avoir perdu ses illusions sur l'enseignement musulman. Il indique que ses sentiments de fraternité et d'amour s'opposent aux doctrines haineuses prêchées par ce groupe (musulman) ». On est alors au début de la montée d'un courant musulman radical qui s'incarnera dans les « Black Muslims » d'Elijah Muhammad et Malcolm X.

Dupree Bolton est surtout présenté comme sûr de lui, reconnaissant sa dépendance à l'héroïne mais affirmant qu'elle ne constitue pas un problème. « Le sujet indique que son adaptation sexuelle est convenable. Les rapports précédents ne font état d'aucun problème de ce point de vue », indique l'agent de probation dans le langage codé visant à signifier que Bolton n'a jamais été puni pour comportement homosexuel. Le musicien, conclut le rapport, « a tendance à dominer les discussions de groupe », et il cherche à « impressionner les autres participants par sa parole et sa sophistication ». J.S. Presha exprime aussi des doutes sur la sincérité du musicien.

Dupree a en tout cas compris que l'administration pénitentiaire se méfie des musiciens de jazz, de leurs mauvaises fréquentations et de leurs vilaines habitudes. Il indique à l'occasion de ce premier entretien d'évaluation qu'il a l'intention de devenir coiffeur. Il a déjà coupé les cheveux d'autres prisonniers quand il était à Leavensworth, et il a maintenant envie d'apprendre le métier sérieusement. « Il dit qu'il veut en faire son métier quand il sera libéré. Il ne cherchera pas à poursuivre dans la carrière de musicien car cela le mène à fréquenter d'autres toxicomanes, et le travail est aléatoire ». L'agent de probation, méfiant, ajoute néanmoins : « on peut douter du sérieux de ses intentions », et il note que l'enthousiasme du « sujet » pour le travail a laissé à désirer pendant ses précédentes incarcérations.

La décision de l'administration tombe le 17 mars : Dupree Bolton sera envoyé à San Quentin, et soumis au régime de détention sévère. Il est dûment noté qu'il demande à y travailler comme coiffeur, ou à défaut comme employé, ou alors à la blanchisserie de la prison. Il est également recommandé que le sujet soit « conseillé sur ses habitudes de travail », et qu'un « programme productif soit prévu » pour lui, compte tenu du fait qu'il a montré dans le passé une certaine « résistance » à l'idée même d'avoir à travailler.

Dupree Bolton arrive à San Quentin le 30 mars. Il est d'abord affecté à la cellule 3-D-7, où il ne reste que douze jours, la période d'observation usuelle. Le 11 avril, il sera envoyé dans la cellule 4-E-36, dans le bloc est de la prison. Le même jour, il est affecté à la blanchisserie.

Il n'a pas tardé à se faire remarquer des musiciens qui jouent déjà à San Quentin. Moins de trois semaines après son arrivée, le 17, Bolton participe au concert de Pâques donné sous la direction de l'un des piliers du jazz embastillé, Charlie Caudle. Le *San Quentin News* du 14 avril a présenté l'arrivée du nouveau à San Quentin en termes délicats qui évitent comme à l'habitude d'en mentionner la cause : « Bolton est arrivé dans cette ville du nord en provenance des climats plus chauds de Los Angeles ». Le journal fait du nouveau trompettiste, qui va pourtant se fondre dans un ensemble de dix-neuf musiciens, l'attraction principale de l'événement. « Ce grand concert de Pâques aura lieu à midi et demi, et Charlie présentera son nouveau trompettiste, Dupree Bolton. Le chanteur de ce spectacle en plein air sera James Brown [1]. Bolton est célèbre pour son jeu à la trompette et a réalisé plusieurs enregistrements »... Le journal conseille : « venez tôt (le concert a lieu à midi et demi), et prenez un bon siège »...

Arrivé en mars à la prison, Dupree Bolton ne présente pas de composition au sixième concours de musique créative organisé chaque année parmi les prisonniers. Mais le 4 juin, il fait partie du « big band de San Quentin » qui interprète les morceaux gagnants pendant un concert de deux heures. Ce samedi matin, Bolton, Caudle, et trois autres musiciens dont le journal ne donnera que les noms – Ferguson, Bravo et Mudget – alternent les improvisations en solo sur fond

---

1. Sans relation avec le grand James Brown, *the Godfather of soul*.

de grand orchestre. Les morceaux composés par Charlie Caudle figurent en bonne place dans le palmarès. C'est la dernière année à San Quentin pour ce trompettiste blanc devenu le leader de l'orchestre. Né dans l'Oklahoma (comme Dupree Bolton), envoyé faire la guerre en Europe dans la 45e division d'infanterie, Caudle a traîné sur la côte Est après la guerre, avant de rejoindre le grand orchestre de Woody Herman. Arrivé à Los Angeles en 1951 avec l'orchestre, il l'a quitté pour aller étudier la musique à l'académie musicale de Westlake, jouant ensuite dans les grands orchestres de Maynard Ferguson ou de Charlie Barnet – ces grands orchestres blancs swing qui écument encore les salles de bal et les émissions de la télévision américaine naissante.

En 1960, le directeur de San Quentin autorise pour la première fois qu'un concert soit organisé pour les détenus et leurs familles. Il a lieu une semaine après le festival de musique, un dimanche de juin, à l'extérieur des murs de la prison, au bord de l'eau, sur le parking réservé d'ordinaire aux voitures du personnel et des gardiens. Une cinquantaine de prisonniers classés en régime de surveillance « minimum » ou « moyenne » se sont vu accorder le privilège d'assister au concert avec leurs parents, femmes ou enfants.

Pas question de laisser sortir de l'enceinte de la forteresse les détenus soumis à un régime plus sévère. C'est sans doute la raison pour laquelle Dupree Bolton ne fait pas partie, ce dimanche après-midi, des musiciens qui se produisent sur scène. Le *San Quentin News*, qu'on a vu si fier du talent du nouvel arrivé, ne mentionne pas son nom dans le compte rendu qu'il donne de l'événement. « Ce fut un beau programme et une journée superbe – rendu plus agréable encore par la proximité des familles. La musique fut admirable mais le bonheur des enfants embrassant leurs pères fut le spectacle principal, en cette semaine précédant la fête des pères », écrit le journal des prisonniers [1].

A San Quentin, Dupree Bolton passe ses journées à la blanchisserie. A laver et repasser les uniformes bleus, les tenues des gardiens, les draps, le linge des familles des employés de la prison. Il apprend sans doute les rudiments du système de représailles qui frappent les gardiens jugés trop durs, ou trop peu coopératifs. Chemises qui se déchirent mystérieusement au lavage, pantalons bizarrement fendus de coups de lame de rasoir. Ou souillés irrémédiablement. La blanchisserie est propice à l'anonymat de ces punitions qui envoient aux gardiens hostiles un message sans ambiguïté.

Sa cellule la nuit, la blanchisserie dans la journée, la *music hour* en fin d'après-midi. Bolton a peut-être l'occasion de jouer avec un autre trompettiste, Nathaniel Meeks, qui va sortir de San Quentin en juin – mais y revenir deux ans plus tard. Ou avec Jimmy Bunn, le pianiste, ou Earl Anderza, le saxophoniste. La contrebasse de Frank Washington l'accompagne sans doute lors de ces concerts improvisés des fins d'après-midi.

En octobre 1960, il est renvoyé de la blanchisserie pour resquille. La « quantité » et la « qualité » de son travail auraient laissé à désirer, indique son dossier. Il écope au passage d'une punition légère, trente jours de suspension de ses privilèges ordinaires – pas de sortie dans la cour après l'appel du soir, pas de séances de cinéma ou de théâtre. A peu près à la même époque, il semble disparaître des concerts donnés à San Quentin – en tout cas, le journal de la prison ne remarque plus ses solos, et ne signale plus sa participation aux concerts du big band toujours emmené par Charlie

---

1. « *Music review brings reunion of Quentinites and families* », *San Quentin News*, 23 juin 1960.

Caudle. Dupree ne fait pas partie de la petite formation de neuf musiciens qui donne dans la grande cour un concert à l'occasion de la nouvelle année, pas plus que son nom n'est mentionné à l'occasion d'un concert organisé par le conseil des détenus, qui a lieu début mars – alors même que le *San Quentin News*, dans son compte rendu, cite le moindre des artistes ou musiciens qui ont participé à ce spectacle de trois heures [1].

Art Pepper est incarcéré à San Quentin en mars 1961. Dupree Bolton est le seul musicien avec lequel, des années plus tard, il se souviendra d'avoir joué en prison. « Je jouais beaucoup avec Dupree Bolton le week-end. On jouait dans la grande cour. C'était sympa [2]. »

En janvier, Bolton a été affecté à un travail d'employé au service de formation et d'éducation des prisonniers. Il compose *Katanga*, composition qui obtient le deuxième prix dans la catégorie jazz, lors de la septième édition du festival de musique créative. Earl Anderza a obtenu le premier prix de la catégorie orchestre de danse, avec *Kid's stuff*, et le deuxième prix d'arrangement pour *These foolish things*. Frank Washington, contrebassiste autodidacte, a raflé les trois premiers prix de composition dans la catégorie musique religieuse. Mais les compositions de Bolton s'illustrent dans d'autres catégories musicales. Il reçoit prix et accessit pour deux créations dans la catégorie « pop » : *Why did you say goodbye?* et *Watts Towers* – hommage à un monument d'architecture primitive du quartier noir de Los Angeles, structure de métal et de bouts de céramique assemblés en mosaïque bâtie en trente ans de bric et de broc par un immigré italien. Dupree Bolton a aussi composé un morceau pour le

---

1. « *19 top acts feature inmate variety show* », San Quentin News, 16 mars 1961.
2. « *Straight life* », Brian Case, Melody Maker, 9 juin 1979.

concours de musique folk : *The bright lights*, qui obtient le troisième prix.

Trois compositions qui restent cantonnées à l'espace et au temps de la prison. Trois airs d'un musicien intense et virtuose, qui s'évanouissent sitôt démontée l'estrade où l'orchestre des prisonniers musiciens vient de les interpréter, quelques jours après la proclamation des résultats du concours. Excursions de Bolton hors des chemins du jazz, partitions perdues, arrangements oubliés, interprétations évanouies.

Le 18 juin, pour la deuxième année consécutive, un concert des compositions gagnantes est organisé pour trois cents détenus soumis au régime d'incarcération le moins sévère, qui reçoivent à l'occasion la visite de leurs familles. Il n'y a donc là, comme l'année précédente, qu'une petite minorité de la population de San Quentin, qui compte plus de cinq mille prisonniers. Les musiciens, eux aussi, doivent faire partie de la catégorie « *minimum custody* », le régime de détention le plus léger. Aucune mention de Dupree Bolton dans le compte rendu du *San Quentin News*, et pour cause – il ne fait pas partie de ceux qui ont le droit de jouer hors les murs.

La situation est différente quand un musicien réputé vient jouer à l'intérieur de l'enceinte. Le 1er juillet 1961, San Quentin accueille le quintet du cocréateur du be-bop, Dizzy Gillespie, le compagnon de Charlie Parker, pour un concert en plein air. Après le concert régulier de Dizzy et de ses hommes – dont Lalo Schifrin, le pianiste argentin compositeur de musiques de films, qui se rendra célèbre des années plus tard en composant des thèmes de séries télévisées comme *Mannix* ou *Mission Impossible* –, un groupe de musiciens « locaux » monte sur scène pour jouer quelques morceaux. Dupree Bolton en fait partie. Il y a aussi Earl Anderza à l'alto, Clifford Solomon au ténor, Jimmy Bunn au piano, Frank Washington à la contrebasse. Les musiciens « locaux » et la formation de Dizzy Gillespie interprètent ce jour-là une version de *Cherokee* [1].

Deux trompettistes ce jour-là sur scène. Dizzy a 44 ans et Dupree 32. Douze ans qui sont une éternité. Celle qui sépare la prison de la liberté. Dizzy le complice de Charlie Parker, l'inventeur de l'idiome pratiqué par Dupree, junkie et taulard, voleur de grâce pendant les rares moments où il s'est trouvé en liberté. Deux facettes d'un même génie musical. Sur scène brièvement ensemble pour un morceau rapide, Dizzy et ses hommes repartent ensuite pour leur tournée en Amérique latine, laissant derrière eux les prisonniers avec lesquels ils ont joué un ou deux morceaux. Dupree regagne sa cellule, la 3-N-34, dans le bloc nord. *Cherokee...*

Collision musicale aérienne aux notes aujourd'hui envolées et aux souvenirs perdus. Dupree Bolton a touché du bout de sa trompette l'autre vie possible, celle de musicien accompli. Tournées internationales, reconnaissance de ses pairs, liberté d'aller, venir et jouer où bon lui semble, faire de la musique sa vie réelle. Sur l'estrade de bois dressée dans la cour de San Quentin, il a vu passer Dizzy et les siens en coup de vent. Même quand ils ont joué ensemble sur scène, des barreaux imaginaires les séparaient. *Cherokee...*

L'année 1962 arrive et Dupree Bolton s'est installé dans la vie quotidienne de San Quentin, dont le journal interne égrène la chronique. Lors des séances de cinéma, qui ont lieu les samedis et dimanches dans la salle à manger, on va projeter *Cimarron,* un western d'Anthony Mann avec Glenn Ford et Maria Schell, et *The Beloved Infidel,* avec Gregory Peck et Deborah Kerr, vision hollywoodienne sirupeuse des dernières années de F. Scott Fitzgerald mise en scène par Henry

---

1. « *Jazzman Gillespie rocks Quentinites on visit* », *San Quentin News,* 6 juillet 1961.

King. Le film est déjà vieux de trois ans. Le *San Francisco Chronicle* annonce que 240 prisonniers vont être transférés de San Quentin vers d'autres prisons de l'Etat, pour cause de surpopulation.

Malcolm Braly est détenu à San Quentin pour cambriolage. Il a écrit l'année précédente un roman, *Felony Tank*, décrit par un critique du *New York Times* comme un des meilleurs premiers romans policiers de l'année. Le 5 janvier, il publie dans le même journal un article décrivant la foire aux livres de San Quentin, rite du dimanche matin. Les détenus se rassemblent sous le préau de la grande cour et s'échangent leurs livres usagés, lus et relus, cornés et annotés, selon un barème subtil propre à la prison. Romans policiers, westerns, science-fiction arrivent en tête des préférences, mais selon Braly, l'un des livres favoris des dernières années est un livre de Norman Mailer, *Advertisements for Myself*, un recueil d'articles, d'essais, interviews et nouvelles de l'écrivain publié en 1959.

A la fin du mois de janvier, Art Pepper et Dupree Bolton vont jouer ensemble – pour la première fois dans un concert « officiel », organisé pour les détenus et dont le compte rendu figurera bien sûr dans le journal de la prison – entre les actes I et II de la pièce de Beckett *En attendant Godot*, montée par la troupe de théâtre des prisonniers, le San Quentin Drama Workshop. Deux jours plus tôt, à quelques kilomètres à vol d'oiseau, un événement a eu lieu à San Francisco qui annonce une époque, et donne une mesure de l'évolution des goûts musicaux. Chubby Checker, le roi du twist, a donné un concert géant dans le Cow Palace – littéralement le Palais de la Vache. Et dans ce grand hall de foire abritant d'ordinaire des événements du plus grand sérieux comme la Grande Exposition nationale de bétail, le Festival du cheval et du rodéo ou des conventions de partis politiques, 17 000 jeunes spectateurs se sont massés dans un espace où Frank Sinatra, quelques années plus tôt, n'avait pas réussi à rassembler 3 000 personnes. Pour Chubby Checker, dont le premier grand succès, *The Twist*, est entré dans les hit-parades au début du mois, les organisateurs ont dû refuser 2 000 jeunes chauffés à blanc, qui sont allés soulager leur frustration en passant leurs nerfs sur quelques voitures du parking. Les annales musicales retiennent ce concert du Palais de la Vache comme le premier grand concert rock de la côte Ouest, préambule lointain aux grandes célébrations musicales qui deviendront une sorte de rite générationnel à la fin de la décennie.

Quelques semaines plus tard, le 23 février, un concert est organisé à San Quentin dans la cour du bloc ouest à l'occasion de l'anniversaire de George Washington, vainqueur de la guerre d'Indépendance et premier président des Etats-Unis. Une centaine de prisonniers assistent aux deux heures du spectacle, rythmé par un groupe dirigé par Dupree Bolton. Le voilà pour la première fois en position de leader. C'est lui qui décide des morceaux joués, qui donne le tempo, qui organise l'ordre des solos, guide, inspire, ordonne l'ensemble. La formation est un sextet, dont font partie deux autres membres de notre San Quentin Jazz Band : Earl Anderza au saxophone alto, et Frank Washington qui a délaissé sa contrebasse pour jouer ce jour-là de la guitare. Il y a là aussi un autre prisonnier-trompettiste, Roy Wilkerson. Et d'autres encore, oubliés depuis, comme Jack Reed à la contrebasse, et deux autres détenus qui alternent à la batterie, Richard Hurley et Leroy Martin. Le groupe joue seul, ou alors en accompagnement d'autres prisonniers venus chanter, ou même lire des textes de leur création. Bolton et Anderza se défient musicalement en échangeant des solos sur *Swamp fire*, composition que le *San Quentin News* attribue à Thelonious Monk. Musique pour les prisonniers privilégiés, tensions toujours ailleurs dans la prison. Le lendemain de ce concert, vers la fin de l'après-midi, treize hommes qui font leur promenade dans la petite cour du bâtiment réservé aux détenus placés au régime sévère, l'Adjustment Center, refusent de regagner leurs cellules. Ils essaient en criant d'entraîner d'autres prisonniers dans la révolte. Le capitaine des gardiens, C.C. Hocker, donne alors l'ordre de lancer des grenades lacrymogènes. Le calme revient.

Un autre concert est donné un mois plus tard, le 28 mars. Art Pepper encore, et toujours Dupree Bolton. Jimmy Bunn est au piano. Et Frank Washington à la contrebasse. Un concert de deux heures, l'après-midi, dans la chapelle, pour les détenus qui se sont inscrits à l'une des filières de formation proposées par la prison, et pour leurs professeurs. D'après le *San Quentin News*, le « sommet de l'excitation » est atteint quand Bolton se lance dans un solo sur *Jenine*, « crescendo qui a laissé son auditoire secoué d'émotion ». Ils sont en tout une vingtaine de musiciens amateurs de jazz qui prennent leur tour sur scène. Le « chanteur populaire » Larry Callahan interprète quelques morceaux, Hank Bagby et Verdi Woodward jouent du saxophone ténor.

L'enseignement de la musique dans la prison se développe lentement et sûrement. Le programme de formation ouvre des classes de « théorie intermédiaire » de composition musicale, qui auront lieu à 16 h 20 tous les mardis et jeudis. Les cours doivent compléter les cours déjà existants de niveau élémentaire et de chant choral. Les détenus pourront s'y initier aux règles de l'harmonie et de la progression d'accords. Quant aux membres de la chorale, après avoir travaillé notamment sur *Que faire d'un marin ivre ?* au premier semestre, ils vont changer de registre et passer à l'*Ave Maria*, de Schubert, au second.

Les prisonniers qui préfèrent la country music au jazz apprennent dans le *San Quentin News* que Johnny Cash et ses deux accompagnateurs fétiches, les Tennessee Two, viendront à nouveau jouer à San Quentin fin avril, trois ans après le concert de 1959 entré dans la légende. Mais l'espoir des amateurs sera de courte durée : l'homme en noir, victime de spasmes musculaires et d'une laryngite aiguë, devra finalement annuler.

Juin arrive, et le rituel concours de musique créative de San Quentin. Frank Washington et Art Pepper, ainsi qu'Aaron Burton, cet autre musicien autodidacte, « se taillent la part du lion » des prix. Bolton une fois de plus s'illustre sur scène aux côtés d'Art Pepper. Le 4 juillet, c'est le grand concert en plein air donné à l'occasion de la fête nationale, pour un millier de prisonniers. Les « stars nationales » Art Pepper, Dupree Bolton, Nathaniel Meeks et Jimmy Bunn tiennent la vedette. Pepper et Bolton, notamment, échangent des solos sur *Katanga*. Ils jouent aussi le classique *Summertime*, ainsi que *Manteca*, de Dizzy Gillespie.

Personne encore, dans la région de San Francisco, n'a entendu parler du concert qu'ont donné le 12 juillet au Marquee Jazz Club de Londres quatre jeunes musiciens passionnés de blues. C'est la première apparition sur scène des Rolling Stones, qui remplacent l'orchestre maison, Blues Incorporated, invité ce soir-là à la BBC. Les Stones recherchent toujours quelqu'un pour les accompagner à la batterie de façon permanente. Il faudra attendre un an avant que le groupe ne sorte son premier 45-tours, une version de *Come on* de Chuck Berry.

On projette en juillet pour les détenus de San Quentin *L'Arnaqueur* (*The Hustler*), le film de Robert Rossen où Paul Newman interprète un joueur de billard surdoué, et *Sanctuaire*, avec Lee Remick et Yves Montand, tiré par Tony Richardson du roman de William

Faulkner. Certains prisonniers n'ont droit au cinéma que le week-end, et pendant la journée. D'autres bénéficient d'un régime plus souple qui leur autorise les séances le soir et en semaine. Le système obéit à un régime complexe de cartes privilèges – les titulaires de cartes bleues vont au cinéma le samedi, les cartes beiges, le dimanche.

A l'extérieur, un film de John Frankenheimer, *Birdman of Alcatraz*, parle aux Américains de la vie en prison. Burt Lancaster y interprète le rôle de Robert Stroud, un prisonnier célèbre qui avait élevé des canaris dans sa cellule de la célèbre prison fédérale, rocher posé dans la baie de San Francisco, à quelques encablures de San Quentin.

L'été s'achève à San Quentin. Notre jazz band joue un soir pour accompagner la lecture évangélique de la parabole du fils prodigue, le dimanche 26 août. Un mois plus tard, le 29 septembre, Bolton fait partie du big band, dirigé par Art Pepper, qui assure la partie musicale du grand spectacle donné dans le réfectoire nord par les prisonniers pour les prisonniers, « Les Folies du bord de la baie ».

S'achève ainsi ce qui aurait pu être le dernier été de Dupree Bolton à San Quentin. Entré pour un cambriolage à quatre sous, dont il était d'ailleurs tout juste complice, il doit passer devant la commission qui décidera ou non de sa libération conditionnelle. Le 16 novembre, il est officiellement libéré. Les conditions de sa libération sont des plus souples et l'agent qui doit désormais le surveiller, Vernon Lincoln, le remarque dès son premier rapport, le 30 novembre. Dupree sera sous la surveillance officielle de son frère Dodge, pianiste leader d'un petit orchestre qui anime des bals et joue dans des clubs. Dodge certifie que son frère aîné aura du travail au moins trois fois par semaine. Dupree résidera chez sa mère, sur E Street à Los Angeles, mais celle-ci a déjà averti qu'elle ne pourrait pas le prendre en charge financièrement. Un travail de musicien étant trop proche des tentations toxicomanes, Vernon Lincoln écrit qu'il n'aurait pas normalement autorisé un tel programme, mais qu'il doit bien tenir compte de « l'absence d'autres compétences » et de la résistance que son « sujet » a amplement démontrée en prison envers toute autre forme de travail. Le danger est souligné d'emblée : « La capacité du sujet à fonctionner sans drogues dans l'environnement où il souhaite opérer doit être estimée comme faible ».

Dupree Bolton n'a pas de mal à trouver du travail et des engagements. On le voit à cette époque dans un des épisodes d'un programme de télévision consacré au jazz, « Frankly Jazz », présenté par un jeune animateur d'Hollywood, Frank Evans. Richard Williams date de 1962 la diffusion de l'émission de vingt-cinq minutes où apparaît le trompettiste. Elle aurait donc été enregistrée après le 16 novembre – date de sa sortie. Dans l'émission, le trompettiste qui vient de jouer *Laura* murmure « *thank you* » en réponse aux félicitations d'Evans.

C'est sans doute dans les premiers mois de 1963 que Dupree Bolton signe son contrat avec Pacific Jazz. D'après un entrefilet paru dans *Down Beat* de la fin mars, cité ensuite avec fierté par le *San Quentin News*, Dupree Bolton et son compère de San Quentin, Earl Anderza, ont signé à peu près au même moment leurs contrats avec Pacific, pour enregistrer des albums sous leurs noms et au moins un disque ensemble. L'album d'Earl Anderza, *Outa Sight*, est enregistré en mars. « Dupree Bolton et Earl Anderza semblent être sur la grande route du succès dans le monde du jazz », commente le journal de la prison [1]. Grâce à Dick Bock, le fondateur de Pacific Jazz, Bolton rencontre le saxo-

---

1. « *Esque favorites ink jazz pacts* », *San Quentin News*, 28 mars 1963.

phoniste ténor Curtis Amy, qui le recrute dans la petite formation qu'il est en train de monter.

Amy, à l'occasion d'une longue conversation avec Steve Isoardi dont le texte est conservé dans les archives de l'Université de Californie à Los Angeles, raconte que Bolton est venu un soir jouer dans le club où il se produisait et « a laissé tout le monde sur le cul ». « Mais il y avait en lui une sorte d'arrogance, il croyait qu'il était le roi du monde, et quand tu penses ça tu n'es pas ouvert aux amitiés ou aux associations (....) Il n'avait de respect pour personne (...) Mais quand tu tombes sur quelqu'un d'aussi talentueux, ça n'a pas d'importance. Tout ce que je lui demandais, c'était de jouer de sa trompette comme il en jouait [1] ».

Et Curtis Amy ajoute ce jugement qui pèse : « Pour moi – et c'est une sacrée affirmation que je vais faire là – il était meilleur que Miles. » Meilleur que Miles Davis, le dieu des trompettistes du jazz moderne. Jugement individuel, marqué par l'histoire et en partie par l'amitié perdue. Mais qui donne au moins une idée de l'impression que laisse le jeu de Dupree Bolton à ceux qui l'entendent cette année-là.

Dans un rapport du 18 février 1963, Vernon Lincoln signale le contrat avec Pacific et indique qu'au cours du mois précédent, Dupree a déjà enregistré « quatre disques [2] ». « (Bolton) indique qu'il espère consacrer principalement son activité à l'enregistrement de disques, plutôt que de jouer dans des clubs avec un orchestre », poursuit-il. De fait, le 6 février, c'est pour le label Capitol que le trompettiste a participé avec Curtis Amy à une session destinée à l'origine à un album d'Onzy Matthews, le pianiste, compositeur et arrangeur sorti lui-même de San Quentin en 1960. Quatre thèmes sont enregistrés ce jour-là pour

---

1. Entretien de Curtis Amy avec Steve Isoardi, septembre-novembre 2000, UCLA Oral History Program.
2. « ... *four records* ».

un projet de disque qui devait s'appeler *Non-Stop Jazz Samba* et ne vit jamais le jour. L'album est délibérément destiné à surfer sur la mode de la fusion jazz-bossa nova lancée par Stan Getz l'année précédente. La formation compte treize musiciens, dont Curtis Amy au saxophone ténor, et Matthews au piano. Dupree Bolton joue le thème et prend le solo sur une composition d'André Previn, *A second chance*, écrite pour le film *Two for the seesaw* (*Deux sur la balançoire*), dans le style tropical alangui. On l'entend aussi improviser en double tempo sur *Bossa nova blue*, de Bobby Bryant, après l'exposé tranquille du thème. Cantonné au rôle d'un musicien de studio talentueux mais restant dans la discipline de l'arrangement choisi, Bolton démontre une inédite capacité d'adaptation à ce style en vogue. Il rentre dans le rang de l'orchestre pour les deux autres thèmes enregistrés ce jour-là, *Little boat*, adaptation du brésilien *O barquinho* et *A new samba for Margo*.

Le 11 mars, la formation de Curtis Amy, avec Bolton, enregistre plusieurs plages avec le chanteur Lou Rawls. La séance a été récemment découverte, après plus de quarante ans d'oubli, à l'occasion de l'édition d'un CD du chanteur. Trois plages furent gravées ce jour-là, par la même formation en sextet qui avait enregistré *Katanga!* le même mois – ou allait le faire. Amy et Bolton, soutenus par Ray Crawford à la guitare et Doug Sides à la batterie. Le pianiste Jack Wilson et le contrebassiste Victor Gaskin ont laissé la place à Phil Moore et Henry Franklin. Lou Rawls ce jour-là chante *Mean old world*, une vieille chanson de Big Bill Broonzy. Et deux thèmes de Billie Holiday, *Long gone blues* et *Fine and mellow*, deux morceaux cultes que la chanteuse avait écrits et composés dès 1939, et qui avaient marqué avec éclat son entrée dans le monde du blues. Le sextet fournit l'accompagnement solide, les deux leaders ne prennent de solos qu'occasionnels – Bolton notamment sur *Fine and mellow*, l'espace d'un bref chorus.

A cette date, c'est Curtis Amy – et non plus son frère Dodge – qui est désormais considéré par l'administration pénitentiaire comme l'employeur officiel de Dupree Bolton. Celui-ci continue de vivre chez sa mère, et il se tire sans problèmes des tests à la nalline, qui visent à déterminer s'il se drogue ou non. La nalline est le nom courant de la nalorphine, un antagoniste de la morphine qui sert notamment à contrer les effets de la dépression respiratoire. Les autorités californiennes l'utilisent à l'époque pour mesurer l'existence de traces de drogue dans l'organisme. Après injection, un médecin vérifie la dimension des pupilles du sujet. Entre sa libération en novembre 1962 et la mi-février, Dupree subit dix examens, plus deux tests surprises. Tous se révèlent négatifs.

En février, l'agent de probation Vernon Lincoln avait fait part de ses doutes sur la capacité de Dupree Bolton de rester à l'écart de la drogue. Le musicien lui a assuré qu'il pourrait jouer sans céder à l'attrait de l'herbe ou de la poudre. Mais Lincoln émet de « sérieuses réserves sur sa capacité d'y arriver ». Il ajoute une remarque alambiquée qui décrit la suspicion générale dont les services officiels enrobent à l'époque le monde du jazz. « Ses relations sociales sont pour l'essentiel dans le monde du spectacle, et dans la partie de ce monde où l'on observe une déviance majeure vis-à-vis des standards admis des relations en société ».

Dupree Bolton contracte une grippe au début de mars 1963. Un docteur lui prescrit un sirop à base de codéine, un dérivé de l'opium utilisé comme analgésique ou médicament contre la toux, pouvant provoquer des effets d'accoutumance analogues à ceux de la morphine. « Les dangers de ce type de médicaments » ayant été discutés avec Bolton, son agent de probation le dispense de tests de dépistage au mois de mars. Le 28, le test est négatif. Mais un mois plus tard, le 28 avril, le test à la nalline est positif. Bolton admet alors que pendant les cinq jours précédents, il a bu cinq flacons du sirop Cosanyl, contenant de la codéine.

A peu près au moment où sa formation enregistre *Katanga!*, Curtis Amy s'est évidemment rendu compte que la musique n'était pas l'activité principale de son trompettiste. « On essayait tous de calmer Dupree ». Toujours énervé, rebelle, en colère, prompt à la fureur et à l'éclat. « Pour commencer, je crois qu'il était très amer d'avoir été enfermé aussi longtemps », dira plus tard Curtis Amy. « Et c'était comme s'il pensait qu'il aurait dû avoir un meilleur statut que le sien. C'est un aspect de sa personnalité qu'il n'arrivait pas à surmonter. Il parlait beaucoup de ce qu'il voulait faire, et disait combien il pensait devoir être reconnu [1] »...

Selon Amy, Richard Bock, le fondateur et propriétaire du label Pacific Jazz, achète à Bolton une Ford Thunderbird décapotable, beige, des vêtements élégants, et une nouvelle trompette. Puis une autre trompette après que l'autre a disparu, peut-être mise au clou en échange de l'argent indispensable pour s'acheter une dose.

Pendant l'enregistrement, Bolton est difficile. Il ne veut pas que Curtis Amy joue du saxophone soprano, parce qu'il a décidé que le son de l'instrument est trop proche de celui de la trompette. Amy a acheté son soprano expressément pour la séance, sur les conseils du producteur Dick Bock. Bolton ne veut pas non plus que le guitariste, Ray Crawford, joue en même temps que lui. Guitare et soprano figureront bien sur le disque, mais au prix de tensions qui empêchent d'envisager un avenir a la formation. Curtis Amy aurait volontiers emmené le groupe en tournée, mais

---

1. « *Gifted* », *op. cit.*

l'ambiance créée par Dupree Bolton rend la chose impossible. Les musiciens se produiront quand même le samedi *after hours* dans un club de Los Angeles, le Metro, un ancien théâtre. Leur emploi du temps donne une idée du rythme de la vie des jazzmen à l'époque. Curtis Amy joue en soirée avec son trio régulier, dans un club nommé Dynamite. Bolton et d'autres le rejoignent à deux heures du matin, et ils jouent au Metro jusque vers six heures, moment où ils se rendent au It Club, bondé, où ils jouent jusque vers midi : « Il fallait arriver à cinq heures et demie pour trouver un siège [1] ».

La formation de *Katanga!* joue ensuite les mardis dans le club ouvert par le batteur Shelly Manne, le Shelly Manne's Hole. Un soir, la première partie est éblouissante. « *Man, it was just burning. It was... whew, man*[2]*!* » Soirée musicalement inoubliable. La pause arrive. Quand vient pour les musiciens le moment de remonter sur scène, Dupree Bolton a disparu. Envolé. Curtis Amy n'en entendra plus parler, pendant plusieurs années.

Sorti de prison, Dupree s'est engagé dans une vie sentimentale plutôt riche. Il a vite sympathisé avec Dahle Scott, une chanteuse qu'accompagne au piano son frère Dodge Bolton. Dahle Scott et Dupree auraient assez vite emménagé ensemble dans une maison de Baldwin Hills, à Los Angeles. Quarante ans plus tard, Dahle Scott se souvenait de Dupree Bolton comme d'un homme petit, mince, totalement engagé dans sa musique, et sérieusement agoraphobe, au point de ne pouvoir entrer dans un supermarché trop bondé. La prison était passée par là. Pendant cette période, Dupree ne parvient pas à décrocher. Il reçoit des visites d'un homme se prétendant son médecin, qui lui administre des injections. Dahle Scott soupçonne

---

1. Entretien avec Steve Isoardi, *op. cit.*
2. *Ibid.*

que son petit ami est retombé dans la drogue. Elle appelle Curtis Amy, et lui demande de venir chercher Dupree [1].

Au même moment, Dupree Bolton n'a pas seulement des attentions pour Dahle Scott. C'est dans les dossiers du Département pénitentiaire qu'on trouve aujourd'hui la trace d'une autre musicienne avec laquelle, selon le vocabulaire particulier des rapports administratifs, il commence à « s'associer » au début de 1963. Elle s'appelle Vivian Marie Fears, elle est pianiste, et est elle aussi en liberté surveillée après plusieurs séjours en prison ou en centre de traitement pour toxicomanes. Le rapport date « l'association » de Dupree et Vivian de début mars. Dahle Scott en ignore tout.

Quand l'agent de probation Vernon Lincoln apprend la relation de Dupree Bolton et Vivian Fears, il découvre que « Bolton passe le plus clair de son temps chez Mme Fears et garde une partie de ses vêtements chez elle, ce qui indique qu'il utilise son domicile comme lieu de résidence alternatif quand il n'est pas chez sa mère ». Il est signifié à Vivian Fears, ainsi qu'à Dupree, que « cette relation doit finir ». De manière surprenante, le couple acquiesce : « Ils sont d'accord sur le fait que, compte tenu des circonstances, cette relation n'est constructive pour aucun des deux, et ils ont compris qu'elle ne pouvait pas continuer. »

Vivian Fears est une des rares femmes de l'univers du jazz de la côte Ouest dans ces années-là. Elle a joué du piano en 1946 dans le grand orchestre de Gerald Wilson – en alternance avec Jimmy Bunn, que Dupree a croisé à San Quentin. Wilson se souviendra de l'avoir rencontrée à Chicago, où elle jouait avec le grand orchestre de Fletcher Henderson. Fletcher Henderson étant lui-même le pianiste de son big band, il

---

1. « Gifted », op. cit.

est probable que Vivian Fears ne faisait qu'assurer son remplacement de temps en temps. Originaire de Saint Louis, c'était « une bonne pianiste, elle jouait vraiment un jazz de qualité », selon Gerald Wilson [1]. On trouve aussi son nom sur un disque de Billie Holiday produit par un label spécialisé dans les disques bon marché, Crown. Disque apparemment enregistré peu de temps avant la mort de Lady Day, en 1959. Deux femmes seules, communiant l'une avec l'autre dans l'héroïne. Dix plages, qui s'ouvrent par *Lover man*, devenu le grand hymne des junkies depuis l'enregistrement de Charlie Parker. Quand elle rencontre Dupree Bolton à Los Angeles en mars 1963, Vivian Fears est en liberté depuis huit mois seulement.

Pour avoir bu trop de sirop, et pour sa relation avec Vivian Fears, Dupree Bolton est à nouveau incarcéré, cette fois dans la prison du comté de Los Angeles. Il en sort le 8 mai 1963, parce que Vernon Lincoln observe qu'il avait après tout une ordonnance du médecin pour son sirop, et qu'en outre le centre de traitement des toxicomanes « est surpeuplé, avec une longue liste d'attente ». L'agent de probation observe aussi que Curtis Amy et le président de Pacific Jazz, Richard Bock, se sont engagés à fournir à Dupree Bolton un travail régulier, et ont promis qu'ils feraient « tout ce qui est possible pour lui permettre de surmonter son handicap ». Le monde du jazz est « un danger réel » pour Bolton, estime Lincoln, mais il n'estime pas possible de le lui interdire puisque c'est la manière dont il gagne sa vie depuis plus de vingt ans. Fin juin, Bolton est présent dans les studios de Pacific pour enregistrer deux morceaux qui doivent figurer sur le deuxième album de son compère de San Quentin Earl Anderza. Il se dispute avec le batteur, la séance est interrompue et le disque ne sera jamais produit.

---

1. *Central Avenue Sounds : Jazz In Los Angeles*, University of California Press, 1999.

Dupree retourne officiellement vivre chez sa mère, et il continue de jouer avec la formation de Curtis Amy. En août, il doit solliciter, et il obtient des autorités pénitentiaires, l'autorisation de quitter Los Angeles pour aller jouer à Del Mar, une petite ville côtière du sud de la Californie, dans la banlieue de San Diego. Il y commet un excès de vitesse, qui lui vaut 73 dollars d'amende. Comme il ne peut pas les payer, il passe une semaine dans la prison locale.

Une semaine après sa sortie de la prison du comté de San Diego, Bolton doit passer un autre test antidrogue. Le résultat est jugé « équivoque », les infirmiers examinent alors ses membres. Des traces de piqûres sont relevées sur son bras gauche et sur ses jambes. Il est immédiatement incarcéré, conformément à la procédure en vigueur. Il refuse d'admettre qu'il a pris de la drogue, mais demande néanmoins à son agent de probation venu lui rendre visite en prison de pouvoir subir une cure de désintoxication. Fin septembre, il est envoyé au centre de traitement des toxicomanes, la « prison sans murs » de Chino.

Sa libération conditionnelle n'est toutefois pas suspendue. A Chino, il est en quelque sorte auditeur libre, simplement contraint d'assister aux séances de thérapie de groupe. Le 7 novembre, il reçoit la visite d'une femme qu'il présente comme sa « sœur ». Un employé de la prison reconnaît toutefois Vivian Fears, elle-même toujours en liberté surveillée. L'incident est abordé par le psychiatre qui anime les séances de discussion collective, sans que les noms des protagonistes soient mentionnés. Bolton ne réagit pas. Dans la semaine qui suit, il ira avouer au psychiatre, Warren Campbell, que c'est bien lui qui a reçu la visite interdite. Campbell écrira dans un rapport que Bolton a été sincère dans son repentir, et qu'il a « réfléchi à l'égoïsme de son acte ». Vernon Lincoln n'est pas convaincu. Il recommande en décembre que la libération conditionnelle de Dupree Bolton soit suspendue. D'autant que les registres de la prison gardent la trace d'une autre visite, en octobre, de Curtis Amy et d'une femme qui se serait présentée comme « l'épouse » de Bolton. Lincoln soupçonne qu'il s'agissait de Vivian Fears. Mais c'était peut-être Dahle Scott, que connaît bien Curtis Amy, et chez qui Bolton avait emménagé un an plus tôt. Dupree l'homme à femmes a peut-être assigné son rôle à chacune, afin de déjouer la surveillance de l'administration pénitentiaire. « Sœur » pour Vivian, « épouse » pour Dahle. C'en est trop, en tout cas, pour Vernon Lincoln. Le 12 décembre, Dupree Bolton, tout en restant à Chino, redevient officiellement prisonnier.

Le 4 mars 1964, il est à nouveau libéré sous conditions. Sa mère a indiqué qu'il pouvait continuer de vivre chez elle, sur la 83e Rue Est à Los Angeles. Curtis Amy a indiqué qu'il avait toujours besoin du talent du trompettiste et qu'il lui fournirait du travail. Quinze dollars par nuit, quatre nuits par semaine de 21 heures à 4 heures du matin. La période de supervision prévue pour Bolton est révisée à la hausse, il sera désormais suivi pendant six ans.

La liberté cette fois sera courte – moins d'un mois. Bolton retourne en prison en avril. En un mois, il a tout fait pour contrarier les autorités pénitentiaires. Il ne vit pas chez sa mère, et admet avoir vécu dans différents hôtels au hasard des engagements de l'orchestre dans la région de Los Angeles. Il manque régulièrement ses tests antidrogue sous des prétextes toujours différents. Il présente sa « *girlfriend* » à son nouvel agent de probation, Lyonel Chew, et lui annonce son intention de se marier – alors même que la fiancée en question, Vivian Fears, est précisément celle qu'on lui a expressément interdit de fréquenter. Il conduit une voiture sans en avoir demandé l'autorisation au préalable, formalité obligatoire dans son cas.

Mais surtout, le 1ᵉʳ avril, ses pupilles se dilatent anormalement quand il est soumis à un test à la nalline. Il est aussitôt menotté, mains derrière le dos – c'est la procédure – et Chew l'embarque avec l'aide d'un policier dans une voiture qui doit le ramener en prison. Il s'échappe, est poursuivi, puis retrouvé six minutes plus tard dans un parking, à deux pâtés de maisons. On l'enferme dans la prison du comté de Los Angeles; c'est à cette occasion qu'on trouve sur lui les clés de sa voiture, la Ford Thunderbird acquise en août 1963. Cinquième infraction aux règles de la liberté conditionnelle : privé de droits civiques, Bolton n'avait pas le droit de conclure de contrats commerciaux, et donc d'acheter une voiture...

Le 27 avril, Dupree Bolton retrouve l'environnement familier de San Quentin. Il va y occuper la cellule 4-D-34. Mais pour moins d'un mois, juste le temps nécessaire à l'administration pénitentiaire de décider de sa prochaine destination. C'est Susanville, prison à régime minimum qui emploie les détenus chargés de travaux forestiers dans les forêts du nord de la Californie. Ce « centre de correction » a été ouvert quelques mois plus tôt. Les détenus répartis dans plusieurs campements y apprennent à combattre les incendies ou à entretenir les forêts. Dupree Bolton y reste moins d'un an. Le 23 mars 1965, il retrouve le régime de la liberté surveillée.

A nouveau la routine. Il promet d'habiter chez sa mère Juanita, qui commence à se lasser. Elle a fait observer à l'administration qu'elle héberge déjà chez elle sa fille et ses petits-enfants, que la présence de Dupree ne peut être que temporaire d'autant qu'il « aura quelques compagnes », ce qui ferait mauvaise impression sur les enfants. Dodge Bolton, le pianiste de la famille, joue quant à lui à Las Vegas et ne peut pas s'occuper de son frère. Le groupe de Curtis Amy joue à San Francisco, trop loin de la zone où Dupree est assigné à résidence, mais il trouve un engagement pour jouer au It Club deux soirs par semaine. D'après un rapport de son nouvel agent de probation, Earl Pollard, Bolton retrouve au It Club Frank Morgan, lui aussi ancien élève de San Quentin, membre de notre jazz band, et en liberté conditionnelle à ce moment-là. Et le 10 mai 1965, il disparaît.

Ce jour-là, il doit subir un test antidrogue, date qui lui a été imposée parce qu'il ne s'est pas rendu la semaine précédente à son examen régulier. Il ne se présente pas au rendez-vous, épilogue d'une autre période où il a progressivement échappé à la surveillance de l'administration pénitentiaire. Il a changé de domicile – la routine, là encore... –, n'a pas rendu en avril le rapport qu'il doit remettre tous les mois. Le 11 mai, Earl Pollard doit constater : « Tous les efforts pour localiser le sujet ont échoué ».

Mais l'errance de Dupree Bolton n'est pas de celles qui le laissent longtemps échapper aux radars. Ses fuites le mènent toujours quelque part, et ce quelque part ressemble toujours à l'asile, ou à l'hôpital, ou à la prison. Trompettiste qu'on commence à oublier, que ses amis préfèrent éviter d'embaucher parce qu'il est devenu imprévisible, il vit désormais d'un fix à l'autre, en quête de l'occasion qui va lui permettre d'acheter la prochaine dose. Le 30 juin « à 3 h 15 de l'après-midi, le sujet a été arrêté par la police de Santa Barbara en vertu de l'article 459 P.C. (cambriolage) ». Bolton et un certain Ruben Allen Jarrett sont entrés dans un magasin de spiritueux et ont volé dans la caisse. On trouve 77 dollars dans la poche de Bolton, qui dit n'en avoir volé que 35, « sept billets de cinq dollars », dans la caisse de Miratti Liquor Store, rue San Andres. L'argent, reconnaît-il, était destiné à acheter de la drogue. Quand il est arrêté, Bolton affirme s'appeler William Glasby pour éviter que la police ne fasse des recoupements. Le 6 juillet, il plaide coupable et le tribunal municipal de Santa Barbara le condamne à trente jours de prison. Quand il sort, l'agent de probation Earl Pollard, constatant que Bolton ne présente pas de « menace pour la communauté », recommande son envoi dans le centre pour toxicomanes, mais suggère de le maintenir sous le régime de la liberté conditionnelle.

Le programme d'assistance aux drogués a été transféré de Chino au « Centre de réhabilitation de Californie » à Norco, dans la banlieue est de Los Angeles. Bolton n'y laisse pas une impression impérissable et ne cherche pas à entrer dans les bonnes grâces du personnel. D'abord assigné à un emploi classé en catégorie « légère » en raison de son allergie « à la saleté, à la poussière et au travail *(sic...)* », il est ensuite transféré à la cuisine. Il est noté qu'il a besoin d'être « sérieusement dirigé et encadré » pour des tâches mineures. Il est sanctionné pour une douzaine d'infractions au règlement intérieur du Centre. Dans les discussions de groupe qui font partie de la thérapie alors à l'œuvre, il « se conduit d'une manière arrogante et intellectuelle *(sic)* et a réussi à s'isoler du groupe par un barrage de verbiage », notera son agent de probation. Pour la première fois est également mentionnée une revendication raciale de la part de Bolton, qui toujours selon le même rapport, se tire de plusieurs discussions en lançant « voyez comment ils traitent les pauvres Noirs ».

Bolton fait néanmoins des « progrès », estime Earl Pollard, qui recommande à nouveau, en février 1966, que son protégé soit libéré dans la mesure où il affirme pouvoir trouver du travail, et où il constitue « plus une menace pour lui-même que pour la communauté ».

Le cycle reprend. En avril, Bolton est arrêté pour un cambriolage à Los Angeles – mais les poursuites seront abandonnées. Il a l'air d'être sous l'empire de la drogue au moment de son interpellation, à en croire le détective Loeber, du service des stupéfiants de la police de la ville. Le tribunal acquitte Bolton au motif que ses « droits civiques » n'ont pas été respectés : aucun test, aucune prise de sang n'ont été effectués qui auraient permis d'établir qu'il était bien « sous influence » au moment des faits.

Ce n'est que partie remise. Le 11 juillet, Dupree ne se présente pas à son test. Le 12, l'agent de probation de sa « *girlfriend* » appelle Earl Pollard pour lui indiquer que la fiancée, elle-même toxicomane, et en liberté conditionnelle, a été arrêtée et incarcérée pour usage de drogue. Il s'agit sûrement de Vivian Fears, qui correspond à la description même si son nom n'est pas mentionné dans le rapport officiel.

Les rapports désormais ne mentionnent plus de travail avec un orchestre, d'engagement dans un club, d'offres d'emploi de la part d'amis musiciens. La vie de Dupree Bolton dérive de plus en plus loin du jazz et de la musique. Le 22 juillet 1966, il est officiellement déclaré en cavale. Le 26, il est arrêté par la police de Los Angeles du côté de Wilshire. Il est entré dans un magasin de journaux, et il a fouillé la caisse. Sans rien prendre, puisqu'elle était vide. Arrêté, il affirme être entré dans le magasin pour y chercher du travail. « La caisse était ouverte, j'ai juste dit " c'est le paradis du pauvre " (...) Ils n'ont pas le sens de l'humour ». Le 28 juillet, le tribunal municipal de Los Angeles fait preuve du même manque d'humour et le condamne à 120 jours de prison. A Earl Pollard venu lui rendre visite, Dupree Bolton avoue avoir utilisé « environ une demi-cuiller » par jour d'héroïne, et explique sa toxicomanie par le fait qu'on l'empêche de voir sa petite amie.

En octobre 1966, il retourne à Norco. Le personnel de l'établissement note un progrès dans son attitude. Il travaille à la cantine, sans problème apparent. Il joue le jeu, suit les règles. Affirme même qu'une fois sorti, il cherchera un « travail de jour » – autrement dit un travail normal, loin du jazz, de la drogue et de la nuit. L'administration pénitentiaire trouve que les progrès sont encourageants mais insuffisants. En janvier, on prolonge son séjour à Norco. Les progrès s'arrêtent là. Un « rapport d'évaluation » de février indique que Bolton « est devenu de plus en plus hostile et plein de ressentiment envers le Département, et le personnel du centre en particulier ». Dupree Bolton a gardé les mêmes qualités de manipulateur, note le rapport. Au point qu'il aurait convaincu le personnel de le laisser jouer de la trompette « d'une manière quasi légale et relativement subreptice »... Pour l'avenir, il faudra se résoudre à relâcher le sujet : « un retour à la communauté semble être la seule alternative possible. Bolton constitue une probabilité de nuisance considérable, mais il n'est pas une menace majeure en raison de la nature mineure des infractions qu'il commet ».

Le musicien qui joue de la trompette à Norco de « manière quasi légale » a été interviewé par un employeur potentiel, Don Henry, manager de plusieurs formations qui se produisent dans la région de Los Angeles. Henry a aussi proposé d'aider Dupree Bolton à suivre une psychothérapie. Earl Pollard, qui suit toujours le cas de Dupree Bolton, recommande qu'il reprenne le cours de sa période de liberté surveillée quand il sortira, en mars.

Ce ne sera pas le cas. Bolton est d'abord envoyé à l'hôpital pénitentiaire de Chino pour une attaque de paralysie faciale de type « Bell's palsy » qui va compromettre pour un temps sa capacité à jouer de son instrument. Quand il se rétablit, l'administration décide qu'il doit retourner en prison. Il retrouve San Quentin, cellule 4-A-48, le 12 mai 1967. Sans illusions, le rapport d'évaluation avant son retour en prison indique : « L'incarcération sera sans problème, puisqu'il y voit une occasion d'étudier la musique. A part la musique, il va simplement travailler à éviter le travail. »

Nouvelle sortie de prison en octobre 1967. Don Henry, le manager d'orchestres pour qui il va travailler, s'est fait fort de lui obtenir des contrats d'enregistrement pour le label « Reprieve » – peut-être s'agit-il du label Reprise fondé par Frank Sinatra et racheté par Warner Brothers en 1963. Mais l'histoire du jazz n'en a pas gardé trace. Dupree retourne vivre avec sa mère et sa sœur. A la fin du mois, plein de bonne volonté, il se rend avec Earl Pollard dans un centre de formation pour adultes, où il écoute un conseiller lui expliquer comment apprendre un nouveau métier. « Ses objectifs de court terme ont été discutés avec lui et ils consistent à se faire soigner pour sa maladie, acheter une trompette, trouver un emploi, changer de lieu de résidence et éviter la drogue ». En novembre, Bolton a des contacts réguliers, au téléphone ou personnellement, avec Pollard. Il joue de la trompette à l'occasion. Vers la fin de l'année, il se produit sans doute brièvement avec la formation d'un jeune vibraphoniste qui s'est installé à Los Angeles, Bobby Hutcherson [1].

Il fait faux bond pour son test antidrogue le 26 décembre. Comportement que son agent interprète comme une rechute dans l'héroïne. « Les efforts pour le localiser ont échoué ». Le 22 mai 1968, on retrouve Dupree Bolton, arrêté pour cambriolage, aux bons soins des services du shérif de Los Angeles. Il a utilisé cette fois le nom de Raymond Chauncey.

Les circonstances du vol commencent à poser des questions sur son état mental. Sur l'état de stupeur toxicomane ou le désespoir qui le poussent maintenant à n'importe quoi. Le patron de Ralph's Market, une épicerie de West Manchester Boulevard, à Inglewood, une banlieue de Los Angeles, a vu Bolton entrer dans son magasin, et sortir deux sacs en papier dissimulés sous sa veste. Il a mis posément huit bouteilles de

---
1. *Biographical Encyclopedia of Jazz*, Leonard Feather.

whisky dans les deux sacs, et a voulu ensuite sortir du magasin comme si de rien n'était. Les employés du magasin l'ont arrêté sur le trottoir. Valeur du larcin : 46 dollars.

« Le sujet a admis que pendant toute la période précédant son arrestation, il a pris à peu près une dose d'héroïne par jour ». Un rapport rédigé en octobre par le nouvel agent de probation de Bolton, Martin Juhnke, indique que le trompettiste affirme avoir vécu à une adresse de la 98e Rue Est, à Los Angeles, mais qu'il admet aussi avoir eu plusieurs adresses pendant la même période. « Le sujet n'a pas d'emploi connu et n'a pas voulu révéler ses activités ou ses relations ». La paralysie faciale demeure, et Bolton, condamné à 90 jours de prison, doit en sortir le 20 octobre.

Il retourne à San Quentin, où il va devenir professeur de musique pour les autres détenus. Au bout de quelques mois, il est envoyé à nouveau à Chino, où il est affecté à un travail de portier dans un dortoir. Sa mère, son frère et sa sœur lui rendent visite. Il sort le 13 octobre.

Un certain Rene Hall, qui a une petite entreprise de publication de livres et de partitions musicales, a proposé de l'employer comme copiste. L'agent qui va désormais superviser Bolton, Chester Jones, estime que ce travail aura le mérite de « maintenir le sujet au contact du domaine musical sans l'exposer aux tentations de la drogue, ce qui serait le cas s'il était musicien itinérant ». Une discussion avec Bolton a lieu à ce sujet à sa sortie de prison. Le trompettiste estime que « malgré son attaque (sa paralysie faciale), (...) il est tout à fait capable de jouer à nouveau. Ce qui a été longuement discuté avec lui, et nous lui avons conseillé de consolider son projet d'emploi avant d'essayer d'économiser suffisamment d'argent pour s'acheter un instrument ».

Le « projet d'emploi », à court terme, semble d'ailleurs compromis. Chester Jones va voir Rene Hall dans ses bureaux de Hollywood Boulevard. Celui-ci lui indique alors que les temps sont durs, et qu'il n'a pas besoin d'un nouveau copiste. Il fera simplement appel à Dupree Bolton quand le besoin s'en fera sentir...

Mais le 22 octobre, moins de dix jours après sa énième sortie de prison, Dupree Bolton appelle Chester Jones. Il dit qu'il est à l'hôpital. Il faisait du stop sur la 108e Rue Est, a été pris par une voiture, dont les occupants l'ont attaqué pour le voler. Il s'est défendu, a donné des coups de pied dont l'un a transpercé une vitre. Ses assaillants l'ont battu « sans merci », et l'ont abandonné, sans connaissance, dans une impasse. Sa sœur l'a transporté à l'hôpital Harbor General. Il a de sérieuses coupures à la jambe, et plusieurs de ses dents, du côté gauche, sont branlantes.

Chester Jones ne s'empresse pas de lui rendre visite, ni d'aller vérifier la réalité de l'agression. Comme Bolton « réside en dehors du territoire supervisé par ce bureau », il transfère le cas à son collègue de Compton, un autre quartier de Los Angeles. Les mois suivants se déroulent selon l'habituel scénario. Bolton est aux abonnés absents, ne soumet pas ses rapports mensuels, ne se présente pas aux tests antidrogue. Les lettres envoyées à sa résidence théorique reviennent avec la mention « parti sans laisser d'adresse ».

C'est sans doute parce que Dupree Bolton, trompettiste sans trompette, musicien sans public, jazzman sans orchestre, a décidé d'en changer radicalement. Le 9 janvier 1970, il est arrêté à trois mille six cents kilomètres de Los Angeles. La police de Grand Rapids, dans le Michigan, l'a appréhendé pour trafic de drogue.

Il en sort bien avant terme, libéré, une fois de plus, sous le régime de la conditionnelle. Mais la date de sa sortie s'est égarée dans la nuit des archives perdues ou détruites. Et sa trace disparaît pour de nombreuses années.

Curtis Amy, en septembre 2000, croyait se souvenir pourtant que « plusieurs années, peut-être une décennie » après l'enregistrement de *Katanga!*, Bolton l'a appelé un jour au téléphone parce qu'il voulait à nouveau jouer, et même monter un orchestre à lui. Si les souvenirs du saxophoniste sont précis, l'appel aurait eu lieu au début des années soixante-dix. Les deux hommes auraient participé à un concert unique, donné au bénéfice du Congress of Racial Equality, l'une des grandes organisations noires américaines. Le concert aurait eu lieu dans le club ouvert par la star de l'équipe de basket des Los Angeles Lakers, Dick Barnett. Curtis Amy raconte : « On était là en coulisses, une dispute a éclaté, il (Dupree) s'est mis en colère, et d'un seul coup il me fonce dessus avec un couteau ». Les deux hommes ne se reverront jamais plus.

On retrouve la trace de Dupree Bolton dans l'Oklahoma, en 1978. Il n'a pas 50 ans. Il entame la dernière partie de sa vie en repassant par cette case départ, dans cet Etat d'émigration perpétuelle qu'on quitte, où l'on passe à la rigueur, mais où il est rare qu'on choisisse de s'installer. Dupree a encore à l'époque de la famille à Oklahoma City – sa demi-sœur Iris, ou le frère de sa mère, George Dobbin. Il vient peut-être leur tendre une dernière fois la main, pour essayer de sortir du puits noir dans lequel il sombre depuis l'âge de 15 ans, depuis son premier fix. Mais la dérive continue. En août 1978, il est arrêté par la police d'Oklahoma City pour faux et usage de faux, relâché faute de preuve. Six mois plus tard, en février 1979, il présente une fausse ordonnance à un pharmacien de la petite ville de Chickasha, 14 000 âmes, pour tenter de lui soutirer 48 cachets de 4 milligrammes de Dilaudid, un médicament analgésique contenant de la morphine. Il est arrêté, emprisonné, inculpé d'escroquerie et de faux et usage de faux, délits auxquels quelques jours plus tard la justice ajoute la possession d'héroïne. Dupree Bolton est libéré sous une caution, mille dollars avancés par un prêteur sur gages et garantis par son oncle George. La famille, une fois de plus, a été un recours. Son procès est fixé au 3 mai, Dupree ne se présente pas au tribunal, et un mandat d'amener est finalement lancé contre lui. Le procès n'aura lieu qu'en janvier 1980. Il est condamné à trois ans de prison, et à un an supplémentaire pour s'être échappé alors qu'il était sous caution. Les archives du Département pénitentiaire de l'Oklahoma indiquent qu'il est sorti le 28 mai 1982 de leur aire de compétence, définitivement libéré de toute obligation carcérale. Il était sorti sans doute quelques mois auparavant en liberté surveillée du Centre correctionnel Joseph Harp de Lexington, à une centaine de kilomètres au sud d'Oklahoma City, la capitale de l'Etat. Dans les archives des prisons de l'Oklahoma, Dupree Bolton est aujourd'hui devenu Dipree Bolten, sans doute à la suite d'une erreur de transcription. Toujours pour la postérité cette image bougée, cette identité qui ne parvient jamais à se fixer tout à fait.

Richard Williams a retrouvé une cassette audio qui garde la dernière trace musicale de Dupree Bolton, membre de l'orchestre de prisonniers du centre Joseph Harp. Un musicien de l'Oklahoma l'avait envoyée à un historien du jazz de Nouvelle-Angleterre qui l'avait envoyée à un chercheur du pays de Galles, qui l'avait envoyée à Williams. Trois morceaux, chaque fois un solo du trompettiste. Son registre, sa sonorité, sa capacité de construire une mélodie, son intensité restent intacts. La même année, l'orchestre des prisonniers de Joseph Harp est invité à donner un concert à l'Université Centrale d'Oklahoma. Dans une cafétéria du campus, flanqués de gardiens de la prison. Dernier concert.

Il reste alors treize ans à vivre à Dupree Bolton. Ronald Reagan est à la Maison-Blanche, les Etats-Unis basculent dans des années où la compassion n'est plus de mise pour les clochards, les junkies, les vagabonds et les taulards. A 51 ans, Dupree Bolton est sorti du système pénitentiaire, de la prison, de la tutelle des agents de probation et de la surveillance administrative. Sans doute pas de la drogue. Il s'accroche à la musique, mais la musique l'a oublié. Sa trace se perd, la rumeur l'entoure. Il aurait joué en 1982 avec la formation de Dexter Gordon à Oklahoma City. Anecdote invérifiable.

Commencent bientôt les années où on le retrouve dans les rues de San Francisco, à jouer de la trompette, seul, dans les squares de la ville ou sur ses trottoirs, un vieux chapeau devant lui par terre pour y recueillir la monnaie. Le producteur David Axelrod, qui avait produit l'album où Dupree figurait aux côtés d'Harold Land, *The Fox*, le croise un jour sur le square Ghirardelli, à San Francisco. Bolton a des vêtements usés, un vieux manteau, un début de barbe. L'air d'un homme qui en a vu beaucoup dans la vie. Un son à nul autre pareil. Axelrod l'approche, lui demande s'il est bien Dupree Bolton. Le musicien confirme, et l'enlace, chaleureusement. Toute agressivité disparue. Les deux hommes parlent de l'album qu'ils avaient fait ensemble plus de vingt ans plus tôt. D'Harold, de Frank et d'Elmo. Et se quittent, sur le trottoir.

Vers la fin de l'année 1988, le saxophoniste Mark Lewis parle à l'historien du jazz Ted Gioia d'un vieux trompettiste jouant dans les rues de San Francisco, et qui l'avait impressionné. L'homme s'appellerait Bolden. Gioia et Lewis se mettent en quête du musicien. Ils retrouvent Dupree Bolton, qui donne à Gioia, pendant plusieurs jours, la première interview d'importance de sa carrière de musicien.

Ted Gioia dit qu'il n'a pas gardé les notes prises à l'occasion de cette interview, et il en conserve aujourd'hui un souvenir limité. Tout ce qu'il en cite dans son livre clé sur le jazz West Coast est cette appréciation de Dupree Bolton sur ses années de prison : « San Quentin, ça a été le pire ». Mais Gioia raconte aussi qu'à près de 60 ans, Dupree Bolton avait l'air « étonnamment en forme » malgré une légère claudication. Son visage n'aurait pas gardé trace de plusieurs décennies de drogue et de dérives. Il suit un traitement à la méthadone, destiné à réduire sa dépendance à l'héroïne. Il reçoit un petit chèque de l'administration américaine des retraites (*social security*) qui complète la monnaie amassée dans les rues.

Lui reste à vivre cinq ans au bord de la baie, à portée de vue du pénitencier de San Quentin où il a passé les seules années de sa vie qu'il ait pu consacrer pleinement à la musique. Il joue dans les rues. Pendant l'hiver de 1992, il est recueilli dans un foyer d'Oakland, de l'autre côté du Bay Bridge. Le 5 juin 1993, à une heure et demie du matin, il meurt d'une crise cardiaque dans un hôpital de la banlieue d'Alameda, pratiquement au bout des pistes de l'aéroport d'Oakland. Le certificat de décès d'un certain « Bolten » mentionne une histoire d'artériosclérose et de diabète. Lieu de naissance inconnu. Parents inconnus. Profession inconnue. Situation familiale inconnue. Personne ne réclamant le corps, il est incinéré le 1er juillet 1993, ses cendres déposées dans la fosse commune.

6
Visite

Pour arriver à San Quentin, la route 580 emprunte d'est en ouest les huit kilomètres pittoresques du pont Richmond-San Rafael, qui sépare la baie de San Pablo, au nord, de la baie de San Francisco, au sud. C'est le chemin direct pour celui qui vient du nord ou de l'est. Une autre approche, venant de San Francisco, à une trentaine de kilomètres au sud, passerait par le pont du Golden Gate et emprunterait ensuite la route 101 jusqu'au boulevard Sir Francis Drake, à prendre ensuite vers l'est sur deux kilomètres environ, jusqu'au portail de la prison. Mais c'est l'arrivée par le pont Richmond-San Rafael qui révèle le mieux l'architecture imposante du bâtiment un peu jaunâtre dont la masse posée au bord de l'eau ressemble de loin à une sorte de grand sanatorium, comme on pouvait en construire il y a un siècle. L'automobiliste ne se doute pas que la grande aile de la construction à deux étages aperçue à travers l'ouvrage d'art métallique est le côté est d'un demi-hexagone, le fameux « *east block* » de la prison qui abrite le quartier des condamnés à mort. Passé le pont, une rampe d'accès sur la droite débouche en direction du sud, après être repassée sous la route, sur un petit quartier résidentiel pavillonnaire, rangée de maisons coquettes séparées de la baie par la route, puis une petite plage à laquelle on accède par quelques marches. Une centaine de mètres plus loin, une grille de fer forgé à double battant d'environ un mètre cinquante de haut, qui pourrait marquer l'entrée du jardin de n'importe quelle propriété résidentielle, est flanquée d'une pancarte de bois peinte en blanc signalant assez clairement que la rigolade est finie. « California State Prison » en gros caractères, « San Quentin » en plus petit, et juste en dessous le nom du directeur de la prison – ou plutôt, à ce moment-là, de la directrice, Jill L. Brown, qui présidait aux destinées de l'institution depuis novembre 2004. Sous cet en-tête, la pancarte précise que l'introduction d'armes, d'alcool ou de drogues à l'intérieur de la prison serait un crime, et avertit le visiteur qu'il consent par avance à être le cas échéant fouillé, s'il franchit le petit portail.

C'est la vue qu'on connaît le mieux de l'édifice grâce pour l'essentiel à Hollywood, auquel San Quentin a souvent servi de prison idéale. C'est la prison symbole, la prison qui les résume et les incarne toutes. Le cinéma ne pouvait manquer de s'en emparer. Dès 1937 avec *San Quentin*, film où Humphrey Bogart joue le rôle d'un prisonnier que le système carcéral empêche de se racheter, malgré un directeur de prison humain et compréhensif qui est tombé amoureux de sa sœur. *Men of San Quentin* en 1942. *Duffy of San Quentin* en 1954 – tous deux vaguement inspirés de la vie du directeur légendaire de la prison Clinton Duffy. *Escape from San Quentin* en 1957. Et tous les films dont San Quentin fut un décor plus ou moins essentiel : de *Dark Passage* en 1947, qui s'ouvre sur l'évasion spectaculaire d'Humphrey Bogart caché dans un tonneau chargé sur un camion, quelques minutes avant qu'il ne rencontre Lauren Bacall – jusqu'aux films de ou avec Clint Eastwood comme *Dead Pool* (*La Dernière Cible*) en 1988 ou *True Crime* (*Jugé coupable*), en 1999.

De toutes les prisons de Californie, « Quentin » a la réputation la plus lugubre. Sinistre, violente, impitoyable, prison de la mort où l'Etat exécute ses condamnés. San Quentin est d'abord une peur. La justice a tranché, la condamnation est tombée, la peine est ferme, enserrée par le juge dans une fourchette qui peut être étroite ou large. De six mois à deux ans. Ou de deux ans à quinze. Ou de cinq ans à la perpétuité. Après quelques jours passés dans une cellule du shérif, le prisonnier est avisé de sa destination. Etre affecté à San Quentin est comme une deuxième sentence. Surpopulation, violence, vétusté d'un bâtiment plus que centenaire. Prison de la mort, bloc de béton barbare au bord de la baie de San Francisco.

La prison ressemble aujourd'hui à ce qu'elle était en 1962, quand nos jazzmen y étaient enfermés. Et sans doute à ce qu'elle était cinquante ans auparavant. C'est d'abord une impression d'oppressante exiguïté qui frappe le visiteur d'un jour. Des placards servent de cellules. L'espace entre les deux lits superposés et le mur ne s'accommode pas d'une largeur d'épaules. Il faut se mettre de biais, marcher en crabe rasant le mur, pour atteindre le fond du réduit. En largeur la taille d'un lit étroit à une place, plus une cinquantaine de centimètres. En longueur le même lit, avec à son pied un siège de toilettes en métal que jouxte un lavabo minuscule. Impossible de s'asseoir sur les toilettes sans toucher le lit du genou. Un seul robinet, d'eau froide. Deux hommes vivent ici en permanence, qui ne peuvent pourtant se tenir en même temps debout sans se gêner et se heurter constamment. Des étagères courent sur le mur, où traînent quelques livres. Du linge sèche aux barreaux des lits superposés. Le capharnaüm est oppressant. Le sergent Hal Williams, qui sert de guide au visiteur d'un jour, ne cherche à aucun moment à en vanter les charmes. Il insiste au contraire sur la misère des détenus : « Voyez les conditions dans lesquelles ils vivent... »

Les lectures, les témoignages, les habituels documentaires sur la vie carcérale ne parviennent pas à rendre compte de cette violence de l'espace confiné. On a des cellules d'une prison une vision parfois forgée par le cinéma ou la télévision. Mais la caméra donne de l'espace et de la perspective aux placards les plus exigus. Reconstitué en studio, même de la façon la plus réaliste, l'espace prend de l'ampleur. Dans la vraie cellule, pas de place pour la prise de vues. Pas d'oxygène pour la vie intime. Le détenu allongé sur la couchette du bas a vue directe sur son codétenu assis sur les toilettes. Et le nez sur ses fesses quand il est en train de pisser, résume Art Pepper dans ses Mémoires [1], parlant du début des années soixante. Les choses, depuis, auraient plutôt empiré.

La dimension réglementaire des cellules est de 3,20 mètres de long, 1,40 mètre de large et 2,30 mètres de hauteur. Il n'était pas prévu d'y installer deux hommes. Mais en Californie la machine à emprisonner est plus rapide que la machine budgétaire. La surpopulation carcérale est la règle depuis cinquante ans.

En 1962 déjà, l'administration pénitentiaire s'inquiète du problème. La prison compte alors près de 5 000 prisonniers, pour 3 000 places officiellement prévues. Le plus vieux, « Tony » Di Tardo, entame à 87 ans sa quarante-deuxième année à San Quentin. Le journal de la prison du mois de janvier raconte presque fièrement qu'il a assisté quelques jours auparavant à la messe de Noël, où il a été mené en chaise roulante depuis sa chambre de l'infirmerie. Jeune Italien venu chercher richesses et liberté en Amérique au début du siècle, Tony avait été condamné à la prison à perpétuité pour meurtre. Mais en 1962 il est devenu une sorte de prisonnier volontaire, après avoir refusé dix-huit propositions de libération conditionnelle et même

---

1. *Straight Life*, Art Pepper, Schirmer Books, 1979. Editions Parenthèses, 1982, pour la traduction française.

la liberté tout court, sans entraves, qu'on lui a un jour proposée. Tony a expliqué qu'il préférait rester à San Quentin, puisque personne ne l'attendait dehors pour s'occuper de lui. Autant rester avec les amis en prison – jusqu'à sa mort naturelle, en décembre 1963.

Alors que la surpopulation de San Quentin est déjà devenue le sujet de protestations scandalisées, l'Etat de Californie met à l'étude en 1962 la conversion d'une base aéronavale désaffectée du désert de Mojave en prison à sécurité minimale qui aurait pu héberger les détenus les moins dangereux. L'étude fait long feu. Quarante ans plus tard, San Quentin compte toujours plus de 5 000 détenus.

Le confort n'a jamais été inscrit au programme dans la première prison de l'histoire californienne. C'est en 1852 que le parlement de l'Etat décida de construire une prison pour enfermer les durs, les tueurs, les voleurs et les violeurs qui se multipliaient avec la ruée vers l'or déclenchée par la découverte de James Marshall, tombé sur quelques pépites en réparant un moulin à eau à Sutter's Mill. Un navire désarmé, le *Waban*, servit de première prison – il était de pratique courante d'entasser les prisonniers sur de vieilles barges. La Californie acheta en même temps vingt acres, soit huit hectares de terrain à Point Quentin, de l'autre côté de la baie de San Francisco. Le *Waban* alla y mouiller, avec sa première cargaison de cinquante prisonniers qui construisirent eux-mêmes leur prison en dur. En un an la population de détenus tripla, leurs conditions de vie à fond de cale du navire étant devenues à ce point insupportables que les gardiens, le matin, refusaient d'y descendre. A cause de l'odeur. Le premier bâtiment de la prison comptait quarante-huit cellules, de 3,20 mètres de long sur 1,8 mètre de large. Chacune était prévue pour loger deux personnes. Un an après la mise en service du bâtiment, en 1854, il fallait déjà que quatre prisonniers s'y entassent.

Aujourd'hui, un jour ordinaire de juin, les prisonniers déambulent, discutent, vaquent, à l'intérieur d'un des bâtiments qui enveloppent, telle une coquille extérieure, une construction de quatre étages où s'alignent les cellules que les hommes regagneront le soir venu. Ils sont vêtus de bleu, regardent le visiteur et le sergent d'un œil à peine curieux. L'un d'entre eux, coiffé du turban sikh, souriant, empressé, a visiblement envie de parler. Hal Williams lui ordonne de rester à l'extérieur de sa propre cellule, qu'il me fait visiter. L'homme m'explique dans un anglais à fort accent indien qu'il connaît la France, où il s'est rendu dans les années soixante-dix parce qu'il y avait une petite amie. Envie de lui demander pourquoi il a échoué à San Quentin. Impossibilité de formuler la question. Embarras vaguement honteux d'avoir gardé à la main carnet et stylo, instruments du voyeurisme. Comment prendre des notes en interrogeant un prisonnier ? Je suis vêtu, ce qui n'arrange rien, d'une salopette blanche aux manches nouées autour de la taille dont la couleur a pour but de bien établir mon statut de visiteur. Je vais bientôt repartir, reprendre ma voiture, sortir, longer la baie de San Francisco, profiter du soleil, prendre un café à une terrasse de Sausalito, cette petite ville bijou et bobo, à quelques kilomètres à peine, conscient de ma liberté ordinaire.

La salopette blanche est née d'un malentendu. La veille de cette visite, un message de dernière minute laissé sur un répondeur téléphonique m'avait prévenu de ne pas venir à San Quentin vêtu de jeans. Abandonné au hasard d'un emploi du temps heurté, le message avait été manqué. A mon arrivée à la prison, vers 11 heures du matin, le gardien de faction au portail extérieur de l'enceinte du pénitencier m'a donc donné une salopette de toile blanche à la propreté douteuse, à enfiler par-dessus mes vêtements, avant de prendre en dépôt téléphone portable et appareil photo numérique, objets interdits dans l'enceinte de la prison. Les prisonniers étant vêtus de bleu couleur jean délavé, aucun autre visiteur de la prison ne peut s'habiller de la même couleur, afin d'éviter les confusions. La règle est ancienne : en 1961, l'un des membres d'une équipe de lutte gréco-romaine de la région, venue à San Quentin pour y rencontrer une équipe de lutteurs détenus, se vit demander de laisser ses jeans à l'entrée, et dut se rendre en caleçon jusqu'au gymnase [1]. L'usage de la salopette blanche n'avait pas encore été inventé. Les lutteurs en visite infligèrent une correction à l'équipe des prisonniers par dix-sept victoires à deux. Commentaire ironique du *San Quentin News* : était-il bien utile d'énerver les invités quelques minutes avant le tournoi ?...

Hal Williams est gardien à San Quentin depuis vingt-deux ans mais il « fait le guide pour la première fois ». Nous marchons d'abord pendant environ deux cents mètres dans l'enceinte extérieure de la prison, où s'alignent des maisons à un ou deux étages. Quelques logements, le bâtiment administratif abritant les bureaux de la directrice et de ses adjoints, et le bureau de poste de la prison qui a été dotée d'un code postal spécial, le 94964.

Le soleil ce jour-là est éclatant, et de cette enceinte extérieure la vue sur la baie de San Francisco est éblouissante. La ville s'étire au loin dans une brume bleutée, les mouettes jouent et volettent. Nous sommes devant la porte de la prison, un grand porche. La grille est actionnée de l'intérieur par un gardien, et débouche sur un double sas. Pièce d'identité à présenter d'emblée, pour tout le monde. Même Hal Williams, même la directrice de la prison quand elle entre dans son domaine, même le gouverneur de Californie Arnold Schwarzenegger s'il lui prenait l'envie de visiter un jour une prison de son Etat. Tout le monde doit

---

1. *San Quentin News*, 17 août 1961.

produire ici son document d'identité. L'organigramme en photos des responsables de la prison occupe un panneau sur le mur de droite. L'état-major compte quatre femmes, dont deux sont les adjointes directes de la directrice.

Une fois passé le deuxième sas, on débouche sur une cour étrangement calme et vide, dont l'essentiel est occupé par une pelouse bien entretenue, bordée de petits massifs, et plantée de deux ou trois palmiers. C'est la *chapel yard* ou cour des chapelles et lieux de culte : le long d'un bâtiment sur la droite, les inscriptions sur plusieurs portes alignées signalent les chapelles catholique et protestante, une synagogue et une mosquée. Sur la gauche, plusieurs petites pierres tombales plantées à même le gazon entretiennent la mémoire de gardiens assassinés dans l'exercice de leurs fonctions – plusieurs d'entre eux tués en 1971 lors d'une tentative d'évasion du militant radical noir George Jackson. Hal Williams, trop jeune pour avoir vécu l'événement, transmet l'indignation de générations solidaires de gardiens de prison en m'affirmant que les coupables « ont été acquittés en appel, parce qu'on nous a accusés d'avoir laissé entrer l'arme », cachée selon lui sous la perruque d'un visiteur. L'histoire – en fait, la tentative d'évasion – est en réalité un peu plus compliquée. La perruque était celle que Jackson portait après son retour du parloir, dont la découverte par un gardien soupçonneux avait déclenché la tuerie. Stephen Bingham, l'avocat de Jackson, qui se rendit aux autorités en 1984 après treize ans de cavale au Canada, et que le procureur accusait d'avoir fourni une arme à son client lors de sa visite, fut finalement acquitté par un jury californien en 1986.

À côté du petit cimetière, sur la gauche, un bâtiment s'affiche comme l'*adjustment center* de la prison. Ceux qui viennent ici se faire « ajuster » sont les prisonniers les plus durs et les plus violents, isolés du reste de la population de San Quentin, punis de séjours à durée variable en ce lieu où les gardiens sont en permanence en tenue de combat, casqués, et munis de bombes à gaz lacrymogène. C'est le trou – la prison dans la prison. Derrière ce centre d'ajustement, un autre bâtiment à deux étages est percé de fenêtres alignées et grillagées. « Death row », indique Hal Williams. Le quartier des condamnés à mort. San Quentin est la prison où tous ceux qui ont été condamnés par la justice californienne à la peine capitale viennent passer de longues années, à attendre leur exécution ou le résultat de leurs pourvois en appel ou en cassation. « On en a plus de six cents en ce moment », me dit Hal Williams. Plus de six cents condamnés alors que depuis le début de la décennie, un ou deux sont exécutés tous les ans. Peu soucieux d'enjoliver la situation pénitentiaire, le sergent Williams ajoute alors : « Il y a plus de 6 000 prisonniers ici, alors que la prison est prévue pour 3 000. » Les chiffres plus minutieux publiés par l'administration pénitentiaire californienne [1], donnaient pour le mois de décembre 2007 une population carcérale de 5 292 détenus dans une prison prévue pour en abriter 3 108. La prison emploie 1 700 salariés, dont plus de mille gardiens. Petite ville de 7 000 habitants dont les habitants n'ont pas le droit d'aller vivre ailleurs. Etablissement qui essaie de maintenir sa réputation de prison dont on ne s'échappe pas.

Flashback vers cette année 1962 où ils furent pourtant nombreux à essayer de se faire la belle. Dans la nuit du 2 février de cette année-là, Diego Lozano, 29 ans, et Earl Shelley, 33 ans, deux revendeurs de stupéfiants que leur bonne conduite a fait affecter dans un des camps de travail extérieurs à la prison, font leur bagage et s'en vont tranquillement. A peu près au même moment, Jack Deline, cambrioleur, s'évade d'une ferme où il travaillait, au bas des murs de San

---

1. Department of Corrections.

Quentin. Il sera repris le lendemain dans les collines de San Rafael, chargé de deux valises emplies de nourriture et de vêtements, produits d'un cambriolage.

Deux mois plus tard, dans la nuit du 2 avril, un peu après minuit, Kenneth Adams, John Rucker, James Dubois, J.F. Spatola et G.C. Roark se regroupent près d'une tour de garde désertée, au lieu de rejoindre leur équipe affectée au travail de nuit à l'atelier textile de la prison. Ils se sont munis d'une échelle et d'une corde tressée dans du coton, matériau qu'ils ont pu se procurer facilement. Ils escaladent un mur de douze mètres, et se dispersent ensuite dans les collines environnantes. Une centaine de gardiens, policiers et motards se lancent à leur poursuite. C'est la première fois depuis dix-neuf ans que des prisonniers s'échappent de San Quentin de cette manière, la plus classique qui soit : l'escalade d'un mur.

Le 2 mai, Raymond Seagall et John O'Malley, deux prisonniers affectés à une carrière de pierre qui jouxte San Quentin, rangent leurs outils vers une heure de l'après-midi et s'en vont tranquillement. Fin août 1962, un rapport remis au gouverneur de Californie indique que sur les 134 prisonniers qui se sont échappés des prisons de l'Etat l'année précédente, 23 courent toujours. Le 25 octobre, William S. Morehouse, qui s'est enfui une semaine plus tôt de San Quentin alors qu'il travaillait à la réparation d'une route, est arrêté dans la banlieue de Washington, à l'autre bout du pays, au moment où il sort groggy de la carcasse d'une voiture après une longue course-poursuite avec la police. La voiture volée est celle d'un soldat des Marines qui a été retrouvé mort la veille, étranglé et ligoté.

La clandestinité où se retrouve le prisonnier en cavale crée sa propre pathologie. Merle Haggard raconte comment, au début des années soixante, il faillit participer à une belle qui tourna mal. Un de ses amis, un certain Jimmy Hendricks, qui travaillait comme lui à la menuiserie de San Quentin, réussit à s'échapper en se cachant dans un bureau destiné à un juge de San Francisco. Haggard aurait pu profiter du voyage, mais l'ami lui déconseilla de participer à une évasion qui, si elle tournait mal, risquait de compromettre sa libération prochaine. Hendricks s'évada. Traqué, cerné quelques jours plus tard dans un motel de la région, il tua un policier. Fut condamné à mort. Retourna à San Quentin, où il fut exécuté rapidement. Comme à chaque exécution, une petite fumée noire s'échappa de la cheminée pour signaler sa fin.

Hal Williams me fait suivre une allée rectiligne qui mène à un long bâtiment barrant l'horizon. La première des salles où nous entrons abrite la bibliothèque de la prison. Sept ou huit détenus, assis à des tables circulaires, sont en train de lire. Ils sont vêtus de bleu, blue-jeans pour le bas, chemise bleu ciel pour le haut. L'un d'eux feuillette une édition de *National Geographic*. Derrière une vitre, au fond de la pièce, officie une bibliothécaire à lunettes et cheveux gris.

En sortant de la bibliothèque, et alors que nous prenons à droite l'allée qui va nous mener dans la direction du quartier des condamnés à mort, Hal Williams me désigne plus loin un bâtiment de brique rouge, avec un petit escalier de quelques marches. « C'est la chambre des injections », dit-il. Les condamnés à mort y sont exécutés par piqûre intraveineuse depuis qu'en 1994 la Cour suprême de Californie a exigé qu'une procédure moins sévère soit prévue pour les condamnés.

Après avoir longé ces bâtiments, une petite ouverture sur la droite débouche sur un surplomb avec vue, en contrebas, sur un grand stade de plein air. La *lower yard*, cour inférieure, où des centaines de détenus vaquent, courent, jouent au basket, font des pompes, ou discutent par petits groupes. Tous en bleu. Certains se musclent les bras en levant de gros sacs de toile qui, de loin, semblent contenir des pierres. Les haltères ont été interdits par le parlement de Californie en 1998 après qu'un prisonnier eut un jour utilisé un de ces poids pour assommer un codétenu. Les gardiens se plaignaient aussi que les prisonniers soient autorisés à développer des musculatures qui pouvaient les rendre menaçants.

Restent les sports collectifs. Les équipes de détenus ont parfois l'occasion de jouer contre des visiteurs. Le base-ball est un sport de patience, où les parties peuvent durer des heures. Idéal en prison, où le temps ne compte plus. En 1962, les Pirates de San Quentin participent à un championnat local amateur avec des équipes de la région. Pour des raisons évidentes, l'équipe est la seule de sa ligue à toujours jouer à domicile. Sur le stade baptisé Coughlin Field, on joue le même jour le match aller et le match retour. Le 10 mars 1962, les Pirates entament leur saison par une double victoire sur les visiteurs, les Marin J.C. Tars, 9-0 lors du premier match, et 8-5 au second. La prison compte aussi une équipe de football – version européenne, à onze joueurs avec ballon rond – à la force de frappe appuyée par un contingent puisé parmi les nombreux détenus latinos. C'est sur ce grand espace que se tient en mai une compétition athlétique de trois jours, les « petites olympiades », qui prennent en 1962 le nom de « tournoi des champions ».

Derrière nous, un peu sur la droite, deux autobus des services du shérif sont garés derrière une barrière grillagée qui entoure un autre bâtiment. Un à un, des prisonniers vêtus de combinaisons orange en descendent, marchent à pas vifs sur une vingtaine de mètres vers le bâtiment, et montent les cinq ou six marches de l'entrée en haut desquelles les attend un gardien avec un bloc-notes. Hal Williams explique que ce sont les nouveaux arrivants à la prison. Ils viennent d'y être amenés par l'autobus que les prisonniers ont longtemps appelé le « Grey Goose » − l'oie grise, en référence à la célèbre compagnie de transports par bus Greyhound [1].

En haut des marches, les prisonniers s'entretiennent pendant quelques secondes avec le gardien qui note ou coche quelque chose sur son bloc-notes. « Il leur demande s'ils ont un problème particulier avec un autre détenu qui serait déjà ici dans la prison », explique Hal Williams. « On veut savoir s'il faut les isoler, ou les séparer d'un autre individu. » Un petit homme frêle à lunettes à la tête rasée, l'air d'un adolescent prolongé, descend à son tour du bus. Il est habillé de rouge, tache écarlate dans ce défilé orange. « Rouge, ça veut dire qu'il a commis un crime particulièrement horrible, comme un meurtre ou un viol d'enfant par exemple », explique Hal. Signalétique destinée aux gardiens qui reçoivent et trient les nouveaux arrivants. Le petit homme en rouge risquerait de sérieux ennuis s'il était mêlé aux autres prisonniers. Il faut l'isoler d'emblée. La combinaison manque de discrétion, mais il en changera quand les gardiens l'auront bien enregistré dans la catégorie des détenus à problèmes.

Hal Williams explique la différence entre l'orange et le bleu, ces deux couleurs omniprésentes dans la cour et les couloirs de San Quentin. Les bleus sont les résidents à long terme et permanents, des détenus qui finiront leur peine ici, jusqu'à leur libération totale ou conditionnelle. Les orange sont les prisonniers en transit. San Quentin sert de gare de triage pour les détenus de Californie. Une fois leur peine fixée par les tribunaux de l'Etat, ils passent quelques mois ici avant d'être envoyés dans une autre prison, selon la

---

1. Bien avant que Grey Goose devienne, dans les années quatre-vingt-dix, la marque d'une vodka de luxe fabriquée en France et prisée dans les lieux les plus branchés de Manhattan.

manière dont on aura évalué leur comportement social et leur dangerosité éventuelle. L'orange est également la couleur des débutants dans le système carcéral, la couleur des « poissons » – *fish* – le surnom universel des nouveaux arrivants à la prison.

Les tenues orange sont plus sévèrement traitées par le système, et surveillés de près. « C'est parce qu'on ne les connaît pas bien, on ne veut pas prendre de risques », explique le sergent Williams. « Les bleus, au moins, on les connaît. » Que les bleus soient violents ou pas, ils sont répertoriés. Assassins ou violeurs, dealers ou escrocs, cambrioleurs ou maquereaux, la prison pense en avoir pris la mesure. Les bleus – quand ils ne sont pas punis – ont le droit d'être dehors toute la journée, ne regagnent leur cellule que le soir après le dîner. Les orange n'ont le droit de sortir que deux heures par jour.

Toujours depuis le surplomb qui domine la cour inférieure, Hal Williams me montre en contrebas sur la gauche le gymnase de la prison. « Mais ce n'est plus un gymnase, on a dû y mettre des prisonniers faute de place, venez voir », dit-il.

Hal Williams a raison, ce n'est plus un gymnase, plutôt un hall de gare une nuit de grande catastrophe. Le tableau pourrait être tiré d'un reportage télévisé sur les réfugiés d'un ouragan, ou les rescapés d'une inondation majeure, quand des familles entières sans logis doivent s'entasser plusieurs jours durant dans un palais des congrès, un hall d'aéroport ou un gymnase. A cela près que toutes les victimes de l'ouragan seraient habillées d'orange. Ils sont plus de quatre cents, qui passent ici leurs quelques semaines ou quelques mois d'évaluation à San Quentin. Une série de lits superposés alignés les uns contre les autres. Du linge qui sèche aux montants. Des prisonniers allongés sur leur couchette, certains qui lisent, d'autres simplement assis, vaquant dans le désœuvrement à des occupations domestiques. De petits groupes, tout autour de la salle, qui discutent. Certains saluent Williams au passage : « *hi, sergeant* »...

Depuis une petite estrade à un bout de ce hall de gare, près de la porte du gymnase, deux ou trois gardes surveillent la foule. Une salle surélevée, poste d'observation auquel on accède par un escalier de métal, permet aussi la surveillance. Williams m'y mène, et me confie « quelques minutes », dit-il, à un grand gardien noir souriant et musclé qui m'interroge sur Paris, la France, le journalisme, et comment on fait pour écrire un article... Mon guide revient au bout d'un moment, et se fait harponner, quand nous nous dirigeons vers la sortie, par un prisonnier qui doit avoir à peine 20 ans, qu'il semble écouter avec patience et à qui il finit par dire quelques mots. J'entends la dernière phrase : « tu restes dedans, ça n'a rien à voir avec toi, c'est juste la couleur de ta peau... »

Hal Williams m'explique ensuite que tous les prisonniers blancs ont été consignés dans le gymnase. Seuls les Noirs et les « Hispaniques » ont été autorisés à sortir ce matin-là. Le jeune homme qui vient de l'alpaguer a essayé de lui expliquer qu'en fait il se sent noir. Il a été élevé toute sa vie avec des Noirs, et il veut être autorisé à sortir dehors avec ses copains.

Il y a eu dans le gymnase, le soir précédent, un sérieux tabassage. Un prisonnier – blanc, selon la classification de la prison – a dû être envoyé à l'hôpital après une correction sévère. Les gardes ont décidé de séparer les « communautés » – Noirs, Blancs et Latinos – pour mieux faire leur enquête. Quand il m'a laissé tout à l'heure quelques minutes, Hal Williams, qui supervise en temps ordinaire la troupe des gardiens de ce gymnase, est parti faire son enquête parmi ses « informateurs » prisonniers. Il sait maintenant ce qui s'est passé : la victime aurait « manqué de respect » à l'un des leaders noirs du gymnase. « Les chefs de la communauté black ont laissé le choix aux leaders blancs : mettez de l'ordre vous-mêmes, ou ce sera l'affrontement général », explique-t-il. C'est donc un peu dans l'intérêt même de l'ordre public que les leaders blancs auraient ordonné eux-mêmes le tabassage punitif de l'imprudent. Le système carcéral sécrète son propre besoin d'ordre, son système répressif et policier interne. Hal Williams n'a pas fait part des résultats de son enquête express à ses collègues. « Si je leur raconte ça maintenant, ils comprendront qui sont mes informateurs et ça risquerait de se savoir parmi les prisonniers. Je vais les laisser fouiller encore un peu », dit-il.

Sortant du gymnase, nous remontons et arrivons dans une cour divisée en son centre par une sorte de grande halle couverte, parallèle à un bâtiment qui abrite le réfectoire de la prison. Un gardien moustachu et massif aux bras entièrement recouverts de tatouages nous fait visiter avec fierté les salles à manger, en insistant sur les fresques murales qui décorent les murs. Immenses tableaux de couleur sépia, dont j'apprendrai plus tard qu'ils ont été peints il y a cinquante ans par un prisonnier latino, Alfredo Santos, emprisonné en 1951 pour possession d'héroïne. Scènes de l'histoire californienne, villages indiens et missions mexicaines, sorte de montage d'images puisées dans toutes les imaginations, Groucho Marx et puits de pétrole, avions de guerre et tramway de San Francisco, match de football américain et danseurs en transe. Six fresques en tout, d'une trentaine de mètres de long sur quatre de hauteur. Les petites tables de quatre places sont fixées au sol avec quatre sièges rivetés solidaires, afin qu'ils ne puissent pas servir de projectiles.

Dehors, au bout de la halle couverte, le stand de la petite boutique où les prisonniers peuvent acheter, avec leur propre argent, cigarettes et chocolat, boissons (non alcoolisées) et tout ce qui peut améliorer l'ordinaire. « C'est incroyable l'argent que leurs familles leur envoient », dit Hall Williams en secouant la tête.

En janvier 1962 ici les prisonniers pouvaient se procurer les articles de consommation courante dont les prix venaient d'être révisés à la hausse, comme chaque année, pour tenir compte de l'inflation. Le tube de Pepsodent passait ainsi à 30 *cents*, celui de Colgate à 60 *cents*, la barre de chocolat au lait à 40 *cents*. Il fallait compter 1,40 dollar pour une livre de tabac de marque Prince Albert, et 45 *cents* pour un tube de gomina parfumé à la rose – 30 *cents* seulement pour la pommade ordinaire. Les prisonniers soucieux de garder une idée de la mesure du temps pouvaient aussi acheter une montre de poche pour 4 dollars et cinquante *cents*, avec un bracelet de rechange en nylon pour 50 *cents*. Cigarettes de marque Dutchmaster ou York (de taille « impériale » ou « royale »), papier à cigarettes, tabac et machines à rouler de marque Bugler devaient suffire au bonheur des fumeurs et des autres, la cartouche de cigarettes étant la seule vraie monnaie utilisée entre eux par les détenus. La tabagie est d'ailleurs encouragée et sponsorisée. En mai 1962, Clyde Conner, joueur star des 49ers, prestigieuse équipe professionnelle de football américain de San Francisco, rend par exemple visite aux pensionnaires de San Quentin dans le cadre d'une tournée de promotion pour les cigarettes Marlboro. Chaque année, le groupe Philip Morris organise dans tous le pays une tournée de sportifs chargés d'aller porter la bonne parole tabagique. Conner et quelques-uns de ses camarades sont chargés cette année-là des onze Etats de l'Ouest américain. Ils projettent à différents auditoires un film d'une demi-heure sur les meilleurs moments du championnat qui vient de se terminer, et répondent aux questions sur leur métier, leur équipe, leurs grands matchs. C'est la troisième année que la tournée Marlboro fait halte à San Quentin.

Quarante ans plus tard, ils sont une dizaine à faire la queue devant le magasin de la prison. Le sergent Williams est toujours à mes côtés. Une sirène beuglante retentit soudain. Tout le monde s'accroupit. Les gardes crient, rappellent à l'ordre un prisonnier dont la position au sol n'est pas assez basse. « C'est la sirène du bloc sud, on ne sait pas ce qui s'est passé là-bas, peut-être une fausse alerte, mais la règle est que tous les prisonniers s'accroupissent immédiatement », explique mon guide. Quelques minutes plus tard, une autre sirène confirmera que l'alerte était fausse. Les prisonniers se relèvent, la vie reprend son cours.

« *Escort!* » : l'avertissement est crié, fort, par un garde qui sort du bloc des condamnés à mort, accompagnant un prisonnier qui s'apprête à traverser la cour en direction de l'infirmerie. Blanc, cheveux gris, barbiche, lunettes, pieds et mains enchaînés et attachés à la ceinture. Au même moment, un autre garde traverse la cour en sens inverse, escortant son propre condamné à mort. Celui-ci est noir, corpulent. Les deux hommes ont les yeux baissés, ils se croisent sans un regard.

Passage ensuite par l'infirmerie, ou plutôt le petit hôpital. Construction hors d'âge aux murs lépreux, fatigués. Ici les chambres sont aussi des cellules. Un étage entier, dit Williams, est occupé par les détenus atteints du sida, qui l'ont parfois contracté en prison.

Nous nous dirigeons vers la cour du bloc ouest, où une foule orange est en train de profiter de ses deux heures quotidiennes de sortie. Peu de gardiens dans la cour – quatre ou cinq peut-être. Aucun n'est armé, pour éviter que les armes ne soient confisquées lors d'une prise d'otage. Ceux qui surveillent la prison du haut des tours miradors portent en revanche fusil à l'épaule. Nous passons devant quatre jeunes prisonniers immobiles disposés en une formation qui dessine un carré d'environ deux mètres de côté. Ils sont impassibles, les mains croisées devant eux, les yeux fixés sur un horizon imaginaire. « Ils montent la garde pour leur leader », m'explique Hal Williams. Les quatre sont membres d'un « gang hispanique », poursuit-il, dont le leader aurait ordonné cette faction surréelle. Personne ne sait qui est le leader en question. Il peut être l'un de ceux qui sont là, accroupis par terre, ou qui déambulent à proximité des quatre gamins, ou encore un membre de ce petit groupe qui discute contre le mur, à deux mètres de là. « Mais le leader leur a ordonné de faire ça, ils ont intérêt à le faire sinon ils se feraient massacrer », explique Hal Williams posément, sur le ton d'évidence dont il usait quelques minutes plus tôt pour me donner les heures des repas. Les autorités de la prison sont impuissantes à empêcher le règne des gangs. Pendant que nous parlons, l'un des quatre « gardes » écarte un imprudent qui menaçait de mettre un pied à l'intérieur du carré de protection.

J'ai envie de voir la *band room*, la salle de musique où répétaient en 1962 les jazzmen dont j'essaie de retrouver la trace, où ils entreposaient leurs instruments à la fin des concerts. Mais elle n'existe plus. C'était l'ancienne salle de la potence, détruite depuis à l'occasion de travaux dans la prison. Les prisonniers musiciens répètent aujourd'hui dans un petit local qui sert aussi de salle de dessin et de peinture. D'après le règlement des prisons de Californie, seuls les détenus appartenant aux « groupes de privilège » A et B – les plus souples – ont le droit de garder un instrument de musique dans leur cellule, à condition que son étui ne dépasse pas les dimensions strictement établies à 1,15 m × 0,60 m × 0,36 m.

C'est jour de peinture. Trois ou quatre prisonniers sont à l'œuvre sur leurs chevalets. Quelques toiles aux murs. Dans un recoin, les photos des quelques orchestres de la prison. Une formation de rhythm'n'blues, un orchestre de heavy metal, un groupe de rock apparemment plus « *oldie* », un groupe de musique country. Apparemment pas de formation de jazz. Le temps est passé par là. La mode, aussi. Et deux générations entières.

Pendant qu'il me raccompagne, je demande à Hal Williams, comme une formule de politesse, s'il aime travailler à San Quentin. Question idiote, sans doute. « *Oh no, I hate it* », répond-il. Son boulot a fini par lui inspirer de la haine. Il ajoute : « J'ai vraiment hâte de partir à la retraite, j'en ai vraiment assez. » A San Quentin, même les gardiens ont envie de s'évader.

7
Frank W.

Frank Washington n'est ni musicien, ni drogué quand il entre à San Quentin en novembre 1947. C'est un gamin de 18 ans sans métier et sans compétences. Un délinquant à la petite semaine comme l'après-guerre en sécrète par dizaines, un habitué de la justice californienne pour mineurs. Petites combines, vols, effractions. Un soir il a agressé une femme, couteau à la main, dans l'un de ces cinémas de Los Angeles qui restent ouverts toute la nuit. Il lui a volé un peu d'argent, et il a tenté de la violer. Il est en prison pour une peine qui ira « de zéro à vingt-cinq ans », selon son comportement, ses remords éventuels, les humeurs de l'administration pénitentiaire, ou les à-coups de la politique pénale de l'Etat de Californie.

Frank Andrew Washington va rester dans les prisons californiennes, matricule A-7517, jusqu'à l'âge de 40 ans. A l'exception de douze petits jours de liberté aux alentours du nouvel an 1954, auxquels il mettra fin lui-même en volant une bague, revolver au poing, à une femme à peine plus jeune que lui. Pendant ces longues années d'enfermement, Washington devient le contrebassiste régulier, presque incontournable, de la plupart des jazz bands à composition changeante et effectifs élastiques qui se font et se défont à l'ombre des murs de

San Quentin. Il apprend en prison à jouer et à composer. Il joue avec les plus grands, dans l'anonymat garanti par une carrière strictement carcérale. Personne ne le connut à l'extérieur, personne ne se souvint de lui par la suite. Il ne s'est jamais produit dans un autre orchestre qu'un orchestre de prisonniers. N'a enregistré et n'enregistrera aucun disque. Mais il gagne à plusieurs reprises le concours de composition musicale organisé chaque année parmi les détenus. Sa trace se perd, ou peu s'en faut, à sa sortie de prison. La prison a révélé le musicien et englouti sa musique. Frank Washington, ou l'histoire d'un contrebassiste autodidacte et anonyme, le seul membre de notre jazz band à n'avoir pas touché à l'héroïne, dont on ne trouve aucune trace dans ses dossiers administratifs.

On peut imaginer une vie fictive qu'on repeindrait aux couleurs de la liberté, la vie qu'il aurait menée s'il était resté dans le droit chemin des hommes respectables. Frank Washington serait alors devenu musicien, habitué de sessions où son nom aurait régulièrement figuré dans les discographies, avec des notes de pochettes soulignant la solidité de sa pompe à rythme. Mais de manière tout aussi plausible, il aurait pu aussi faire autre chose, être quelqu'un d'autre. Après tout, sans la prison, il n'aurait peut-être jamais touché de contrebasse, ou de guitare, ou de flûte, tous ces instruments dont il jouera à divers moments de son séjour à San Quentin. Aucun témoignage n'existe sur ses capacités musicales réelles. Ou alors par défaut : après tout, des musiciens professionnels, et pas des moindres, l'ont bien un jour jugé digne de les accompagner.

De tous nos musiciens, c'est donc le seul à ne pas être en prison pour usage ou trafic d'héroïne, ou à cause d'un vol destiné à s'en procurer. C'est justement parce qu'il n'est pas musicien, et qu'il n'a pas été soumis aux fréquentations ou tentations habituelles, à l'épidémie des *hipsters* cherchant à admirer Charlie Parker. Sait-il même, d'ailleurs, qui est Charlie Parker ? Quand il entre en prison, bien avant les autres membres de nos jazz bands, le bop vient à peine de débarquer sur les côtes californiennes.

La fiche biographique de Frank Andrew Washington indique qu'il est né le 10 août 1929 au Texas. Son père aurait été pasteur, et l'aurait éduqué d'une manière plutôt stricte. C'est en tout cas ce que Frank racontera plus tard à certains des travailleurs sociaux qui suivent son cas. On ne sait pas quand, ni pourquoi, sa famille déménage ensuite pour la Californie. Mais on sait que la même grande migration vers l'ouest pousse des familles entières en quête de travail. Les parents de Frank semblent s'être séparés assez vite. Après plusieurs ennuis avec la justice pour mineurs, au moment où Frank entre à San Quentin, sa mère, Lucille, est citée comme seule parente du détenu.

Le 22 octobre 1947, il est jugé coupable des trois chefs de tentative de viol, vol, et agression à main armée. Le juge Ranse Sischo, de la cour supérieure du comté de Los Angeles, le condamne à trois peines différentes qui, en vertu de la loi américaine, se confondent partiellement. De zéro à vingt-cinq ans de prison, de cinq ans à perpétuité, et de zéro à dix ans. Washington s'est mis en embuscade près des toilettes d'un cinéma permanent de Los Angeles. Il a suivi sa première victime, « fermé la porte, exigé de l'argent et la bague en diamants de la victime, puis utilisé son couteau pour entailler ses vêtements, l'obliger à s'allonger, et tenté un acte de relation sexuelle », note un rapport rappelant les faits sept ans plus tard. Washington récidive dans un autre cinéma, sur une autre femme, qui lui résiste – la tentative de viol dans ce cas ne sera pas retenue par le tribunal. « Les victimes, dans les deux cas, étaient des femmes blanches mariées », note le même rapport. Dans l'Amérique de 1947, les qualités « blanche » et « mariée » des victimes ne sont pas des circonstances atténuantes. Le 1er novembre 1947, Frank Washington arrive à San Quentin.

Celui qui franchit ce jour-là les portes de la prison est un adolescent inculte et qui ne sait rien faire. Il a quitté l'école très tôt, et n'a jamais exercé aucun métier. Washington est d'abord affecté à l'atelier textile, où il coud des empiècements aux cols des chemises. Puis à la carrière, où il casse des rochers à la pioche, à longueur de journée, apparemment sans enthousiasme : « cet homme est purement et simplement paresseux », note un rapport. Washington passe ensuite dans une équipe de chantiers, où il manie le marteau, la pelle et la pioche et devient – toujours selon les rapports des autorités – « un bon ouvrier ». Il est ensuite employé d'étage à l'infirmerie de la prison.

Rien n'indique que l'adolescent qui entre à San Quentin en 1947 manifeste un quelconque intérêt pour la musique. Il passe deux heures par jour dans la salle de boxe. S'inscrit à des cours par correspondance. Est puni de temps en temps pour des manquements mineurs aux règles de la prison. Il passe devant ses camarades dans la file d'attente à la cantine ? Trente jours de consigne dans sa cellule. Il dérobe quelques objets à un autre détenu ? Soixante jours. Se livre à de menus trafics d'objets volés dans la prison ? Soixante jours. Agresse un autre prisonnier ? Quinze jours au trou.

En 1949, à 20 ans, il réussit l'examen qui lui donne l'équivalent d'une classe de quatrième. Tout au plus un « incident » est-il noté, quand une machine à écrire « non enregistrée » est découverte dans sa cellule. Pas d'autre indication disponible sur la machine. Ni sur sa provenance – vol ou pas ? –, ni sur la raison pour laquelle Frank Washington en aurait eu besoin – écrire, mais quoi, et à qui ? Le plus bizarre de l'incident est dans la remarque suivante : « a donné un faux nom et un faux numéro de matricule » quand la machine a été découverte. Enfermé à San Quentin, comment un détenu peut-il espérer échapper à la vigilance en donnant un faux nom, ce truc de gamin ? La punition pour la machine à écrire « non enregistrée » : soixante jours de consigne dans sa cellule.

Les douze jours de liberté adulte de Frank Andrew Washington commencent le matin du 28 décembre 1953 à sa sortie de San Quentin et s'achèvent le 8 janvier 1954 dans les rues d'un quartier de Los Angeles. Il a bénéficié d'une libération conditionnelle qui lui impose d'aller vivre dans la maison que sa mère Lucille occupe avec ses deux filles. Il quitte San Quentin le 28 décembre et met deux jours pour traverser la Californie, élément noté dans le premier rapport de son agent de probation, C.E. Buck. Washington explique qu'il était malade, et qu'il a passé une nuit chez des amis dans la région de San Francisco avant de prendre le bus pour le sud de l'Etat.

Frank Washington n'a toujours pas de métier. Mais on ne peut pas dire que les autorités pénitentiaires n'aient pas été averties. Elles ont contacté, comme de coutume, le syndicat des « manœuvres et des porteurs de briques » qui regroupe tous les métiers de ceux qui n'ont que leurs bras à louer. Mais Ray Waters, l'un des secrétaires du local 300 du syndicat, a prévenu qu'il « ne serait pas en mesure d'aider » Frank Washington à sa sortie de prison, compte tenu de la surabondance de main-d'œuvre et de la situation du marché du travail, « la pire depuis 1941 ». « Aucune amélioration » n'est prévue avant le printemps 1954, a même averti Waters. L'économie américaine est au milieu de l'une de ses récessions les plus brutales de l'après-guerre, consécutive à la fin de la guerre de Corée, en juin 1953 : la baisse soudaine des dépenses militaires a sévèrement affecté l'industrie californienne, ses usines d'armements et ses bases militaires. L'économie de l'Etat est sinistrée.

Le 8 janvier 1954, Frank Washington sonne à la porte d'une maison de Miramonte Boulevard, dans le quartier noir de South Central à Los Angeles. Une jeune fille de 18 ans lui répond. Après avoir demandé si « Bob Bell » est là, Frank entre de force, ordonne à sa victime qui commence à crier de « rester tranquille », sort un revolver et exige de l'argent. La jeune fille lui propose des bijoux, qu'il refuse en disant qu'ils sont sans valeur. Elle lui propose sa bague (dont elle estime la valeur à 50 dollars, noteront les agents du shérif). Washington accepte. Elle réussit ensuite à s'échapper par la porte de derrière et à se réfugier chez un voisin d'où elle appelle la police. Frank Washington est arrêté six pâtés de maisons plus loin. Reconnu par la victime, et par un voisin, il clame son innocence, d'abord devant la police, ensuite devant le tribunal du comté. Il affirme qu'il se promenait tranquillement dans la rue quand la police l'a arrêté. Entre-temps, un enfant trouve un revolver, un calibre 6,35 de marque italienne Bernedelli, abandonné dans un jardin du voisinage ; l'enfant joue avec l'arme, le coup part et traverse une maison de part en part.

Frank Washington, malgré ses dénégations, est reconnu coupable le 18 juin. Sa liberté conditionnelle est révoquée et le 2 juillet, après six mois de détention préventive dans la prison du comté, il retrouve son matricule, A-7517, à San Quentin.

La première indication qu'il s'intéresse à la musique date de mars 1958, dans un « rapport spécial » visant à évaluer les « progrès » du condamné. Frank a été puni de trente jours d'isolement dans sa cellule pour avoir été surpris, en novembre 1957, dans la salle de répétition de l'orchestre de la prison « sans autorisation ». Le sujet « affirme qu'il est membre de l'orchestre depuis deux ans – il joue de la guitare ». L'auteur du rapport, un peu plus loin, indique en parlant de Washington : « la musique sert de soupape aux tensions engendrées par son incarcération, tensions qui peuvent le rendre à l'occasion irritable ». A lire le rapport, la musiquesoupape a l'air efficace. « Il est remarquable qu'en dépit de la violence de ses crimes, il n'ait jamais été puni pour comportement violent en prison », écrit l'auteur qui souligne l'honnêteté de son « sujet » par une anecdote : « le 9 avril 1957 », Frank a remis aux autorités un billet de 10 dollars trouvé par terre « devant le snack-bar » de la prison.

Peut-être Washington avait-il vaguement tâté de la guitare avant d'entrer en prison. Ou peut-être s'est-il pris d'intérêt pour la musique après avoir été désigné homme de ménage de la salle de répétition de l'orchestre, un de ces petits boulots auxquels il a été affecté depuis son retour à San Quentin, de ceux qu'on réserve aux détenus sans compétences particulières. Depuis 1954, il a été tour à tour aide-coiffeur ; cireur de chaussures ; manutentionnaire ; homme de ménage du dentiste ; serveur à la cantine, avant de se retrouver dans la salle de l'orchestre – celle où sont entreposés les instruments de musique.

On se prend alors à imaginer l'ébauche d'un film hollywoodien édifiant. Plutôt en noir et blanc, disons des années quarante. Un jour en maniant la serpillière, le jeune homme noir fourvoyé prend une guitare un peu par hasard, en pince une corde. Il découvre les notes, ses doigts parcourent le manche, hésitants. Il revient tous les jours, sous tous les prétextes, apprend vite et joue de mieux en mieux. Jusqu'au soir où il est surpris à jouer de la guitare « sans autorisation » dans la salle de musique par un gardien revêche qui le sanctionne. Le sol n'est pas lavé, et l'homme de ménage fait de la musique... Frank est puni, mais un directeur de prison humain et progressiste qui a eu vent de l'affaire le met en contact avec d'autres musiciens, qui parachèvent sa formation musicale encore embryonnaire.

Dans ce film inventé, Frank Washington sort bientôt de prison grâce à la compréhension d'autorités pénitentiaires aux vues larges – le directeur de prison bon

Samaritain, ou un gouverneur de Californie amateur de jazz. Il rejoint un grand orchestre swing dont il devient le soliste star, se marie à la chanteuse vedette, et finit même par diriger son propre orchestre qu'il emmène en tournée dans le monde entier.

Voilà pour le film, qui ne fut jamais écrit. Dans la réalité, Frank Washington se voit refuser, en mai 1959, sa libération conditionnelle. Sa mère Lucille lui écrit rarement, il est sans ressources, et toujours sans formation. A San Quentin il continue de passer d'un petit boulot à l'autre. Employé chargé des vêtements des prisonniers. Homme à tout faire du bloc ouest. A l'occasion de ses entretiens annuels avec les autorités pénitentiaires, il nie, d'une manière qui va devenir systématique, la dimension sexuelle des actes qui lui ont valu son premier séjour en prison, douze ans auparavant. Le rapport fait état d'une « certaine rigidité » chez le détenu. En décembre de la même année, un incident est noté sans autre précision dans son dossier : il est puni de quinze jours d'isolement pour avoir « attaqué un autre détenu ».

La première mention de sa participation à un orchestre de prisonniers date de février 1956. Le *San Quentin News*, dans un article sur les activités musicales au sein de la prison, parle d'un Frank Washington qui fait partie de l'orchestre dixieland du *warden's show*, le spectacle organisé par le directeur de la prison tous les samedis soir pour ses invités.

C'est la période où il devient le contrebassiste attitré des orchestres de San Quentin, big bands ou petites formations. Mais il se lance aussi dans la composition musicale. *The wine is bitter tonight* : c'est le titre du morceau original qui emporte en juin 1959 le premier prix du festival de musique dans la catégorie chansons. L'auteur de ce « vin amer » : un certain « Washington », sans mention de prénom, indique le *San Quentin News* qui parle du « rythme entraînant » du morceau.

Le même Washington remporte aussi le troisième prix de la même catégorie avec une composition coécrite avec un certain Keiki, *Where is the one for me* ?

En novembre 1959, c'est comme contrebassiste que Frank Washington est annoncé pour un concert − le dernier de la saison à avoir lieu en plein air, sur le terrain de sports. L'horaire, comme souvent pour les détenus, est spartiate ; en tout cas pour un concert de jazz : 9 h 10 du matin.

Quelques mois plus tard, dans son édition du 18 février 1960, le *San Quentin News* rend compte d'un grand spectacle organisé pour les détenus, autorisés pour la première fois à assister à une représentation du spectacle du directeur. Frank Washington est mentionné dans la liste des membres de l'orchestre mené par Charlie Caudle, compositeur et ancien trompettiste des orchestres de Woody Herman et Maynard Ferguson, dont la carrière semble avoir eu plus de lustre à l'intérieur de la prison qu'à l'extérieur. Le *San Quentin News* n'indique pas de quel instrument joue Frank Washington. De la guitare dont il a appris à jouer ? Ou déjà de la contrebasse, qui va devenir son instrument pendant les années suivantes ? Earl Anderza tient dans l'équipe le saxophone alto. Charlie Caudle a composé ou écrit les arrangements de la plupart des morceaux joués ce week-end-là. Le spectacle, auquel assistent 3 500 détenus, comporte d'autres numéros − quartet vocal, danseur de claquettes, gymnastes et musique country. Un certain Merle Haggard, qui est encore à San Quentin pour quelques mois, joue de la guitare avec un quartet surnommé les « Country Cousins ».

Descendu de la scène, Frank Washington retrouve la blanchisserie de la prison, où il a été récemment affecté. Un rapport d'avril 1960, préalable à son audition annuelle devant le comité de libération conditionnelle, dresse la liste de ses loisirs : « échecs, musique, spectacles, radio, gymnastique ». S'y ajoute le sport en général, mais « en spectateur ». Le sujet « lit très peu en dehors de son étude de la musique ». Il a « des contacts limités et très peu d'intérêt pour sa famille », il ne bénéficie d'« aucune offre d'emploi et d'aucune perspective d'aide extérieure et il n'a aucune compétence », « pas d'argent », et il « semble rigide et inchangé » même s'il « pense s'améliorer, ce qui semble vrai », note l'auteur du rapport. Le 12 juin, Washington participe au sein du big band – mais cette fois comme chanteur – au concert donné à l'occasion du sixième festival de musique créative organisé à San Quentin. Le 14, il se voit à nouveau refuser sa libération conditionnelle, comme un an auparavant.

Le début de l'année 1961 le voit à nouveau à la contrebasse, dans une formation de neuf musiciens une fois encore menée par Charlie Caudle à laquelle participe aussi Earl Anderza. Pour le concert de nouvel an, le « *show of stars* », dans la salle à manger nord de la prison « les garçons ont swingué jusqu'à la fin et secoué la vieille salle avec le jazz sortant de leurs instruments », écrit le *San Quentin News*.

Frank a été affecté à plein temps à la *band room*, la salle d'instruments et de répétition de l'orchestre. En avril, dans le nouveau rapport destiné à préparer son audition annuelle devant le comité des libérations conditionnelles, l'employé qui s'est entretenu avec lui écrit que « le sujet est plus socialisé qu'auparavant. Il s'est adouci considérablement, calmé. Il dit " j'ai vécu avec ça pendant treize ans ". Ce qui est une allusion à son incarcération ». Les relations familiales se sont apparemment améliorées. Sa mère lui écrit plus souvent, deux fois par semaine. Ainsi qu'une nouvelle petite amie, Nasha Baldwin, de Riverside, une banlieue est de Los Angeles, qui lui envoie « douze lettres par mois ». L'auteur note à nouveau que Frank n'a pas de compétences, pas de ressources, et pas d'argent.

En juin, Frank Washington remporte le premier prix du festival annuel de musique créative de San Quentin, dans la catégorie musique religieuse. Il y fait même un triomphe, écrit le *San Quentin News*, et trois compositions remportent les trois premières places de la catégorie. *Just one more prayer* est le morceau gagnant, suivi de *Him and I* et *His love*. Sa créativité musicale n'est apparemment pas bridée par son indifférence relative à la chose religieuse. Un rapport ultérieur, daté de 1963, résume ainsi les convictions de Frank Washington : « Religion : catholique. L'aumônier indique que le sujet a une formation religieuse indigente et n'a reçu pratiquement aucune éducation religieuse pendant sa jeunesse. Accepte la religion plutôt vaguement et de manière passive, et ne va pas à l'église régulièrement ». Trois ans plus tard, au cours d'un entretien avec un agent du service des prisons, Washington expliquera son indifférence religieuse par ses mauvaises relations avec son père, pasteur, mort en 1962.

Le festival de musique, qui s'installe comme une tradition de San Quentin, en est en 1961 à sa septième édition. Le 3 juin, les détenus présentent leurs compositions musicales devant un jury de trois personnalités extérieures. Un professeur de musique d'un conservatoire local, Thomas Candell ; un professeur de l'université du comté de Marin, où se situe San Quentin ; et Phil Bovero, qui dirige un big band à San Francisco. L'orchestre de la prison, mené par le nouveau responsable des programmes musicaux, Robert Jones, joue les morceaux composés par les participants au concours, dans six catégories différentes. John Mudgett est le lauréat dans la catégorie « jazz et musiques expérimentales » avec *Relativity* – devant *Katanga*, de Dupree Bolton. Earl Anderza se voit attribuer le prix de « musique pour grand orchestre » avec *Kid's stuff* ; et Stew Babitt, par ailleurs animateur et leader d'orchestre, l'emporte dans les trois autres catégories – musique commerciale, folk et arrangements.

Une semaine plus tard, le 10 juin 1961, les morceaux gagnants sont joués en concert pour les détenus. Dans un rapport qu'il envoie le 21 aux autorités californiennes, le directeur de la prison Fred Dickson précise que le concert a eu lieu « de 9 heures à 11 heures du matin », qu'un millier de détenus y ont assisté en plein air, « sur le court de handball goudronné » de la prison, et qu'on n'y a déploré « aucun incident ».

Le 18 juin, le même concert ou à peu près est donné devant une foule plus restreinte de trois cents personnes. Pour la seconde année consécutive, les autorités ont autorisé les familles des détenus considérés les moins dangereux (classés en « surveillance minimale » ou en « surveillance moyenne B ») à assister au concert avec leurs familles. L'événement a lieu entre midi et demi et deux heures et demie de l'après-midi.

Entre les deux concerts, celui des prisonniers et celui des familles, Frank Washington, lauréat du septième festival de musique créative dans la catégorie musique religieuse, se voit à nouveau refuser, le 14 juin, sa libération conditionnelle. Le comité des libérations a dû juger que l'homme, sans compétences, ne présentait pas de garanties suffisantes pour une vie autonome à l'extérieur. Pire sans doute, le fait qu'il soit devenu musicien en prison n'améliore pas ses perspectives de libération anticipée. Etre musicien, surtout musicien de jazz, signifie vivre la nuit, sans emploi régulier, dans un monde de tentations et un univers de vices. Le « sujet » n'a jamais touché à la drogue, mais il paie la possibilité de convoitises futures. Que n'a-t-il choisi d'apprendre la menuiserie, la cuisine ou la coiffure... Il aurait alors pu prétendre vouloir chercher un travail respectable. Au lieu de quoi Frank Washington, 32 ans dont près de la moitié en prison, contrebassiste autodidacte, reste le détenu A-7517.

Ce musicien qu'on garde enfermé va avoir l'occasion deux semaines plus tard de monter sur scène et de jouer avec le fondateur du be-bop, Dizzy Gillespie. Ce 1er juillet, Frank fait partie de la formation des musiciens

« locaux », comme les appelle le *San Quentin News*, qui va accompagner le trompettiste et son orchestre à la fin du concert, pour jouer *Cherokee*. Washington est musicien de jazz comme est athlète un sportif qui se serait toujours entraîné en chambre. Et pourtant il joue. Et pourtant il frappe sa contrebasse et soutient la musique de ses compagnons Dupree Bolton, Earl Anderza, Jimmy Bunn... Peut-être les pros le laissent-ils prendre un solo ? Peut-être s'échappe-t-il ainsi pendant une ou deux minutes, devant ces 1 500 prisonniers, rêvant sur une estrade de bois improvisée de ce qu'il aurait pu être, s'il avait plus tôt rencontré la musique, si le jazz s'était plus tôt révélé à lui ?

Sa carrière musicale semble en tout cas à son apogée. L'homme qui a tout appris en prison devient le bassiste attitré des formations menées par Art Pepper. En janvier 1962, il soutient la formation qui joue à l'entracte de la pièce de Samuel Beckett *En attendant Godot*, mise en scène et jouée par les détenus. Le même mois, il accompagne Dupree Bolton et Earl Anderza à l'occasion du « *jazz showcase* » organisé dans la prison. Le 28 mars, c'est lui encore qui tient la contrebasse derrière Pepper, Bolton et le pianiste Jimmy Bunn, pour un concert de deux heures dans la chapelle catholique. Entre les concerts, Washington est toujours chargé de l'entretien et de la gestion des instruments dans la *band room*, la salle de musique.

Il passe le 9 avril l'entretien préalable à la réunion du comité des libertés surveillées. L'administration pénitentiaire semble devenir plus sévère avec lui à mesure que ses talents de musicien s'affirment. L'agent W.C. Wade note alors que Washington « passe un temps considérable à écrire et jouer de la musique », et qu'il « comprend les préoccupations du comité sur les détenus qui se spécialisent en musique ». Néanmoins Frank fait valoir que ses talents de musicien lui permettront de bien utiliser ses loisirs dans le « monde libre », et pourront lui fournir un revenu d'appoint. Il souhaite vivre dans la région de Riverside, et indique qu'il trouvera du travail grâce à des relations de son amie Nasha Baldwin. Soit dans une papeterie, soit chez un marchand de volailles.

Interrogé à nouveau sur son crime initial, vieux de quinze ans, Washington « essaie de minorer l'aspect sexuel en affirmant qu'il a seulement déchiré les vêtements de sa victime pour qu'elle ne le poursuive pas dans la salle du cinéma ou qu'elle ne tire pas le signal d'alarme. Interrogé sur ses remords, le sujet tente de convaincre son interlocuteur qu'il ne se souvient pas bien des circonstances ».

L'agent Wade exprime son scepticisme sur le sens des responsabilités de son sujet et indique qu'il nécessiterait une « surveillance rapprochée » en cas de libération conditionnelle. Il avertit qu'il « pourrait tenter de vivre avec sa petite amie, à en croire son attitude et certaines remarques (...). Le sujet a été pleinement averti quant aux conséquences d'une relation hors mariage ». Le régime de libération surveillée prévoit encore à l'époque un encadrement rigoureusement puritain des relations amoureuses ou sexuelles des « sujets ».

Le 29 mai 1962, le détenu A-7517 se voit une nouvelle fois refuser sa libération conditionnelle. Quatre jours plus tard, le 2 juin, il se classe dans les trois premiers de chacune des six catégories du huitième festival de musique créative. Il est le lauréat dans les catégories jazz – sa composition a pour titre *Hush up* – et musique religieuse – avec *Come unto me*. Le 17 juin, lors du concert donné pour certains détenus et leurs familles, Washington dirige lui-même le big band qui joue les compositions gagnantes... Et c'est la formation de jazz dirigée par Art Pepper qui va jouer sa composition à lui, *Hush up*. A la une du *San Quentin News* du 21 juin, dont une bonne moitié est consacrée au festival et au concert, une photo des gagnants représente

Washington parmi ses compagnons, Aaron Burton, Jones et Art Pepper. C'est une des rares photos de lui dont on dispose. Ils sont tous les quatre alignés sur le devant de la scène pour les besoins de la photo, cheveux rasés et tenue de prisonniers. Dans le sépia du papier journal vieilli, il faut imaginer le bleu clair de leur chemise entrouverte sur un tee-shirt blanc, et la toile de jeans de leurs pantalons. Washington est le deuxième en partant de la gauche, c'est le plus grand des quatre. Une banderole s'étire derrière eux, surplombant la scène : « *Welcome to the 1962 music festival* ». Ils ont sagement les mains derrière le dos, sauf Art Pepper, à droite sur la photo, qui étreint son saxophone alto. Le soir, après avoir nettoyé les instruments de musique et les avoir rangés dans la *band room*, Frank Washington retrouve sa cellule du bloc ouest, numéro 5-W-44.

Cette année 1962 a été pour Frank Andrew Washington l'apogée d'une carrière musicale née et entièrement passée à l'ombre des murs de San Quentin. Le 9 janvier 1963, il est transféré dans un établissement au régime moins sévère, Tehachapi, dans le sud de l'Etat, une ancienne prison pour femmes reconvertie dans les années cinquante en centre de détention à régime allégé. C'est Washington qui a demandé son transfert, soutenu en cela par le responsable des programmes éducatifs de la prison. « Il a été estimé qu'un transfert à Tehachapi pourrait faciliter une plus grande incitation au changement », notera le premier rapport établi sur le nouveau détenu. Juste avant son transfert, Washington a été suspecté de petits trafics. A Tehachapi, il commence une vie de détenu quasi modèle, salué par les rapports annuels des fonctionnaires chargés d'établir s'il est ou non apte à une liberté conditionnelle. « Prévoit de passer son bac (...) Son temps libre est consacré à la musique (...) Passe son temps avec un groupe de détenus proches, principalement de son propre groupe ethnique », note l'administration en 1963.

A Tehachapi, Washington travaille comme « chef employé » du service de formation et d'éducation des détenus. Il coordonne les emplois du temps des cours et des formations organisées pour les prisonniers, s'occupe des fournitures, surveille le travail d'autres détenus employés comme lui dans le service. Son supérieur le considère comme un « excellent travailleur » qui « fait de sérieux efforts, et démontre une excellente attitude envers son travail et ses collègues ». Sa mère, ses sœurs, sa « fiancée » Nasha Baldwin lui rendent visite régulièrement. Frank assiste aux séances de thérapie de groupe organisées dans la prison une heure par jour. Il fait part de ses projets de mariage pour le jour où il sortira de prison, et indique que sa fiancée pourra l'aider à trouver du travail. « Affirme qu'il est désormais à un niveau musical quasi professionnel, et qu'il peut jouer de la guitare, de la basse et de la flûte; compose et arrange de la musique régulièrement. Semble au courant des difficultés qu'il y a à trouver du travail dans ce domaine, et n'envisage une carrière musicale que dans l'avenir. Accepterait n'importe quel travail », note un rapport de mai 1964.

En juillet, Washington est transféré de Tehachapi à l'unité dite d'« évaluation du stress » à Vacaville. L'administration pénitentiaire, comme elle le fait souvent pour des détenus qui approchent de leur libération, veut se faire une idée de son état d'esprit et de son éventuelle dangerosité. A Vacaville, les prisonniers doivent suivre un programme précis, aidés par les psychologues et les travailleurs sociaux. Là encore, Washington se comporte en détenu modèle. Tout au plus découvre-t-on une flûte dans sa cellule à l'occasion d'une fouille de routine. Elle a été « empruntée » sans autorisation à la salle des instruments de musique. « Plaide coupable/reconnu coupable/Bonne attitude/ Conseillé et réprimandé », résume sobrement sa fiche de détenu.

Mais en mars 1965, un incident semble plus grave à l'aune de l'échelle des délits et des peines alors pratiquée en Californie. Washington est, selon les termes d'un rapport ultérieur, « surpris dans une position compromettante » avec un « homosexuel notoire ». Un autre rapport parle d'un « acte imminent », ce qui suggère que l'infraction éventuelle aux règlements n'avait pas encore été commise.

Comme toujours pour les « actes homosexuels » – pour reprendre le vocabulaire officiel – les autorités pénitentiaires préfèrent regarder ailleurs. Nul n'est dupe quant à l'existence d'une évidente vie sexuelle en prison. Mais la règle est qu'elle reste secrète. Tout ce qui est demandé aux détenus est de ne pas se faire surprendre. Ayant ainsi « violé une politique opposée aux actes homosexuels », Frank Washington est d'abord puni de dix jours d'isolement, avant d'être renvoyé à Tehachapi. Même quand les rapports ultérieurs le concernant mentionnent « l'acte », ils cherchent aussi à en minimiser la portée en insistant sur le sérieux du détenu, et son apparente volonté de réhabilitation. « Je ne l'ai pas vu fréquenter les homosexuels répertoriés de la prison, à l'exception de May, avec lequel il a été plus tard surpris en position compromettante », écrira un agent de l'administration le 22 mars.

Les autorités carcérales ne lui tiennent peut-être pas rigueur de « l'acte », mais Washington reste en prison. Et les années passent, rythmées par des rapports annuels qui se ressemblent d'une année à l'autre. Le détenu travaille dur, est bien noté, consacre son temps libre à la musique. Il assume la responsabilité des actes qui lui ont valu son séjour en prison – tout en cherchant à minorer leur dimension sexuelle, notent les rapports successifs. Washington passe l'équivalent de son bac en octobre 1965, à 36 ans. Il apprend la photographie, se retrouve employé au laboratoire photo de la prison.

En 1967 il semble près d'être enfin libéré, vingt ans après sa première condamnation. L'aumônier de la prison, le révérend Mitchell, lui a trouvé un emploi dans un magasin photo de Bakersfield. R.H. Denninger, son agent de probation, note qu'il a « fait des progrès dans ses relations avec les femmes », grâce notamment au fait que son emploi à Techachapi l'a mis en contact avec plusieurs employées civiles du service des archives.

L'administration envisage à nouveau son transfert vers l'unité d'« évaluation du stress », préalable à sa libération conditionnelle. Mais le 3 novembre 1967, selon un rapport, Washington est surpris en train de « s'exhiber et de se masturber » par une employée du service des archives. Il passe aussitôt du régime de surveillance légère à un régime plus strict. L'acte d'« immoralité » lui vaut sans doute un an de plus à Tehachapi, même si les rapports le concernant font preuve d'indulgence.

C'est aussi l'un des mystères de la vie en prison de ces années-là qui voit Washington se mettre à fréquenter avec plus ou moins d'assiduité les réunions du groupe d'Alcooliques Anonymes. Comment et pourquoi un prisonnier de 38 ans, en prison depuis vingt ans, qu'on imagine à peu près sevré depuis au moins autant d'années, aurait-il besoin de fréquenter des réunions destinées à l'aider à lutter contre un éventuel alcoolisme... Il a sans doute apprécié les discussions et échanges au sein du groupe, dont il devient même « président ». « Outre le fait qu'Alcooliques Anonymes est une bonne activité sociale qui l'a aidé dans ses relations avec les autres et pourrait l'aider en société, le sujet estime que les réunions l'ont aidé à se confronter à lui-même et à prendre les choses au jour le jour », résumera un rapport de l'administration. Frank Washington devient aussi pompier volontaire, et membre d'une chorale, Sing Out, qui donne quelques concerts à l'extérieur. Il retourne à Vacaville en avril 1969. Le 2 septembre, il sort enfin des prisons californiennes, en liberté conditionnelle. Il a 40 ans.

Deux années modèles vont suivre, à peine écornées en juillet 1970 par une infraction qui semble surtout démontrer sa relative inexpérience de la vie moderne. Il s'installe à San Diego où il s'est inscrit à l'université publique de l'Etat, en bénéficiant d'un programme pour « étudiants défavorisés ». Il vit dans une chambre sur le campus. Son adaptation à la liberté est d'abord jugée « remarquable » par son agent de probation.

Mais en juillet 1970, il trouve une carte de crédit dans un portefeuille perdu par son propriétaire. Il s'en sert pour acheter une chaîne stéréo Panasonic dans un supermarché de la ville, pour un montant total de 209,95 dollars. La police l'arrête en octobre après trois mois d'enquête. En décembre, Washington plaide coupable. Il est condamné la veille de Noël à trois ans de prison et 100 dollars d'amende, et à la restitution du bien volé. Le juge de la cour supérieure de San Diego, William P. Mahedy, sans doute influencé par les rapports favorables de l'administration pénitentiaire, lui accorde le sursis.

Comme il est aussi en infraction avec les termes de sa libération conditionnelle, cette « violation de parole » pourrait le renvoyer à San Quentin. Mais son agent de probation, John H. Taylor, décrivant l'évolution de son « sujet » depuis sa libération, lui évite le pire. Frank A. Washington, écrit-il dans son rapport, « s'est progressivement amélioré grâce à son dur travail et à ses études, et il a gagné le respect de nombre de professeurs et d'étudiants avec qui il travaille ». Il a démontré une « excellente adaptation » à la liberté conditionnelle « et il y a des raisons de penser que cette expérience pourrait marquer l'émergence d'une personnalité vraiment changée, déterminée à ne plus jamais commettre d'actes illégaux ». Taylor recommande donc que Frank Washington reste en liberté.

L'agent de probation est moins laxiste sur le plan matrimonial. Son sujet lui a demandé en septembre

1970 l'autorisation de se marier avec sa petite amie. L'autorisation lui est refusée, Taylor ayant été averti entre-temps par la police que son « sujet » faisait l'objet d'une enquête pour l'affaire de la carte de crédit. Taylor va plus loin dans le conseil conjugal. « Frank est noir et la personne avec laquelle il envisageait de se marier est blanche. Je lui ai fait valoir qu'il devait penser sérieusement aux conséquences d'un mariage Noir-Blanc, et aux problèmes qu'il devrait être prêt à affronter. Je n'ai aucun moyen de savoir s'il a été sensible à mes commentaires, mais j'ai été informé que Frank a pensé à ce que je lui ai dit et a pris en compte la dimension des problèmes »... Dans la Californie de 1970, un mariage Noir-Blanc est encore considéré par l'administration, dans le confidentiel des discussions avec les détenus en liberté surveillée, comme un « problème » à « conséquences ».

Frank Washington vit désormais dans un petit studio indépendant à l'extérieur du campus universitaire. Il est en deuxième année d'études supérieures, et travaille à temps partiel à la télévision locale de l'université. Les rapports de son agent de probation s'espacent, deviennent routiniers, signalant ainsi en juillet 1971 qu'il est passé en troisième année, qu'il est parti deux semaines en vacances au Mexique avec quelques amis, camper et pêcher. Le psychologue qui le suit a suggéré d'arrêter les visites, et assure que « Frank ne va pas brusquement se livrer à un comportement inapproprié ou devenir une menace pour la société s'il ne suit plus de thérapie ».

John Taylor tire le 21 septembre 1971 les conclusions des deux premières années de liberté surveillée de Frank Andrew Washington, qui est encore pour l'administration pénitentiaire le matricule A-7517. Il indique dans son rapport que son sujet a fait des progrès réguliers, qu'il a pour objectif d'obtenir son diplôme de l'université à la fin de l'année, et qu'il gagne suffisamment d'argent pour vivre de manière indépendante. Washington est même « sorti avec un certain nombre de femmes », note-t-il, indiquant au passage que son projet de mariage a été abandonné. Taylor poursuit : « Frank Washington a affaire au système pénitentiaire et pénal depuis 1940, quand il avait seulement 11 ans (il en a aujourd'hui 42). Il a passé toute cette période, à part quelques années, en prison, ou soumis à la surveillance de quelque autorité pénitentiaire. Il est essentiel que la société reconnaisse le prix qu'il a payé et examine sérieusement la balance de la justice pour voir s'il n'a pas payé sa dette, et s'il ne mérite pas de devenir un homme libre. Je n'ai aucun moyen de savoir quel homme était Frank Washington quand il a été condamné en 1954 pour sa deuxième peine. Mais le Frank Washington que je connais en 1971 ne me semble pas constituer une menace pour la société qui doive rester sous surveillance pour préserver la loi et l'ordre [1]. »

John Taylor recommande la liberté définitive pour son « sujet ». Le 8 octobre 1971, après vingt-quatre ans passés en prison pour agression à main armée, Frank Andrew Washington devient un homme libre.

L'ancien petit délinquant de 18 ans a donc fini, à 42 ans, de payer sa dette envers la société américaine. Mais qu'est devenu le chanteur, guitariste, contrebassiste qui avait accompagné Art Pepper, Dizzy Gillespie ou Dupree Bolton ? Le musicien Frank Washington semble avoir disparu en sortant de prison. Aucun des rapports réguliers et pourtant détaillés de ses agents de probation ne mentionne la musique comme métier ni même comme hobby. La trace même de Frank A. Washington se perd à compter de ce 8 octobre 1971.

Peut-être sa vie de musicien est-elle pour lui à ce point liée à sa vie en prison qu'il abandonne, renonce aux

---

1. Department of Corrections, Report to Adult Authority, 21 septembre 1971.

talents et aux promesses qu'il aurait pu encore, à 42 ans, honorer. Mais qu'a-t-il à faire valoir en 1971, alors que le jazz n'intéresse plus grand monde, que même les stars reconnues en sont à courir le cachet dans les studios d'enregistrement, ou doivent se reconvertir en catastrophe au funk, au disco ou à la musique électronique ? Quelle place peut-il y avoir pour un contrebassiste qui n'a jamais joué avec un grand orchestre reconnu, dont le nom n'a jamais figuré, même en petits caractères, sur une pochette de disque, et qui n'a aucun contact, ni professionnel ni amical, dans le milieu des musiciens de jazz ?

Ils sont des centaines de musiciens anonymes, amateurs ou semi-professionnels, qui passent comme lui, leur instrument sous le bras, d'un engagement à l'autre, bouche-trou ici, faire-valoir ailleurs. Qui courent les dates, les concerts, les tournées, ou les événements privés comme mariages ou anniversaires. Dans ces années-là, Frank Washington et sa contrebasse participent sans doute au grand orchestre virtuel des instrumentistes à la recherche d'un emploi. A moins qu'il n'ait continué son chemin ailleurs, travaillant dans l'obscurité à se refaire une place, et une vie dont il n'est pas exclu qu'elle se poursuive encore, quelque part en Californie, dans le souvenir de cette musique envolée.

8
Nathaniel

Nathaniel Meeks a l'esprit religieux et une forte libido. C'est ce qu'il explique en décembre 1957 à la police de Los Angeles arrivée au numéro 647 de l'avenue East Santa Barbara, à la demande du locataire de l'appartement étonné d'avoir surpris Nathaniel chez lui, visiblement sur le point d'embarquer une radio et quelques vêtements. Interrogé par les policiers, Meeks reconnaît assez vite que les vols sont destinés au financement de ses achats d'héroïne. L'héroïne lui est en effet absolument nécessaire pour contenir les effets d'un considérable appétit sexuel, lui-même incompatible avec ses stricts principes religieux. Meeks, résumera quelques mois plus tard un agent de probation, devait donc choisir entre « drogue et mésentente conjugale d'un côté, sexe et mauvaise conscience de l'autre ».

Peu sensible aux explications médicales et sociologiques de l'accusé, le juge Maurice C. Sparling, du tribunal supérieur de Californie pour le comté de Los Angeles, le condamne à une peine pouvant aller de six mois à quinze ans de prison, non sans recommander un traitement médical pour un condamné si évidemment toxicomane.

En 1957, pendant deux brèves semaines, Nathaniel Meeks a travaillé comme homme de ménage dans un magasin de froufrous à l'enseigne évocatrice du Chic Parisienne (en français dans le texte), expérience qui a peut-être contribué à lui échauffer les esprits. A moins que ce souci hygiénique de dompter par tous les moyens un appétit sexuel hypertrophié ne soit à mettre au compte de son récent divorce avec la saxophoniste Elvira (« Vi ») Redd en septembre 1956, après quatre ans de mariage plus ou moins bancal. Mais dans les faits, Meeks est de son propre aveu héroïnomane depuis l'âge de 18 ans.

Il est né le 21 septembre 1930 dans la capitale du Texas, Austin. Son père Louis est comptable. Sa mère Pearlie, esthéticienne, a 15 ans quand elle lui donne naissance. Onze ans plus tard, les parents de Nathaniel Meeks divorcent. Sa mère part vivre à Los Angeles et l'emmène avec lui. C'est sans doute là qu'il se met à la trompette, se formant à ses rudiments pendant les années de guerre.

En 1948-49, on trouve Nathaniel Meeks dans l'orchestre universitaire monté par deux sœurs dont sa future femme, Vi Redd. Vi est à l'époque l'une des rares *jazz-women* de la côte Ouest, et plus rare encore, elle joue du saxophone alto, instrument rarement associé à la féminité dans cet univers plutôt macho.

Quand l'armée de l'air américaine l'appelle sous les drapeaux, Meeks en est déjà à plusieurs doses d'héroïne par jour. Au point qu'en 1951, l'US Air Force le libère prématurément en accolant à son nom le tampon « *undesirable* » – indésirable : des marques de piqûres ont été relevées sur ses bras.

Un an plus tard, Meeks épouse Vi Redd. Avant ses ennuis policiers, il a surtout joué dans l'orchestre de sa femme. Il évolue désormais dans les milieux des fervents du be-bop, adorateurs de Charlie Parker dont Meeks vénère le compère Dizzy. « Tous les amis de Nathaniel étaient dans le bop, Nat jouait tous les airs be-bop. Il avait tous les disques de Dizzy Gillespie [1] », se souvient sa femme. Un fils, Nathaniel Charles, naît en 1953. Selon les rapports de l'administration pénitentiaire, la toxicomanie de Nathaniel ne sera pas pour rien dans la décision de Vi de demander le divorce. La carrière et le petit vedettariat de sa femme ont peut-être aussi contribué à intensifier les frustrations du trompettiste.

L'histoire de Nathaniel Meeks est l'itinéraire d'un sans-grade du jazz dont personne n'aura jamais à jauger le talent, trompette à la voix toujours perdue dans les ensembles de cuivres des grands orchestres, jazzman à qui on confie rarement un vrai solo, que ses copains ou amis soutiennent comme ils le peuvent, entre deux séjours en prison ou en centre de désintoxication. Nathaniel Meeks fera partie à San Quentin de notre jazz band, auquel il participe à plusieurs reprises pendant quelques mois en 1962. Mais même dans cet univers où il aurait pu briller, il joue de malchance : à la trompette, Dupree Bolton, embarqué lui aussi dans une implacable dérive, lui vole la vedette et lui fait de l'ombre. Meeks, même en prison, semble voué à rester un *sideman* : un accompagnateur. Et au sens littéral, l'homme de côté, celui qui regarde briller les autres.

Contrairement à d'autres membres de notre jazz band, Meeks n'a pas fait grand-chose avant de se retrouver dans la Bastille californienne. Pas de trace d'enregistrements auxquels il ait participé avant ses arrestations du début des années cinquante. Il traîne dans les clubs et accompagne les artistes de passage, il partage avec eux la même admiration pour Charlie Parker et pour les drogues dures. Il va où le porte le vent des engagements passagers et des cachets rapides. Il souffle dans sa trompette là où on le lui demande, on l'appelle pour boucher un trou, remplacer un musicien,

---

1. Vi Redd in *Soloists and Sidemen : American Jazz Stories*, Peter Vacher, Northway Publications, 2004.

compléter au dernier moment une section de cuivres pour un enregistrement, quand un titulaire soudain manque à l'appel. Il se produit parfois pour des concerts privés, mariages, baptêmes ou enterrements...

Il a 27 ans quand il arrive à San Quentin en avril 1958. On ne sait pas pourquoi l'administration pénitentiaire n'a pas jugé bon de suivre la recommandation du juge Sparling qui voulait l'envoyer d'abord en cure de désintoxication. C'est peut-être que le centre de traitement des toxicomanes est surpeuplé. Un rapport préliminaire de l'agent William O'Connor résume alors sa récente carrière musicale : « Le sujet affirme que son occupation principale est d'être musicien. Toutefois, son travail dans ce domaine, ces cinq dernières années, a été plutôt sporadique en raison de ses arrestations et de sa toxicomanie. » Et son travail dans d'autres domaines a été inexistant.

Meeks avait été arrêté une première fois en 1953, la police s'étonnant de le trouver avec un reçu de mont-de-piété correspondant à un costume dérobé deux jours auparavant dans la voiture de son propriétaire. Il en avait obtenu dix dollars. Le propriétaire avait récupéré son bien. Meeks avait été condamné à cinq ans avec sursis et mise à l'épreuve. Il vaque alors sans grand succès de petit boulot en petit boulot pour satisfaire les exigences de l'administration pénitentiaire. Le Département des prisons demande que les musiciens toxicomanes évitent de fréquenter le monde du jazz et de la nuit, pour leur épargner les tentations. Meeks essaie donc de trouver des boulots de circonstance. Cinq mois à la charnière de 1954 et 1955 comme manutentionnaire dans un magasin. Deux mois en 1956 comme ouvrier dans une sellerie. Enfin ces deux semaines en 1957 comme employé de Chic Parisienne. D'une année à l'autre, Nathaniel Meeks tient de moins en moins longtemps dans les emplois éloignés du jazz que l'administration pénitentiaire lui recommande si chaudement.

Le premier séjour à San Quentin est bref. Meeks, matricule A-45821, y est un prisonnier exemplaire, il n'attire pas l'attention. Il a accompli plus de deux ans de sa sentence « de six mois à quinze ans » quand l'administration pense pouvoir le relâcher, en juin 1960. Le responsable du programme de musique de San Quentin lui a écrit une recommandation louangeuse, indiquant que son travail était de « qualité professionnelle ». Grâce à son grand-père, Nathaniel a trouvé un travail chez un vendeur de voitures d'occasion, pour dix dollars par jour. Ses grands-parents, qui vivent à Compton, une des banlieues noires de Los Angeles, ont promis de l'héberger.

L'agent de probation à qui il devra rendre des comptes et des visites régulières, Ralph Robinson, est impressionné par son premier entretien avec Meeks, juste avant sa libération. Il parle dans son rapport de la « bonne impression » laissée par « le sujet ». Il indique que Meeks a exprimé son intention de réussir sa probation et qu'il a « l'air sincère ». Robinson précise aussi qu'il a clairement averti Nathaniel qu'il ne devait s'engager dans aucune liaison féminine – conformément au strict contrôle exercé sur les relations amicales ou amoureuses des prisonniers en conditionnelle. Considéré comme toxicomane, Meeks devra se soumettre aux tests à la nalline, une fois par semaine.

Il sort de San Quentin le 11 juin 1960. Il y laisse Art Pepper – incarcéré en mars – ainsi que Jimmy Bunn, Dupree Bolton et Earl Anderza. Il ne va pas tarder à les y retrouver.

Nathaniel n'obtient pas finalement le travail qu'il avait envisagé chez le revendeur de voitures. Mais son agent de probation ne lui en tient pas rigueur. « Sagement et de manière industrieuse, le sujet s'est mis lui-même à la recherche d'un emploi », écrit-il dans un rapport. En décembre 1960, Nathaniel Meeks participe à ce qui semble être sa première séance d'enregistrement : il fait partie de l'octet du saxophoniste Teddy Edwards pour l'album *Avalon*, produit pour le label Contemporary.

Teddy Edwards est une des figures importantes du jazz sur la côte Ouest depuis les années quarante. C'est un de ces saxophonistes ténors devenus virtuoses des batailles d'instruments qui peuvent durer des heures. Il a longtemps été le pilier du club Lighthouse, à Hermosa Beach, célèbre pour ses jam-sessions de douze heures – de deux heures de l'après-midi à deux heures du matin. Ancien accro à l'héroïne, il a délibérément renoncé à plusieurs tournées à travers les Etats-Unis pour suivre une cure de désintoxication réussie. Vers la fin de sa vie, il accompagnera le chanteur Tom Waits à l'occasion de plusieurs tournées, et travaillera avec lui sur la musique du film de Francis Ford Coppola *One From the Heart*, en 1982.

Au début des années soixante, Teddy Edwards aide souvent les musiciens toxicos à trouver un travail. Mais il faut noter que la participation de Nathaniel Meeks à *Avalon* n'est pas une absolue certitude. Au moment de son enregistrement, le disque est jugé un peu trop brut de décoffrage par son producteur, Lester Koenig, le patron du label Contemporary, et par Teddy Edwards lui-même, qui a écrit tous les arrangements des morceaux. L'idée de l'album reposait sur un risque à peine calculé. « Mr Koenig m'a dit : " Teddy, faisons un disque avec des types que personne ne connaît, trouvons de la chair fraîche. " Du coup ils ont eu des problèmes avec certains morceaux. Certains des trucs que j'avais écrits étaient difficiles, et à certains moments on dérapait [1]. »

L'album n'est pas même pas mixé, et les enregistrements vieillissent sur une étagère pendant plus de

---

1. Kirk Silsbee, texte de pochette d'*Avalon*, disque finalement sorti en 1995.

trente ans. En 1994, bien après le rachat de Contemporary par une autre maison de disques, Fantasy, Ed Michel, chargé de dresser le catalogue du label légendaire, tombe sur les vieilles bandes. Le mixage est mis en route, avec l'aide de Teddy Edwards. Mais le saxophoniste ne peut alors qu'essayer de se souvenir des musiciens qui l'ont accompagné en 1960. Il a l'air à peu près sûr que Nathaniel Meeks était bien à la trompette, mais il l'est moins pour l'identité du pianiste, du tromboniste et du bassiste.

Meeks – admettons donc que ce soit bien lui – prend quelques solos sur cet album surtout destiné à mettre en valeur le saxophone de Teddy Edwards sur fond d'arrangements orchestraux. On entend notamment le trompettiste s'échapper en tempo moyen sur *The cellar dweller* ou *Good gravy*, et façonner les transitions sur *Steppin lightly* ou *Southern moon and sky*.

D'après un rapport de son agent de probation du début 1961, Nathaniel Meeks, ce « type que personne ne connaît » selon Teddy Edwards, travaille alors régulièrement comme musicien. Il en tire environ 60 dollars par semaine. Après treize semaines de tests hebdomadaires qui ne révèlent aucun usage de drogue, les examens passent à un rythme bimensuel. Le trompettiste semble s'intéresser à l'avenir de Nathaniel Charles, l'enfant qu'il a eu avec Vi Redd, avec qui les relations sont difficiles. Il va même s'inquiéter du fait que Vi Redd se soit remariée avec « un homme qui a apparemment un passé de toxicomane »... ce qui l'incite à ne pas payer de pension alimentaire, ou en tout cas lui donne une excuse pour ne pas le faire.

Le 4 février 1961, Meeks est arrêté par la police de Los Angeles pour conduite en état d'ivresse. Fait aggravant, il conduisait sans permis la voiture de sa petite amie, Ruth Hughes. Les règles de sa liberté surveillée sont strictes et lui interdisent la conduite d'un véhicule motorisé – qui rendrait ses déplacements trop faciles. Il plaide coupable, et se voit proposer le choix entre une amende ou de la prison. Dans son cas, il pourra opter pour vingt jours de prison, ou 250 dollars. Dont dix jours ou 100 dollars fermes, le supplément avec sursis. Meeks paie 100 dollars, et reste libre. Son agent de probation est toujours indulgent. Il lui donne par exemple l'autorisation d'aller jouer à Las Vegas avec l'orchestre de « Gerald Olsen », écrira-t-il dans un rapport de la fin mars. Il s'agit plus vraisemblablement de l'orchestre de Gerald Wilson, qui accompagne alors le chanteur Earl Grant. L'orchestre joue au casino Flamingo. Meeks s'enregistre scrupuleusement auprès des autorités policières de Vegas, et du bureau du shérif local, comme doit le faire tout condamné en conditionnelle quand il quitte la région où il est assigné à résidence. Il gagne alors 150 dollars par semaine – somme plus que confortable, mais vite accaparée par le coût de la vie dans la capitale du jeu. Il faut penser qu'il ne cède pas à Las Vegas aux drogues ou aux tentations interdites. Ou alors il évite de se faire prendre. Fin mars, le rapport de son agent de probation insiste sur son bon ajustement à la vie normale, notant que « le sujet travaille régulièrement pour éviter les mauvaises fréquentations », qu'il n'use apparemment pas de stupéfiants, et que sa situation familiale contribue à sa stabilité. En bref, Nathaniel Meeks « n'a plus besoin d'une surveillance maximale ».

Sa situation personnelle semble à ce point stabilisée qu'il demande la restauration de ses droits civiques pour pouvoir se marier avec sa petite amie, Ruth Hughes, qui attend un enfant de lui. Le système judiciaire californien fait droit à sa requête en avril 1961, tout en ordonnant à Ruth Hughes de quitter le domicile de son fiancé jusqu'au mariage officiel. On ne transige pas avec les principes, et les choses doivent suivre une séquence ordonnée. Mais le projet de mariage tourne court. Meeks, qui pensait jusque-là que sa fiancée avait un enfant, découvre qu'elle en a quatre. Les rapports le concernant prennent soin de noter que malgré le stress provoqué par cette découverte inattendue, il ne rechute pas dans la drogue.

Nathaniel continue de voyager dans le reste de la Californie avec les orchestres qui l'embauchent. Il joue à l'hôtel Senator de Sacramento avec le big band de Gerald Wilson, plus tard à Stockton et à Sacramento avec la formation d'Earl Bostic, pianiste de rhythm'n'blues. Il subit les tests réguliers exigés par sa situation. Tout se passe bien jusqu'au 25 octobre 1961. Rapport de l'agent de probation Donald E. Brown :

« A la suite de résultats positifs de son analyse à la nalline le 25 octobre 1961, quand ses pupilles se sont dilatées de 3 à 4 mm, le sujet a été arrêté par les agents de probation du bureau du district de Huntington Park, et incarcéré pour violation de la section 3056 PC [1] ».

C'est la première infraction aux règles de sa libération conditionnelle. Brown recommande que Nathaniel Meeks conserve sa liberté, insistant sur son « potentiel de réussite ». Mais il remarque aussi que dans les semaines précédant son arrestation, Meeks a plusieurs fois cherché à reporter la date de ses examens. Signe plus sérieux peut-être, ses bras présentent des signes d'égratignures – « recouvrant de vieilles cicatrices de piqûres, ce qui rend difficile la recherche de traces de piqûres récentes ».

Meeks reste un peu plus d'un mois dans la prison du comté de Los Angeles, dont il sort début décembre. Son agent de probation semble lui garder sa confiance. Il continue de voir Ruth Hughes malgré l'abandon de son projet de mariage. Il habite chez son oncle Louis Robinson.

---

1. Rapport d'urgence, agent de probation D.E. Brown, 15 novembre 1961.

Mais après avoir demandé à nouveau, et à plusieurs reprises, le report de ses dates de tests, il ne se rend pas à un rendez-vous prévu le 12 avril. Son agent de probation le recherche. Le 18, Meeks prend contact avec lui et lui propose de le rencontrer dans un café au coin d'Avalon Boulevard et de la 54ᵉ Rue. Meeks explique alors qu'il n'avait pas l'argent du transport pour se rendre à son rendez-vous médical. Depuis son rendez-vous manqué, il a pris de l'héroïne « trois ou quatre fois ». Son oncle ne voulant plus l'héberger, il a changé plusieurs fois de domicile avant de trouver un meublé au 4245, Olive street. Qu'il a dû quitter quand il s'est retrouvé sans argent pour payer le loyer. Il a alors rencontré « des gens » du côté de Central Avenue qui lui ont donné « des trucs », mais il a consommé les trucs en question de manière occasionnelle, sans jamais redevenir dépendant, dit-il. Le même jour un sergent Fern, du bureau du shérif, appelle les services pénitentiaires pour demander où se trouve Meeks. Son oncle a porté plainte pour le vol la veille d'un costume gris de marque Louis Roth et de taille quarante, avec veste à trois boutons. L'oncle suspecte le neveu. Nathaniel proteste, indique qu'il est bien passé chez son oncle, mais pour y récupérer ses vêtements à lui. La police le soupçonne d'avoir mis le costume de son oncle au clou. Faute de preuve, aucune infraction n'est retenue pour le costume. Mais Nathaniel Meeks a violé les conditions de sa liberté surveillée. Il est enfermé dans la prison du comté. Il y attrape une pneumonie, qui justifie son hospitalisation pendant deux semaines.

Quand arrive le moment du rapport de l'agent D.E. Brown, le 11 mai, celui-ci reste indulgent avec « le sujet » Nathaniel Meeks. La nature même du travail de musicien – composer, jouer, arranger, écrire – est aléatoire, explique-t-il, le sujet a fait des efforts méritoires. Brown décrit le mécanisme de rémunérations complexes, basé sur les royalties, qui laisse souvent le musicien dans l'attente de l'argent qui lui est dû. Et les relations qu'on se fait dans le milieu de la musique peuvent encourager à l'usage de drogues.

D.E. Brown décrit aussi le stress d'un Nathaniel Meeks qui vit chez son oncle parce que sa mère et ses grands-parents lui ont fait comprendre qu'il n'était pas le bienvenu. Il évoque son désarroi face au comportement de sa fiancée Ruth qui lui a caché ses quatre enfants. Il explique enfin que Meeks a récemment rencontré des problèmes financiers, et insiste sur sa bonne volonté, et son sérieux dans la poursuite de ses objectifs de musicien. Brown conclut en estimant « difficile de concevoir que le sujet puisse bénéficier d'un retour en prison, puisqu'il sera confronté aux mêmes circonstances ou problèmes quand il en sortira. La probabilité est même que l'ajustement sera alors plus difficile, et plus grande la tentation de recourir à la drogue ».

Peine et indulgence perdues. Le destin de Meeks se joue sur les quelques lignes que les deux supérieurs hiérarchiques de D.E. Brown, qui ont d'autres idées sur son avenir, jettent au bas de son rapport. Le « chef de district » d'abord. « Deux occasions d'usage de drogue en un an rendent le retour en prison obligatoire. Cet homme est actuellement trop instable pour qu'on prenne le risque de faire une exception ». L'administrateur régional, ensuite, selon qui Meeks « ne paraît pas se prêter à une liberté surveillée à ce stade ».

Le retour en prison est donc ordonné. Encore faut-il décider dans quelle prison on va envoyer le trompettiste. En juin, Meeks passe l'entretien de rigueur avec un agent de l'administration pénitentiaire. Et une fois encore, il va être orienté sur le mauvais chemin d'une bifurcation dont l'alternative aurait pu être plus heureuse. L'agent qui l'interroge recommande de l'envoyer dans une prison à sécurité minimum, à San

Luis Obispo, dans le sud de la Californie. L'agent, J.W. Reid Junior, remarque que lors de son premier séjour en prison, à San Quentin, Meeks a participé à plusieurs sessions de formation ou d'éducation. Dix mois de thérapie de groupe, six mois de « sémantique ». Deux cours par correspondance. Il a suivi des classes du niveau de terminale, recevant la note A. Et il a participé de manière intensive aux activités musicales de la prison. « Le sujet devrait être orienté vers un traitement, puisqu'il semble qu'il existe un pronostic raisonnable d'une bonne motivation ».

Peine perdue là encore. Le 31 mai 1962, le matricule A-45281 reprend le chemin de San Quentin. Il est enfermé dans la cellule 3-B-39. La question se pose un mois plus tard de savoir s'il sera transféré dans une prison moins sévère. Mais Nathaniel Meeks n'ira pas à San Luis Obispo. Le 2 juillet 1962, sans explications superflues, l'administration pénitentiaire décide qu'après tout, San Quentin lui convient parfaitement. Les « recommandations du personnel » indiquent sèchement que le sujet « est estimé relever d'un pronostic moyen s'il peut participer à un programme de traitement », qu'il travaille comme dactylo, qu'il ne présente « aucune anomalie significative » sur le plan médical. Ses projets à sa libération sont résumés ainsi : « A l'intention de continuer comme musicien. Prévoit de se marier avec sa fiancée et de retourner à Los Angeles ». Conclusion : maintien à San Quentin...

Le 4 juillet, à l'occasion de la fête nationale, Meeks monte sur scène devant un millier de détenus dans la grande cour de la prison, pour participer à la formation vedette du show « Présentations en idiome jazz », spectacle de deux heures conçu et monté par le directeur musical de la prison Clarence Mensey. La « troupe de stars » décrite par le *San Quentin News* du 19 juillet comprend Art Pepper à l'alto, Jimmy Bunn au piano et Dupree Bolton à l'autre trompette. Tous

« artistes reconnus sur le plan national », souligne le journal. Meeks ouvre le spectacle avec Jimmy Bunn au piano ; trois autres détenus, R.V. Johnson, Gilbert Sauceda et J. Jackson, les accompagnent au saxophone ténor, à la contrebasse et à la batterie. Ils jouent, entre autres, les standards *I surrender dear* et le classique de Thelonious Monk, *Round about midnight*.

En novembre 1962, Meeks est envoyé à Tehachapi, dans le sud de la Californie. Le transfert est ordonné d'une part « pour tenir compte des problèmes de population » carcérale, d'autre part à la demande du « sujet, qui a souhaité être incarcéré dans un établissement plus au sud pour faciliter les visites et ses projets à sa libération ». Meeks redevient un détenu modèle. Il joue de l'orgue le dimanche à la chapelle, passe ses heures de loisir en « composition ou arrangements musicaux, et à travailler avec la chorale », selon un rapport ultérieur. Il suit même un cours par correspondance de l'Université de Berkeley en droit des affaires... Le 31 décembre, Ruth Hughes lui donne un second fils. Meeks a de nouveau changé d'avis sur la question du mariage : il indique à son agent de probation qu'il veut maintenant « légaliser » sa situation avec Ruth dès sa libération. Le même agent notera dans son rapport que la fiancée du sujet ne s'est pas manifestée depuis son retour en prison.

Une décision de mise en liberté conditionnelle est prise en avril 1963. Meeks est relâché en septembre, aux bons soins de sa mère. Max Herman, le vice-président du syndicat des musiciens, local 47, a assuré l'administration pénitentiaire que Meeks était « un très bon compositeur-arrangeur », et qu'il pourrait trouver du travail « dès sa libération ».

La période semble prometteuse. En décembre, Meeks figure sur l'album *Portraits*, enregistré par le grand orchestre que Gerald Wilson a reconstitué deux ans plus tôt, après quinze ans d'interruption, dans la région de Los Angeles. Il y retrouve le ténor Teddy Edwards, son leader sur les séances *Avalon*, mais aussi Harold Land, un autre saxophoniste ténor, qui avait enregistré sous son nom quatre ans plus tôt le disque où le talent de Dupree Bolton avait éclaté pour la première fois, *The Fox*. Le 2 décembre, l'orchestre enregistre les pistes *So what*, *Paco* – un thème écrit en hommage au matador Paco Rivera –, *Ravi*, dédié à Ravi Shankar, et *Eric*, en hommage au saxophoniste alto Eric Dolphy, qui est en train d'explorer des chemins musicaux où personne avant lui ne s'était aventuré. Un mois plus tard, le 8 janvier 1964, l'orchestre de Gerald Wilson retrouve le chemin du studio pour le reste de l'album : la composition de Monk, *Round about midnight*, *Aram*, dédié au compositeur classique Aram Khatchatourian, et *Caprichos*, décrit par Wilson comme une suite d'« humeurs peintes en musique »...

Nathaniel Meeks a 33 ans. Il est encore à un moment de vie où tout reste possible, où tout peut encore basculer. La prison a hachuré une carrière musicale qui reste sporadique. Mais paradoxalement elle lui a peut-être aussi permis de perfectionner dans la solitude des talents qui seraient autrement restés en friche. En prison, la musique peut devenir une obsession. Et la prison laisse du temps. Au début de 1964, Meeks a encore la possibilité de faire enfin décoller sa carrière musicale. Ses amis ne l'ont pas oublié.

Le 13 mars, son test à la nalline donne un résultat « positif ». Meeks admet qu'il a recommencé à se droguer. La police remarque plusieurs marques de piqûres sur ses bras. Elle note aussi que Meeks est en possession de 50 dollars en liquide, alors qu'il déclare être au chômage. Le détail ne veut peut-être rien dire. L'état même de musicien de jazz consiste à aller d'un engagement à l'autre, passant dans l'intervalle par la case chômage. Et même si la somme de 50 dollars est confortable pour l'époque, elle n'implique en rien une provenance douteuse. Mais enfin la police le note. Avant d'être embarqué au poste, Meeks demande à passer un coup de téléphone pour qu'on vienne récupérer sa voiture, « une Oldsmobile de 1954 », précisera le rapport de police. Sage précaution, qui aggrave le cas du musicien interpellé. Meeks n'a pas le permis de conduire. Et même s'il l'avait, il n'aurait pas le droit de conduire un véhicule sans la permission expresse de son agent de probation. Il a ainsi violé l'article 9 des conditions qui régissent sa liberté conditionnelle. La voiture appartient à Ruth Hughes, qui affirme contre toute évidence qu'elle conduisait le véhicule au moment de l'interpellation policière.

Meeks a un nouvel agent de probation, B. Edele, qui va opter pour l'indulgence. L'incident du 13 mars « est le premier signe que le sujet ait recommencé d'user de stupéfiants et ses tests précédents ont tous été satisfaisants », note-t-il dans son rapport. En insistant sur le fait que « l'attitude (de Meeks) a été positive pendant sa liberté conditionnelle, et (qu') il a fait un effort sincère pour trouver un travail stable ».

Le trompettiste reste en liberté. En juillet 1964, il se met aux abonnés absents. Ne se rend pas à la convocation de quatre tests antidrogue. Quitte le domicile de sa mère Pearlie après une querelle, pour aller vivre avec Ruth Hughes à Compton, dans la banlieue sud de L.A. Ruth, selon un rapport ultérieur, « devient persuadée qu'il est intoxiqué par quelque chose de non-alcoolique, et lui demande de retourner à Los Angeles ». Ce qu'il fait le 14 juillet. Il ne réapparaîtra que le 21 juillet au domicile de sa mère. Sa liberté conditionnelle est déclarée « suspendue » le 31 juillet.

En août, il est arrêté pour le vol de deux paquets de viande. Du filet mignon. Valeur totale : 5,81 dollars. Don White, agent de probation, écrit plus tard que ni la police, ni ses propres conversations avec le sujet, n'ont pu fournir de preuve que Meeks « ait été sous l'influence de stupéfiants au moment de son arrestation ». L'explication avancée par « le sujet » – la faim – est la plus plausible, écrit White, qui rappelle que Meeks était en fuite au moment des faits.

C'est dans ce rapport, daté du 21 octobre, qu'on trouve la première et peut-être la meilleure description réaliste de la condition et des problèmes de Nathaniel Meeks, trompettiste et junkie. Don White y décrit en quelques lignes le cercle vicieux auquel est confronté un musicien de jazz qui a touché à l'héroïne, et qui vit la nuit.

« Au cours des douze dernières années le sujet a été alternativement privé d'occasions de s'exprimer musicalement et, en d'autres occasions, s'est vu strictement interdire toute activité qui lui aurait permis d'entrer en contacts avec des endroits de vice, y compris paradoxalement les night-clubs, les bars ou autres lieux de spectacle où ses talents pourraient naturellement s'employer. A cause de ces contraintes, M. Meeks a souffert angoisse et frustrations qui l'ont conduit à se comporter de manière irrationnelle et à commettre des actes qui n'ont fait qu'aggraver la situation dont il cherchait vainement à se libérer. »

Don White n'est pas pour autant naïf. Il ne prétend pas entrevoir pour Nathaniel Meeks la fin des problèmes dès qu'on allégerait ses « contraintes ». Mais il recommande à l'administration pénitentiaire de regarder la situation en face et de comprendre les problèmes de « cet individu tourmenté » ;

« Il serait ridicule de prétendre que son recours à la drogue – dont le besoin se fait sentir pour faire face à des situations de stress – va disparaître à horizon prévisible. A l'évidence, quelqu'un dans sa situation émotionnelle trouvera des occasions dans sa vie où il aura recours à ses réponses habituelles, et il faut s'attendre qu'il rechute de temps en temps. Néanmoins, nous pensons qu'il faut prendre une décision sur la meilleure solution objective dans ce cas. Il apparaît au soussigné que nous sommes confrontés à un cercle vicieux qui peut continuer éternellement, à moins qu'un risque calculé ne soit pris. Voici un homme dont la vie tourne autour de la musique. Pourtant, l'expression de son potentiel musical a été grandement limitée par l'impératif carcéral. Chaque action punitive lui fait perdre du temps dans sa carrière musicale, et la frustration augmente. Les occasions deviendront de plus en plus rares pour cet homme avec le temps. Nous pensons qu'il s'agit peut-être d'un cas où un risque calculé doit ou devrait être pris. »

Meeks a un rendez-vous à la mi-octobre pour une séance d'enregistrement « avec l'un des musiciens de jazz les plus éminents du pays », note l'agent qui ajoute que son protégé a du coup « peu de temps pour travailler et arriver à un niveau de jeu optimum ». Don White suggère fermement que Meeks reste en liberté conditionnelle. La date d'enregistrement prévue sera cruciale pour le trompettiste, écrit-il, car elle peut lui permettre de surmonter sa frustration permanente. « On ne doit pas penser que ce sera la réponse définitive aux problèmes du sujet, mais on peut admettre que ce serait un début raisonnable ».

Le « sujet » sort donc de prison après trente jours dans les cellules du comté de Los Angeles. L'administration pénitentiaire lui avance les 30 dollars dont il a besoin pour se mettre à jour de ses cotisations au syndicat des musiciens, indispensable pour se produire sur scène ou enregistrer. Noël arrive, et avec la saison des fêtes les occasions de jouer. Répétitions avec l'orchestre de Gerald Wilson pour un autre disque en préparation. Concerts fin décembre au Shrine Auditorium de Los Angeles, et au Temple maçonnique de San Francisco. Participation au trio monté par le saxophoniste Harold Land, qui se produit occasionnellement à Los Angeles.

Le 13 janvier 1965, on retrouve Nathaniel Meeks à une séance d'enregistrement du big band de Gerald Wilson dans les studios Capitol, à Los Angeles. La section de saxophones, brillante, est composée de ses amis Harold Land et Teddy Edwards, ainsi que de Curtis Amy, qui a enregistré deux ans plus tôt *Katanga!* avec Dupree Bolton. L'orchestre enregistre trois morceaux : *Lighthouse blues*, *Musette* et *Los Moros de España*. Le 10 mars suivant, Meeks est toujours là quand le même orchestre enregistre cinq nouveaux morceaux dans les studios de Pacific Jazz. Mais quand le big band se retrouve début août pour une nouvelle séance d'enregistrement, Meeks a disparu.

C'est que le « début raisonnable » espéré par l'agent de probation Don White va rester un début. Les engagements se raréfient. La période est difficile, et dans l'armée de réserve des bons musiciens au chômage, les orchestres et formations de jazz peuvent se permettre le luxe de choisir. Ils ont les moyens de se passer d'un trompettiste junkie, peu fiable, sans doute colérique, que son talent ne rend indispensable à personne. Meeks vit à nouveau avec sa mère, qui s'en plaint à l'autorité pénitentiaire. « Elle déclare que cela lui impose un fardeau à la fois financier et social, et exprime le désir que le sujet s'arrange pour vivre ailleurs que chez elle », indique un rapport du 3 juin 1965. Meeks a alors 35 ans, et sa mère 50.

Au printemps, Meeks est à nouveau entré dans un cycle devenu routinier. Il quitte le domicile de sa mère, et prend une chambre à l'hôtel Dunbar, légendaire établissement de l'histoire du jazz à Los Angeles, au cœur de Central Avenue, dont tous les grands musiciens et orchestres de passage avaient fait, à l'époque, leur quartier général sur la côte Ouest. Mais le Dunbar, presque ruiné par la fin des années folles de Central Avenue, est en train de décliner lentement et de se laisser gagner par la décrépitude.

La dérive continue, qu'aucun engagement, aucune des mains si souvent tendues par ses amis musiciens ne vient enrayer. Nathaniel ne se soumet pas aux tests de détection de drogue. Il repousse plusieurs fois les rendez-vous pour des motifs fantaisistes. Après une analyse positive, il reconnaît finalement qu'il s'est drogué, mais une seule fois, dit-il, la veille même des analyses. Une analyse d'urine détecte plus tard des traces de morphine dans son organisme.

L'agent de probation Franklin Milner Junior n'est pas dupe. Meeks, écrit-il, « est actuellement incapable de répondre positivement à un régime de liberté conditionnelle (...). Il dépend lourdement de ses capacités de musicien pour vivre, ce qui s'est révélé un échec. Il n'a pas de formation, et n'a pas essayé de trouver d'emploi non qualifié ». Meeks est arrêté le jour où il vient passer son test, le 10 mai. Milner recommande qu'il soit envoyé au centre de traitement des toxicomanes de Chino.

Il y est reçu en juin 1965 après un mois dans la prison du comté de Los Angeles. Il en sort en octobre, et passe à nouveau sous le régime de la liberté surveillée et des rapports réguliers à son agent. L'orchestre de Gerald Wilson, une fois de plus, le recueille pour quelques engagements dans les clubs de la ville. Le Lighthouse, le It Club, et l'Adam West. En novembre, une analyse antidrogue produit des résultats suspects que Meeks explique en indiquant qu'il a pris la veille des amphétamines.

En décembre, après qu'il a une fois encore manqué une analyse médicale, son agent lui rend visite à domicile, lui administre le test et remarque sur ses bras « deux traces de piqûres récentes, et deux autres en voie de cicatrisation ». Meeks est arrêté pour usage d'héroïne. Le rapport relatant l'incident notera qu'il s'est piqué juste avant un concert donné devant les toxicomanes du centre de Synanon, où l'on traite les drogués par des méthodes révolutionnaires pour l'époque qui sont célébrées dans tous les Etats-Unis. Synanon a traité entre autres plusieurs musiciens de jazz célèbres, comme Art Pepper ou le guitariste Joe Pass. Nathaniel Meeks « a vite insisté sur le fait qu'il ne s'était pas piqué à Synanon même », note le rapport... Franklin Milner recommande néanmoins que Meeks reste en liberté, estimant que les efforts de l'administration pénitentiaire devraient porter sur le soutien et le conseil, compte tenu du fait qu'il n'est pas un danger pour la société...

Meeks sort donc de la prison du comté le 11 janvier 1966. Au début février, il quitte le domicile de sa mère. A la fin du même mois, celle-ci porte plainte contre son fils qu'elle accuse de lui avoir volé une montre, une radio et un poste de télévision portable. Meeks disparaît, manque à nouveau plusieurs rendez-vous pour ses analyses. Il a le temps de participer à une ultime séance d'enregistrement pour le big band de Gerald Wilson, toujours bon Samaritain. C'est le 8 juillet 1966, et il remplace un autre trompettiste, Jimmy Owens, dans un orchestre par ailleurs rigoureusement semblable à celui qui avait enregistré d'autres morceaux le 21 juin précédent. Comme si Wilson avait fait une fleur à son ami en cavale dans la dèche, lui fournissant une dernière chance d'enregistrer encore. L'orchestre grave ce jour-là trois morceaux : *Chanson du feu follet* (en français dans le texte), *Blues Latinese* et *The golden sword*.

La police de Los Angeles arrête Nathaniel Meeks pour usage de drogue le mois suivant, après avoir remarqué dans sa voiture l'équipement habituel du toxicomane – compte-gouttes, seringue. Il est en compagnie d'un certain James S. Robinson, ancien prisonnier, déjà condamné pour cambriolages, et d'un autre homme « nommé Williams » présentant des traces de piqûres sur les bras. Meeks admet s'être drogué, reconnaît avoir cambriolé le domicile de sa mère et avoir mis en gage les objets volés, afin de pouvoir s'acheter de l'héroïne. La patience de Franklin Milner est à bout. Il recommande que Meeks retourne en prison. « S'il est libéré, le sujet sera sans ressources. Il n'a pas d'argent, pas de domicile, pas d'emploi. Sa mère ne veut pas l'héberger ». Le 6 octobre, Meeks retourne à San Quentin.

Après les entretiens d'usage, il est transféré vers le « centre de conservation » de Lassen, grand parc naturel d'anciens volcans dans le nord de l'Etat. Il y arrive en novembre. En mai 1967, il est transféré à Tehachapi parce que son « attitude émotionnelle » le rend inapte à un programme de travaux dans la nature tels que Lassen en prévoit pour les détenus. A Tehachapi, c'est un prisonnier calme, employé modèle. Sa mère lui rend visite, mais aussi le saxophoniste Harold Land, qui l'avait employé à plusieurs reprises sans sa formation.

Meeks est libéré – toujours en conditionnelle – le 8 avril 1968. Il est alors engagé par la Rene Hall Music Company comme copiste, arrangeur et compositeur de musique au salaire de 30 dollars par semaine. Il s'achète une trompette. Quitte son emploi en novembre après une querelle sur son salaire. Est arrêté le 4 décembre pour vol, condamné le 5 à dix jours de prison dans les cellules du comté de San Antonio. Puis il disparaît à nouveau. Rate ses rendez-vous pour subir ses analyses en février, mars et avril 1969. Appelle son agent de probation en mai, se rend, admet avoir pris de l'héroïne pendant sa cavale. Est envoyé en centre de désintoxication en juin. En sort en août. Est arrêté en février 1970 pour le vol d'un pull-over de 14,95 dollars. Et condamné à trente jours de prison.

Un an et demi plus tard, le 28 juin 1971, l'agent de probation John F. Francis écrit dans son rapport que le « sujet » s'est prêté « régulièrement et avec succès aux analyses antidrogue », qu'il a « fait des efforts intenses pour se détacher des milieux toxicomanes ». Meeks à l'époque vit seul, dans un appartement de Los Angeles, et il est employé comme arrangeur et copiste par un imprésario local. « La stabilité et la maturité démontrée par Mr Meeks au cours des dix-huit derniers mois rendent aujourd'hui possible une proposition de libération ».

Le 9 juillet 1971, R.K. Procunier, directeur du Département pénitentiaire de Californie, signe le certificat de *discharge and release* – levée d'écrou et libération – de Nathaniel Charles Meeks. Libre enfin, à 40 ans.

Il lui reste un peu plus de deux ans à vivre dans l'anonymat de la grande ville, ancien trompettiste, ancien taulard, vivant de son petit boulot, junkie encore peutêtre. Les registres de l'Etat de Californie indiquent qu'il meurt en décembre 1973 à Los Angeles, à l'âge de 43 ans.

9

Mort

Le mercredi 8 août 1962, vers 9 heures, Elizabeth Ann, dite « Ma » Duncan, 58 ans, fut emmenée dans le bâtiment de la prison de San Quentin où la chambre à gaz avait été préparée aux petites heures du matin. Vêtue d'une combinaison rose mouchetée de vert, la petite dame aux cheveux grisonnants noués en chignon par un élastique bleu entra à 10 h 01 dans la petite construction octogonale de métal vert pâle enchâssée dans le mur séparant deux pièces d'un sous-sol de la prison. Elle jeta un regard au petit groupe de témoins qui allait assister à son exécution, et lança, selon un témoin : « Je suis innocente. Où est Frank ? » Selon un autre témoin, ces mots qui furent les derniers auraient été en fait : « Je suis innocente. Je veux voir mon fils. » Son fils n'était pas là.

Deux gardiens attachèrent ses jambes, son bassin, sa poitrine et ses bras à l'un des deux fauteuils métalliques de la chambre à gaz marqués, l'un « A », l'autre « B » : la machine était prévue pour pouvoir, en cas de besoin, exécuter deux condamnés à la fois. Un long stéthoscope de marque Bowles transmettant à l'extérieur la mesure de ses signes vitaux, pouls et respiration, fut fixé sur sa poitrine à travers une fente ouverte dans son chemisier entre deux des boutons blancs. La chaise était un peu grande pour la condamnée, dont les pieds chaussés de mocassins à boucles pendaient librement à une dizaine de centimètres du sol. Un des gardiens lui tapota l'épaule avant de sortir, comme pour l'encourager. La porte métallique de la chambre à gaz fut ensuite fermée hermétiquement par un de ces grands volants analogues à ceux qui commandent la salle des coffres de certaines banques. Le directeur, les gardiens et les médecins, d'un côté, et les spectateurs, de l'autre, allaient pouvoir suivre l'exécution de Ma Duncan à travers huit grandes vitres enchâssées dans chacun des côtés de la chambre à gaz.

A 9 h 58, le directeur de la prison Fred Dickson reçut un coup de téléphone du juge Walter L. Pope, de la cour d'appel des Etats-Unis pour la région de San Francisco : l'ultime pourvoi de la condamnée était rejeté. A 10 h 03, au signal du directeur, le sergent de service ce matin-là activa de l'extérieur un levier faisant basculer, à l'intérieur de la chambre à gaz, un bras mécanique. Le bras soutenait plusieurs blocs de cyanure de sodium ressemblant à de gros œufs, enrobés dans une sorte de gaze, qui basculèrent alors dans un bac contenant un mélange d'acide et d'eau distillée situé sous le siège de la condamnée. Il fallait en principe une vingtaine de secondes pour que les blocs, au contact de l'acide, dégagent du cyanure d'hydrogène gazeux qui, passant par les trous percés dans la chaise, provoquerait une mort rapide de la condamnée. Il est plus que probable que l'un des deux gardiens, tout en l'attachant, ait conseillé à Ma Duncan de « respirer profondément » dès qu'elle sentirait les premiers effluves du gaz. Conseil purement technique et humanitaire, destiné à abréger la fin du condamné, et souvent prodigué par les gardiens en pareille occurrence.

Comme c'était le cas pour toutes les exécutions capitales, les dernières minutes d'Elizabeth firent l'objet d'une surveillance médicale attentive, comme en témoigne le rapport minutieux signé le jour même par le médecin-chef de la prison, Herman A. Gross. Grâce à ce document, conservé dans les archives de l'Etat de Californie, on sait donc que la porte de la chambre à gaz fut verrouillée à 10 h 02 et trente secondes, et le cyanure lâché dans le baquet d'acide à 10 h 03 et trente secondes. La suite se déroula selon l'ordre des choses, chaque étape de l'agonie étant soigneusement préimprimée sur le formulaire du docteur Gross, qui n'avait qu'à le remplir en indiquant l'heure précise des événements :

« Le gaz frappe le prisonnier au visage – 10 h 04 »
« Prisonnier apparemment inconscient – 10 h 04 1/2 – tête en arrière, yeux ouverts »
« Prisonnier certainement inconscient – 10 h 05 – Yeux ouverts »
« Commentaires spéciaux   10 h 06 – Bouche ouverte »
                            10 h 07 – Sursaut – Yeux ouverts »
« Dernier mouvement visible 10 h 11 »
« Arrêt du cœur   10 h 12 »
« Arrêt de la respiration   10 h 11 »
« Prisonnier déclaré mort   10 h 12 [1] ».

Elizabeth Duncan mourut dix minutes après la fermeture de la porte de la chambre à gaz, un temps situé dans la moyenne. Howard Hertel et Paul Weeks, les deux journalistes envoyés par le *Los Angeles Times* assister à l'exécution pour en rendre compte, racontèrent dans le journal du lendemain : « Sa tête roula en tombant vers la droite. Sa bouche s'ouvrit et son teint devint gris cendre. Si elle semblait résignée à mourir, son corps ne l'était pas. Dépourvu de volonté, il reprit le combat, retrouvant l'instinct de survie. Ses bras se crispaient sous les lanières. Ses poumons cherchaient l'air. Son corps tremblait, se convulsait, luttait. Ses yeux, jusque-là mi-clos, s'ouvrirent tout grands au moment

---

1. *Lethal Gas Chamber – Execution Record*, 8 août 1962, California State Archives.

où sa tête était rejetée en arrière, fixant un regard de mort vers le plafond ». Deux des personnes présentes, au bord de l'évanouissement, avaient dû être évacuées. Le directeur de la prison, Fred Dickson, après avoir constaté la mort, dit simplement aux autres témoins : « Gentlemen, vous pouvez partir maintenant. »

Dans ses Mémoires, un ancien directeur de San Quentin, Clinton Duffy, adversaire résolu de la peine de mort après avoir assisté à des dizaines d'exécutions, raconte les effets d'une exécution dans la chambre à gaz. « Il y a d'abord les signes d'une horreur extrême, de douleur, d'étranglement. Les yeux sortent, la peau devient violette, la victime commence à saliver. C'est un spectacle horrible. »

Un professeur en médecine de l'université Johns Hopkins, trente ans après, décrit ainsi les douleurs vraisemblablement ressenties par le condamné à la chambre à gaz. « La douleur commence immédiatement et se ressent dans les bras, les épaules, le dos, la poitrine. La sensation est similaire à celle que l'on ressentirait lors d'une crise cardiaque, quand le cœur est privé d'oxygène. » Et d'ajouter, en 1991 : « Nous n'utiliserions pas l'asphyxie, par le cyanure ou toute autre substance, pour tuer les animaux cobayes dans nos laboratoires [1] ».

Pour l'exécution de Ma Duncan, le lieutenant commandant l'escouade de gardiens affectée à l'opération toucha une prime de 150 dollars. Le sergent ayant activé la manette, considéré comme l'« exécuteur », et dont le nom, par tradition, devait rester secret, fut payé 125 dollars. Les deux gardiens, 75 dollars chacun. Les règlements californiens attribuaient également 50 dollars à l'aumônier ayant assisté le condamné pendant ses dernières heures, si du moins celui-ci avait formellement requis cette assistance [2]. C'était le cas d'Elizabeth

---

1. « *The way we die* », Jacob Weisberg, *New Republic*, 1991.
2. *Death Row Chaplain*, Byron Eshelman, Prentice Hall, 1962.

Duncan, qui avait demandé la présence à ses côtés, pendant sa dernière nuit, d'un aumônier protestant. Quatre des huit côtés vitrés de la chambre à gaz donnaient dans la « salle des témoins » où la mort d'Elizabeth Ann fut observée par « douze citoyens de bonne réputation » parmi lesquels des journalistes représentant les deux grandes agences de presse Associated Press et UPI, ainsi que les journaux et radios de la région. Une rampe circulaire les séparait de la construction métallique. Dans une salle située de l'autre côté de la chambre à gaz, et donc invisibles aux témoins, deux médecins, Gross et son collègue Andrew Kopac, ainsi que l'aumônier et le directeur de la prison, pouvaient, à travers de petits stores vénitiens, observer la progression de l'agonie, minute par minute.

Après la constatation officielle de la mort, un ventilateur expulsa les fumées toxiques dans l'atmosphère, via une cheminée d'une dizaine de mètres. Le corps de la condamnée fut aspergé d'ammoniaque, destiné à neutraliser les effets du cyanure. Au bout d'environ une demi-heure, le temps que se dissipe l'essentiel de la fumée, des gardiens portant masques et gants de caoutchouc purent entrer dans la chambre à gaz pour s'occuper du cadavre. Le manuel d'utilisation de la machine, fourni par Eaton Metal Products, firme ayant fabriqué la quasi-totalité des chambres à gaz utilisées dans différents Etats américains, leur suggérait de secouer un peu les cheveux de la condamnée, afin de disperser les dernières traces de poison. Le corps d'Elizabeth Duncan, sur instructions de son fils, fut plus tard mis à la disposition de la maison de pompes funèbres J. O'Connor, de San Francisco.

Eaton Metal Products, petite entreprise de 200 salariés au chiffre d'affaires annuel d'environ 40 millions de dollars aujourd'hui, fut fondée en 1880 pour fournir les marchés agricoles des territoires de l'Arizona en cuves, réservoirs, silos et constructions métalliques diverses.

Elle exerce encore son activité dans les mêmes spécialités à base de plaques d'acier et d'alliages complexes, avec une diversification dans les services pétroliers. « Notre approche centralisée du management de projets assure la continuité d'objectifs dans la relation client-fabricant », assure son site web. Les produits d'Eaton Metal sont fabriqués dans trois grandes usines, à Denver dans le Colorado, à Pocatello dans l'Idaho et à Salt Lake City dans l'Utah. L'entreprise est prolixe sur les cuves, réservoirs, chambres fortes, pipe-lines, plaques de métal en acier ou métaux complexes, cuves sous pression « jusqu'à six mètres de diamètre, soixante mètres de long, et 550 tonnes », destinées aux industries du pétrole, de l'acier, du génie civil, de l'espace, ou à la construction navale. C'est semble-t-il dans l'usine de Salt Lake City que furent fabriquées les chambres à gaz américaines, dans les années trente et quarante. Quelques chambres à gaz demeurent en état de marche dans quelques rares Etats du pays, à titre de moyen d'exécution alternatif, puisque la piqûre est désormais préférée dans la majorité des Etats qui ont conservé la peine de mort dans leur arsenal répressif.

La veille de son exécution, Elizabeth Duncan avait été transférée de la prison pour femmes de Corona, dans le sud de la Californie, à San Quentin, prison pour hommes mais seul lieu de l'Etat où l'on exécutait les condamnés à mort. Le voyage d'environ 700 kilomètres avait eu lieu sous bonne escorte, et s'était déroulé sans incident. A son arrivée le 7 août, « vers 16 h 55 », Elizabeth Duncan « paraissait calme », selon le rapport rédigé le soir même par le lieutenant E.F. Ziemer, responsable du troisième quart de surveillance dans le bâtiment des condamnés à mort.

Une semaine avant la date prévue de son exécution, la condamnée avait pu commander son dernier repas, pour le soir du 7 août. Rien d'extraordinaire, dîner sans extravagance. « Steak, salade de fruits, petit pain chaud ou pain complet, tarte ou gâteau, et café ». Elle avait également demandé que l'aumônier de la prison l'assiste pendant sa dernière nuit. Ses requêtes avaient bien sûr été exaucées, l'administration pénitentiaire ajoutant semble-t-il de son propre chef, au steak, des petits pois et de la purée de pommes de terre. Le même soir, un gardien lui avait fourni deux aspirines après qu'elle se fut plainte de maux de tête. Elizabeth Duncan avait ensuite dormi, de 23 h 40 à 5 h 30. Le matin de son exécution, elle avait pris à 7 h 15 un petit déjeuner composé de café, pain grillé, beurre et confiture.

Au moment même où les gardiens s'activaient à l'attacher à la chaise de la chambre à gaz, le fils de Ma Duncan, Frank, qui était aussi devenu son avocat, attendait dans l'antichambre du juge Pope, à San Francisco, le résultat de son dernier appel. Il était arrivé à la cour d'appel avant même l'ouverture des portes, à 8 heures du matin. Un collègue avocat, Arthur Warner, avait rédigé, à la main, un ultime appel demandant au juge de reporter l'exécution, au motif que Ma Duncan, qui avait subi un traitement médical pendant son procès, n'aurait pas de ce fait disposé de toute la présence d'esprit nécessaire à sa défense. A 9 h 10, la défense ainsi que le district attorney (le ministère public) étaient entrés dans le bureau du juge pour présenter leurs arguments, pendant une demi-heure. Le juge leur indiqua à 9 h 55 qu'il rejetait l'appel. Dix minutes plus tard, Frank Duncan faisait tamponner le ticket destiné à sortir sa voiture du parking des visiteurs de la cour d'appel. Des journalistes lui demandant s'il avait quelque chose à dire, il leur répondit : « Et vous, que diriez-vous ? »

Les objets personnels de Ma Duncan furent confiés à la maison de pompes funèbres J. O'Connor. Soit « un collier de perles et deux boucles d'oreilles, une montre en or Corvair avec bracelet en or, deux photos, un télégramme, une paire de lunettes, et un dentier de mâchoire supérieure ». La maison O'Connor emporta aussi « un carton contenant des vêtements personnels transmis par Corona », la prison pour femmes où Elizabeth Duncan avait attendu pendant trois ans son exécution. A.E. Moss, employé de pompes funèbres, put ensuite signer le « reçu pour un corps » (*body receipt*) certifiant qu'on lui avait bien remis le cadavre.

Ma Duncan avait été condamnée à mort le 20 mars 1959 par un tribunal présidé par le juge Chas F. Blackstock. En même temps que la peine capitale, punissant l'enlèvement et le meurtre commandité de sa belle-fille enceinte par deux hommes de main recrutés dans un bar, elle avait été aussi condamnée pour faire bonne mesure à une peine allant « de six mois à quatorze ans de prison » pour subornation de témoins et usage de faux. Ses deux complices, Augustine Baldonado et Luis Moya, furent exécutés à San Quentin le même jour qu'elle, trois heures plus tard. Ce fut la dernière fois, dans l'histoire de la Californie, qu'on utilisa la capacité « doubles places » de la chambre à gaz, les fauteuils A et B servant simultanément. Contrairement à Ma Duncan, qui avait fait preuve jusqu'au bout d'un grand calme, ses deux tueurs essayèrent de mourir flamberge au vent. « Ferme bien la porte en partant », lança Baldonado au gardien qui quittait la chambre à gaz. La veille, Moya et Baldonado avaient commandé un dernier repas ambitieux : homard thermidor, steaks, cuisses de grenouille, huîtres frites. Et du bicarbonate de soude, pour le cas où... La prison leur servit du steak premier choix et un gâteau à la banane. Pendant leurs dernières minutes, les deux hommes eurent l'air de parler avec animation. Les blocs de cyanure une fois tombés dans les bacs, Boldonado parla jusqu'à la fin : « Ça y est c'est tombé, hurla-t-il... Je peux le sentir. Ça sent pas bon. » Et s'adressant à Moya : « Ça va, on va dormir, tout va bien. T'inquiète pas. Je m'en vais doucement. » D'après la petite note jaune du directeur de la prison, la mort de Moya eut lieu à 13 h 14, celle de Baldonado, père d'un garçon de 5 ans et de deux jumeaux de 3 ans, à 13 h 15 [1].

Baldonado et Moya n'avaient pas fait avancer leur cause en essayant de s'échapper du quartier des condamnés à mort un mois plus tôt, le 2 juillet, avec quatre autres prisonniers [2]. Cinq d'entre eux avaient réussi à scier patiemment, jour après jour, trois barreaux de leur cellule, et à masquer l'avancée de leurs travaux avec du savon noirci. Quand l'un avait fini, il passait au suivant la petite scie entrée en contrebande. Les quinze barreaux une fois sciés, les cinq étaient sortis de leurs cellules, avaient assommé un gardien, volé son fusil, pris un autre gardien en otage en l'obligeant à libérer un sixième condamné. Les échappés s'étaient ensuite rendu compte que les gardiens ne pouvaient ouvrir de l'intérieur la porte du quartier des condamnés à mort. Un commando hissé sur le toit avait lancé une quarantaine de grenades lacrymogènes à l'intérieur, et les prisonniers s'étaient finalement rendus [3].

L'histoire du crime et de l'amour exclusif et maladif de Ma Duncan pour son fils avait excité les imaginations dans le comté de Ventura, du côté de Los Angeles,

---

1. « Mrs Duncan dies with 2 conspirators », Howard Hertel et Paul Weeks, Los Angeles Times, 9 août 1962.
2. « Six killers fail in prison escape », New York Times, 3 juillet 1962.
3. David Bickley, 22 ans, condamné à mort pour meurtre et vol à main armée, avait pris le risque d'aggraver sérieusement son cas aux yeux de la justice en participant à cette tentative de belle. Sa condamnation à mort n'avait pas encore été jugée en appel. Elle fut néanmoins annulée et commuée en détention à perpétuité. Libéré, Bickley s'en alla vivre ensuite dans la petite ville de Max Meadows, en Virginie, se maria et eut quatre enfants. Il fit parler de lui trente-cinq ans plus tard pour avoir menacé au téléphone un agent des impôts qui n'avait pu l'aider parce que son ordinateur était en panne. Bickley fut acquitté lors de son procès pour « menace envers un fonctionnaire ». La même année, en 1997, mécontent qu'une société de travaux publics eut abattu par mégarde huit grands séquoias sur sa propriété, il s'enchaîna à un banc en menaçant de s'incendier avec un bidon d'essence, avant de se laisser convaincre de renoncer. « Il y a plein de trucs qui m'énervent », expliqua-t-il.

depuis 1958. Elle avait gagné en bizarrerie quand le fils, Frank, celui-là même dont la femme avait été tuée par sa mère, était devenu son avocat au fur et à mesure des appels et pourvois en cassation qui avaient suivi sa condamnation à mort.

Olga Kupczyk était infirmière et s'occupait d'Elizabeth Duncan, hospitalisée après une tentative de suicide. Frank et Olga se marièrent en secret. Le mariage rendit Elizabeth furieuse, pour des raisons que le procès ne parvint jamais à élucider. La fureur déboucha d'abord sur une escroquerie. La mère jalouse se rendit au tribunal du comté de Ventura pour faire annuler le mariage, en se faisant passer pour Olga. Un homme avait été embauché pour jouer le rôle de son fils.

Frank et Olga finirent par se séparer pour calmer la belle-mère irascible. Mais Ma Duncan avait des projets plus définitifs. En novembre 1958, elle embaucha Baldonado et Moya dans un café, leur promettant 6 000 dollars pour se débarrasser d'Olga. La jeune infirmière, enceinte de Frank, fut enlevée dans son appartement de Santa Barbara, frappée à coups de crosse de revolver, puis étranglée. Son corps fut enterré non loin du lac Casitas, près de la petite ville d'Ojai. Le médecin légiste établit que sa mort était due à l'asphyxie, sans avoir pu déterminer si c'était là une conséquence de l'étranglement, ou si Olga avait été enterrée encore vivante.

Ma Duncan nia jusqu'au bout avoir été impliquée dans l'enlèvement de sa belle-fille, et fut condamnée sur le témoignage de ses complices. Il fut révélé pendant son procès qu'elle s'était mariée onze fois dans plusieurs Etats du pays, avait eu six enfants, et qu'elle s'était prostituée à l'occasion, ce qui surprit de la part d'une accusée dont le physique évoquait celui d'une austère institutrice à la retraite. Ma Duncan reconnut simplement le paiement de 335 dollars à ses deux complices, qui auraient, dit-elle, tenté de la faire chanter en évoquant son passé. Le 16 mars 1959, il fallut seulement quatre heures et cinquante et une minutes de délibération au jury pour la reconnaître coupable. Il revenait au juge Charles F. Blackstock, de la condamner ensuite à la peine de mort. En y ajoutant quelques années de prison.

Onze condamnés furent exécutés en 1962 à San Quentin. Ce fut l'année d'un record macabre, l'apogée d'une forme de furie punitive. On n'avait jamais exécuté autant depuis 1949, et jamais on n'exécuta autant depuis. La prison vécut cette année-là au rythme de l'incarcération puis de l'exécution des pensionnaires de « Death Row ».

Le 10 janvier, Rudolph Wright, condamné à mort pour le meurtre à coups de ciseaux d'un prisonnier de Soledad, où il était incarcéré depuis onze ans pour un autre meurtre, tente de se suicider en avalant les barbituriques qu'il a mis de côté depuis deux semaines après se les être procurés, un par un, à l'infirmerie de la prison. Son exécution étant prévue pour le lendemain, Wright est soigné, et conduit, estomac lavé, à la chambre à gaz. Les pilules faisant encore leur effet, il avait passé sa dernière nuit à dormir paisiblement, indique le directeur de la prison dans son rapport.

Le 17 avril, la mort de Robert Green Hughes, 27 ans, est officiellement constatée par le médecin de San Quentin à 10 heures 14 minutes. Deux ans plus tôt, pendant un hold-up, il a tué Wilson Thibodeaux, l'employé d'une station-service de Los Angeles. Le 31 mai, Henry Adolph Busch, 30 ans, entre à 10 heures du matin dans la chambre à gaz, les blocs de cyanure tombent dans l'acide à 10 h 03, et il meurt à 10 h 11, indique une dépêche de l'agence UPI. Busch a été condamné pour le meurtre par étranglement de trois femmes, Margaret Briggs, 53 ans, Elmyra Miller, 72 ans, et Shirley Payne, 85 ans.

Le 4 septembre, Lawrence Garner meurt à 10 h 12. Trois ans plus tôt, dans le désert de San Bernadino,

Garner avait tué à coups de revolver Richard Lee Nolen et Hurley Skene, qui partaient se marier à Las Vegas. Nolen venait de s'évader de prison et Garner, lui-même en liberté conditionnelle, devait être son témoin de mariage. « C'était un personnage arrogant », a déclaré Garner pour expliquer son geste. En guise de dernière volonté, il a demandé à passer une heure « dans l'intimité » avec sa femme Sondra Grounds, qui purge elle-même une peine à perpétuité dans la prison pour femmes de Corona. Les autorités pénitentiaires lui ont accordé un quart d'heure, au téléphone.

Le 21 novembre, Allen Ditson, 41 ans, ancien lieutenant de l'armée de l'air, propriétaire d'une petite boutique de bijouterie à Los Angeles, meurt « calmement » à 10 h 12, selon une dépêche de l'Associated Press. Son complice Carlos Cisneros, 29 ans, a été gracié la veille par le gouverneur de Californie. Les deux hommes ont été condamnés pour avoir assassiné trois ans plus tôt Robert Ward, l'un des membres du gang avec lequel ils ont commis une série de hold-up dans la région de Los Angeles. Ils ont d'abord tenté de tuer Ward à coups de marteau, puis l'ont placé dans le coffre d'une Cadillac, conduit dans un endroit isolé et achevé au revolver. Ils ont ensuite démembré le corps au couteau, enterrant le tronc sur place. La tête et les membres ont été enfouis dans la cave d'un complice. La scène de la tuerie inspira trente ans plus tard un passage du film de Martin Scorsese, *Les Affranchis*.

En ce mois de novembre, les condamnés à mort de San Quentin ont aussi leurs propres exigences. Une vingtaine d'entre eux quittent la séance du film qui leur est projeté le vendredi soir et manifestent bruyamment leur mécontentement parce que la « comédie » britannique qu'on leur a promise, *Tight Little Island*, n'est pas très comique. Le film date déjà de 1949, et raconte les péripéties d'un petit village d'une île d'Ecosse où un bateau s'échoue avec 50 000 bouteilles de whisky. Mais l'humour de la prison semble incompatible avec l'humour écossais. Après vingt minutes de tapage, les autorités de la prison décident de projeter *Cry of the city* (*La Proie*), un film policier de 1948 réalisé par Robert Siodmak, avec Victor Mature dans le rôle d'un policier de New York qui traque un assassin de flics joué par Richard Conte.

Le contexte électoral ne fut pas pour rien dans l'accélération du rythme des exécutions à San Quentin en 1962. Richard Nixon, battu de justesse deux ans plus tôt par John Kennedy lors de l'élection présidentielle, avait décidé de renaître à la politique sur la côte Ouest en contestant au démocrate Pat Brown le poste de gouverneur de Californie. La présence de Nixon, ancien vice-président de Dwight Eisenhower, avait donné à l'élection une dimension nationale à haute visibilité, et attiré en Californie l'élite des journalistes politiques américains. L'élection s'annonçait serrée. Nixon avait notamment attaqué son adversaire en critiquant ce qu'il dénonçait comme l'indécision de Brown dans l'application de la peine de mort.

Le gouverneur sortant avait toujours proclamé son hostilité personnelle à la peine capitale, mais expliquait qu'il ne pouvait s'y opposer tant qu'elle restait inscrite dans la loi californienne, marque de la volonté du peuple souverain. Depuis son élection en 1958, il avait ainsi autorisé vingt-neuf exécutions, et gracié treize condamnés. Le 2 août, après avoir entendu la requête présentée par Frank Duncan, il annonça qu'il laisserait Ma Duncan aller à la chambre à gaz. « J'ai examiné le cas en détail (...) Je suis incapable d'y trouver des circonstances justifiant une commutation de la peine », indiqua-t-il. Pat Brown fut réélu gouverneur en novembre. Richard Nixon dans un jet de fiel devenu célèbre, lança alors aux journalistes qu'il estimait « ravis de (son) échec » : « Vous n'aurez plus Nixon pour donner vos coups de pied, parce que, gentlemen, c'est ma dernière conférence de presse ». Et d'annoncer son retrait définitif de la vie politique. Six ans plus tard, il devenait président des Etats-Unis.

L'élection de novembre passée, la machine à tuer se calma brutalement dès 1963, comme rappelée à la sobriété. Dans les années cinquante, on avait exécuté en moyenne sept à huit condamnés par an. Un seul fut conduit à la chambre à gaz en 1963. Il fallut attendre quatre ans avant l'exécution suivante, en 1967. Ce fut ensuite un grand moratoire d'un quart de siècle, dû à la période où la peine de mort fut considérée comme contraire à la Constitution américaine. Depuis 1992, date de la reprise effective des exécutions dans l'Etat, la Californie exécute en moyenne un condamné par an.

Avant Elizabeth Ann Duncan, trois femmes seulement avaient été exécutées dans toute l'histoire de la Californie. En 1941, Juanita Spinelli dite « Duchesse », leader d'un gang de voleurs de San Francisco, experte du lancer de poignard, fut exécutée pour le meurtre d'un membre de son gang, dont elle craignait qu'il ne parle à la police. Trente prisonniers de San Quentin avaient protesté contre l'exécution d'une femme, et tiré au sort parmi eux le nom du volontaire qui remplacerait Juanita dans la chambre à gaz.

En 1947, c'est Louise Peete qu'on exécuta. Cette femme élégante et cultivée venue de Louisiane, après avoir été enfermée pendant dix-neuf ans pour le meurtre d'un amant, avait assassiné la femme d'un couple qui l'avait embauchée comme gouvernante à sa sortie de prison. En 1955 Barbara Graham, 32 ans, fut condamnée à mort pour le meurtre nocturne d'une femme à qui elle avait voulu soutirer de l'argent avec quelques complices. Jusqu'au bout elle proclama son innocence, provoquant une campagne de soutien et de protestations contre la peine de mort. Son histoire fut adaptée plus tard au cinéma, Susan Hayward tenant son rôle dans le film de 1958 *I Want to Live (Je veux vivre)*, de Robert Wise, le futur réalisateur de *West Side Story*. Au moment de s'asseoir sur la chaise, Graham demanda qu'on lui passe un bandeau sur les yeux.

Après Ma Duncan, vingt-deux ans s'écoulèrent avant qu'une autre femme soit exécutée aux Etats-Unis : le 2 novembre 1984, à deux heures du matin, dans la prison centrale de Raleigh, en Caroline du Nord, Margie Velma Barfield fut mise à mort par piqûre intraveineuse pour avoir assassiné son fiancé. Aucune femme n'a été exécutée depuis 1962 en Californie.

A San Quentin, en cet été 1962, l'exécution d'Elizabeth Ann Duncan fit figure d'événement. Le saxophoniste Art Pepper se souvient d'avoir vu le cortège de la condamnée arriver en provenance de Corona. Un sergent Metzger, ou Metzler, avait assisté à toutes les exécutions de San Quentin depuis vingt ans, manœuvrant le levier qui faisait basculer le cyanure dans l'acide. Metzger s'était porté volontaire pour la tâche, et avait obtenu grâce à son ancienneté le privilège d'officier chaque fois. Certains gardes au contraire refusaient de participer aux exécutions, malgré la prime accordée au bourreau.

Pepper se fait également l'écho de ce qui semble avoir été une légende persistante de la chambre à gaz : il affirme que deux gardiens étaient préposés à activer chacun un bloc de cyanure – un seul de ces blocs tombant dans l'acide, l'autre étant plongé dans l'eau, sans conséquence. Il s'agissait, affirme Pepper, de laisser les gardiens dans une incertitude leur permettant de penser qu'ils n'avaient pas été individuellement responsables de la mort du condamné. L'anecdote, similaire à celle de la balle à blanc prétendument chargée dans l'un des fusils d'un peloton d'exécution, est reprise à sa manière par Merle Haggard dans ses Mémoires [1]. Haggard

---

1. *My House of Memories, op. cit.*

croit savoir quant à lui que trois gardiens appuyaient sur un bouton dont un seul était le bon. Pour que chacun puisse entretenir l'illusion qu'il n'avait pas donné la mort.

Le lendemain de l'arrivée de Ma Duncan – qui doit donc être le matin de son exécution, Pepper croise Metzger dans la prison et lui lance qu'il a vu arriver la condamnée. Metzger lui lande un regard « froid, détaché, pénétrant [1] ».

La mort est à San Quentin la grande présence invisible. Le quartier des condamnés s'élève à gauche de la cour d'entrée, où s'alignent à droite les chapelles de différentes dénominations. Ils sont plus de 600 aujourd'hui, qui attendent dans leurs cellules individuelles – un luxe dans la prison surpeuplée – soit leur exécution, soit le succès de l'un de leurs multiples recours. Au début des années soixante, la Californie était en tête des Etats américains pour le rythme de ses exécutions. Un ancien aumônier de San Quentin, Byron Eshelman, écrit dans ses Mémoires qu'entre 1951 et 1961 – la première décennie de son ministère en prison – 148 personnes furent condamnées à mort en Californie, dont 74 exécutées. Seule la Géorgie, Etat du Sud encore soumis aux lois et aux pratiques de la ségrégation raciale, avait dépassé la Californie dans cette statistique macabre, écrit-il [2]. Encore la statistique semble-t-elle, sur le sujet, imprécise, ou la mémoire de l'aumônier imparfaite : selon l'administration pénitentiaire californienne, c'est 76 condamnés qui furent exécutés pendant la seule décennie 1951-1960.

Les matins d'exécution, raconte le chanteur Merle Haggard, un grand silence inhabituel s'abat sur toute la prison [3]. Les détenus savent depuis plusieurs jours qu'un des pensionnaires du quartier des condamnés à

---

1. *Straight Life, op. cit.*
2. *Death Row Chaplain, op cit.*
3. *My House of Memories, op. cit.*

mort est arrivé à sa « date », selon le jargon en vigueur. Et qu'il faudra une de ces interventions de dernière minute rendues populaires par le cinéma hollywoodien – le coup de téléphone annonçant au choix la grâce du gouverneur de l'Etat, ou une ultime décision de justice ordonnant le report de l'exécution – pour que la mise à mort n'ait pas lieu.

En Californie, la chambre à gaz a remplacé la potence en 1938. Malgré sa réputation plutôt libérale et son progressisme politique, la Californie n'a jamais été un Etat abolitionniste, comme certains Etats de la côte Est. Au début des années soixante, l'attitude du gouverneur démocrate Pat Brown en témoigne. Personnellement abolitionniste, il refuse de gracier systématiquement les condamnés, pour ne pas contredire sans motif sérieux la décision de jurys populaires. Quarante-cinq ans plus tard, son fils Jerry Brown, qui lui aura succédé un temps comme gouverneur de Californie à la fin des années soixante-dix, représentant à l'époque la gauche de la gauche la plus baba cool du parti démocrate, fit son come-back politique en se faisant élire Attorney General (ministre de la Justice) de Californie par une campagne sur la loi et l'ordre, indiquant qu'il n'hésiterait pas, en cas de besoin, à requérir la peine de mort.

Le débat entre partisans de la chambre à gaz et abolitionnistes fait déjà rage en 1962. Ceux qui ont dû, en raison de leurs fonctions, assister aux exécutions ne sont pas les derniers des adversaires. La nuit précédant l'exécution de Ma Duncan, des manifestants défilent silencieusement en boucle à l'extérieur de la prison. Quelques instants après sa mort, le directeur de San Quentin Fred Dickson confie à des journalistes sa conviction que « la peine de mort ne dissuade pas » les auteurs d'homicide. « Nous appliquons les lois voulues par les citoyens », dit-il, « c'est une tâche déplaisante pour laquelle les citoyens nous ont embauchés. » Même s'il ajoute que la peine de mort peut être justifiée « dans certains cas », Dickson demande simplement que son application devienne plus raisonnable [1].

Clinton Duffy, qui avait dirigé avant lui San Quentin pendant vingt ans, explique longuement son opposition à la peine de mort – alors qu'il a dû présider à l'exécution de quatre-vingt-quatre hommes et deux femmes. Duffy se souvient du passage de la potence à la chambre à gaz. La loi californienne imposait de garder l'échafaud quelques années, parce que les condamnés à mort ayant commis leur crime avant le vote de la loi devaient mourir par pendaison – la chambre à gaz étant réservée aux crimes commis après 1938. En 1942, Duffy accompagna à l'échafaud Raymond Lisemba, qui avait tenté d'assassiner sa femme en lui mettant le pied dans une boîte contenant un serpent à sonnette. Les souffrances de l'épouse durant trop longtemps à son gré, il l'avait ensuite noyée dans sa baignoire. Lisemba fut pendu le 1er mai 1942. Duffy ordonna ensuite de détruire la potence.

La nuit précédant la date prévue de l'opération, un détenu, John Howard, ancien condamné à mort dont la peine avait été annulée en appel, s'introduisit dans la pièce avec un pied-de-biche, et détruisit méthodiquement et avec acharnement tout l'échafaud avant de poser le pied-de-biche contre un mur et de sortir, essoufflé, dans la nuit. Duffy décida de ne pas sanctionner Howard. « Il fit ce qu'il avait à faire », écrit-il [2].

L'ancien directeur de la prison – né et élevé à San Quentin où son père était déjà gardien – raconte l'arrivée de la première chambre à gaz dans les locaux. Livré par péniche, l'appareil pesait deux tonnes, et avait été acheté à « une entreprise du Colorado », écrit-il (il

---

[1]. « *Warden tells view on executions* », *Los Angeles Times*, 9 août 1962.
[2]. *The San Quentin Story*, Clinton T. Duffy, Curtis Publishing Company, 1950.

s'agit d'Eaton Metal) pour un peu plus de 5 000 dollars. L'installation dans une pièce du bloc nord coûta 10 000 dollars de plus, et on testa l'efficacité du dispositif sur un petit cochon élevé dans la ferme de la prison. « Le mode d'emploi dresse la liste de vingt et un gestes à accomplir par les seuls techniciens, et l'équipement recommandé par le fabricant, et stocké en réserve, inclut entonnoirs, gants de caoutchouc, verres doseurs, pompes à acide, masques à gaz, tulle, chaînes d'acier, serviettes, savon, pinces, ciseaux, fusibles et serpillière [1] ». Il y a aussi les produits chimiques : cyanure de sodium, acide sulfurique, eau distillée et ammoniaque – tous acquis à prix de gros compte tenu des quantités. Une livre de cyanure revient à 50 *cents*, mais il faut aussi compter entre autres cinquante dollars pour le bourreau, le temps de travail du directeur, des gardiens, médecins et techniciens, ou des objets comme les vêtements portés par le prisonnier le jour de son exécution. Le coût moyen d'une exécution monte alors à cent cinquante dollars. Détaillant ses arguments hostiles à la peine de mort, et notamment le fait que son existence n'est pas dissuasive, Duffy résume son sentiment : « La peine capitale », écrit-il, « est un échec tragique. »

A San Quentin, les condamnés à mort sont aujourd'hui isolés du reste de la population carcérale. La plupart sont logés dans le bloc Est de la prison, où chacun dispose d'une cellule individuelle. D'autres vivent dans l'aile dite « ségrégation nord » ou dans le « centre d'ajustement » réservé aux prisonniers les plus violents et les plus difficiles – où les gardiens sont en permanence en tenue de combat. Les prisonniers du bloc Est ont le droit de sortir, seuls, une heure tous les deux jours, dans l'une des petites cours carrées attenantes à leur bâtiment, d'environ trois mètres sur trois, aux murs surmontés de barbelés, et sous la surveillance de gardiens armés postés dans des miradors. Un panier de

---

1. *Ibid.*

basket-ball est là pour l'exercice. De gros tuyaux servent en cas de besoin à remettre de l'ordre à coups de jets d'eau. Quand un condamné à mort sort de ses quartiers, par exemple pour se rendre à l'hôpital distant d'une centaine de mètres, au bout d'un court trajet passant devant le petit magasin destiné aux détenus, c'est toujours entravé aux pieds et aux mains par une chaîne attachée à sa ceinture, et accompagné d'un gardien. Celui-ci lance un tonitruant « *escort* » pour avertir qu'il va passer, et signifier qu'il faut s'écarter du chemin. Dans les années soixante, comme le raconte Verdi Woodward, le cri du garde était « *dead man* » : homme mort [1]. Les autres prisonniers ne peuvent s'approcher à moins de dix pieds – environ trois mètres – du condamné.

En février 1972, la Cour suprême de Californie décida que la peine de mort faisait partie des châtiments « cruels et inhabituels » prohibés par la Constitution américaine. La décision sauva la vie à 107 condamnés qui attendaient leur exécution dans le quartier spécial de San Quentin. En août de la même année, la Cour suprême des Etats-Unis étendit l'abolition de fait à l'ensemble du pays. La peine de mort était bien un « châtiment cruel et inhabituel », estima la Cour, si elle était trop sévère par rapport au crime qu'elle punissait, si elle était appliquée de manière arbitraire, si elle offensait le sens de la justice de la société, et si elle était moins efficace qu'une autre peine moins sévère. Dans l'ensemble du pays, 609 condamnés échappèrent à la mort et firent l'objet d'un nouveau procès.

La décision de la Cour suprême n'interdisant pas la peine de mort dans son principe, mais la manière dont elle était jusque-là appliquée, la plupart des Etats modifièrent leurs lois pour tenir compte de la nouvelle donne juridique. Le parlement de Californie se mit à l'ouvrage, mais son nouveau texte fut à nouveau annulé par la

---

1. *Hope to Die, op. cit.*

Cour suprême de l'Etat en 1976 – sauvant encore la vie de 68 condamnés : depuis 1972 les jurés populaires n'avaient pas tardé à rattraper le temps perdu. En août 1977, la peine de mort nouvelle manière fut réinstaurée en Californie, approuvée et définitivement validée par un référendum populaire en novembre 1978.

Le dernier condamné à mort à être exécuté en Californie avant l'abolition, Aaron Mitchell, l'avait été en avril 1967. Le suivant, Robert Alton Harris, le serait en avril 1992. En fait sinon en droit, l'Etat de Californie aurait donc connu un quart de siècle sans peine capitale.

En janvier 1993, la Californie proposa le choix du mode d'exécution à ses condamnés à mort. Ceux-ci pouvaient désormais opter pour une piqûre intraveineuse. La chambre à gaz restait l'option « par défaut ». En octobre 1995, son utilisation fut considérée comme « cruelle et inhabituelle » par un juge californien. Cette décision fut confirmée en appel en février 1996. Deux jours plus tard, George Bonin devenait le premier condamné à mort à être exécuté par injection.

Les exécutions se déroulent toujours dans la construction métallique qui servait de chambre à gaz. La grosse machine octogonale vert pomme s'appelle simplement désormais « chambre d'exécution ». Un lit a remplacé les deux fauteuils en métal. Une demi-heure avant son exécution, le condamné doit enfiler une tenue neuve – paire de blue-jeans et chemise de travail bleu ciel neuve. Il est attaché en position horizontale, et deux intraveineuses fixées à ses bras – parce qu'il faut prévoir le cas où l'une des deux ne fonctionnerait pas correctement. Trois produits lui sont alors administrés successivement, dans des proportions telles qu'un seul suffit en principe à entraîner la mort. D'abord 5 grammes de penthotal, dose massive pour provoquer l'anesthésie. Puis 50 centimètres cubes de bromure de pancuronium (substance de la famille des curares), destiné à empêcher la contraction musculaire, notamment le mouvement des muscles respiratoires. Enfin, 50 centimètres cubes de chlorure de potassium, pour déclencher l'arrêt cardiaque. Entre chaque produit, les tuyaux sont nettoyés par une solution saline. Il faut une dizaine de minutes, comme pour la chambre à gaz, pour que la mort soit officiellement constatée par le médecin présent. Douze condamnés ont été mis à mort depuis 1992, date de la reprise des exécutions après le long moratoire. Les quatre derniers, depuis mars 2000, avaient passé en moyenne une vingtaine d'années dans le quartier des condamnés. Même les prisonniers qui demandent d'en finir au plus vite et renoncent à faire appel de leur sentence doivent attendre, parce que les lois californiennes prévoient une série de recours automatiques et de réexamens, que les condamnés ne peuvent pas refuser.

Stanley « Tookie » Williams, fondateur au début des années soixante-dix du redoutable gang des Crips à Los Angeles, avait été un jour proposé pour un prix Nobel de la paix pour sa campagne contre la violence, menée depuis qu'il résidait en prison, où il était aussi devenu auteur de livres pour enfants. Il avait été condamné à l'âge de 26 ans pour les meurtres de quatre commerçants qu'il avait dévalisés. Il fut exécuté le 13 décembre 2005, à 51 ans, après que le gouverneur de Californie Arnold Schwarzenegger eut refusé sa grâce. Sa mort fut constatée à minuit trente-cinq minutes. Tookie Williams, matricule C-29300 à San Quentin pendant vingt-cinq ans, ne prononça aucune parole avant son exécution. Il n'avait pas commandé de dernier repas, mais but du lait quelques heures avant sa mort, indiquent les archives de Californie.

Un mois plus tard, le 17 janvier, Clarence Ray Allen, 76 ans, matricule B-91240, fut exécuté au même endroit, après vingt-huit ans dans les prisons californiennes, pour avoir ordonné de sa cellule l'assassinat de témoins qui avaient aidé à le condamner à la prison à vie pour un meurtre commis à l'occasion d'un hold-up. Il avait commandé un dernier repas composé de steak de bison, poulet venu de Kentucky Fried Chicken, pain frit, avec un dessert de tarte à la noix de pécan et glace à la châtaigne, qu'il avait souhaitées « sans sucre ».

Entre 1978, date de la nouvelle loi autorisant la peine de mort, et janvier 2007, 13 condamnés furent exécutés en Californie. Mais à « Death Row », le quartier des condamnés à mort de San Quentin, on meurt autant ou plus de mort naturelle – trente-cinq détenus – ou de suicide – treize – que par mort infligée. Sans compter les cinq détenus morts pour d'« autres causes » : poignardé dans la cour par un autre prisonnier, abattu par le fusil d'un gardien, ou overdose de drogue.

En décembre 2006, statuant dans le procès intenté par l'assassin et violeur d'une jeune fille, Michael Angelo Morales, contre le directeur de San Quentin, le juge Fogel décréta que la manière même dont les condamnés étaient mis à mort entrait dans la définition du « châtiment cruel et inhabituel » proscrit par la Constitution. Le défilé des témoins avait révélé l'ampleur de l'amateurisme de la procédure. Certains membres de l'équipe de gardiens chargés des exécutions avaient été condamnés pour conduite en état d'ivresse. Les infirmières chargées de préparer les seringues ne connaissaient rien aux produits anesthésiants, eux-mêmes préparés dans la salle adjacente à la chambre de mise à mort, à peine éclairée. Le lieutenant chargé de l'équipe spéciale n'avait aucune idée de la procédure, du nombre de seringues à utiliser ou de la quantité de produits nécessaires. Le juge Fogel ordonna d'abord à l'Etat de Californie de n'exécuter ses condamnés qu'en présence de deux médecins anesthésistes. Ceux-ci avaient compris qu'on leur demanderait simplement d'être présents. La veille de la date prévue pour l'exécution de Morales, en février 2006, la cour d'appel des

Etats-Unis statua que les médecins devraient intervenir si quelque chose se passait mal. Ils refusèrent alors de participer au processus, amenant le juge Foley à sa décision sur l'inconstitutionnalité de la procédure en Californie.

Au 31 octobre 2007, 666 condamnés à mort résidaient dans les prisons californiennes. 655 hommes dans le quartier spécial de San Quentin. Et 15 femmes, enfermées dans la section prévue pour elles dans la prison de Chowchilla, petite ville de la vallée centrale, entre Merced et Madeira, sur la route 99. Cent trente-cinq de ces résidents des couloirs de la mort ont été condamnés il y a plus de vingt ans. Soucieuse de bien informer le contribuable, l'administration pénitentiaire californienne précise, sur son site Internet, que le coût moyen de logement et d'entretien d'un condamné à mort est « d'environ » 33 581 dollars par an.

10
Jimmy B.

James William Bunn dit Jimmy joue du piano en écoutant une lecture de la parabole du fils prodigue. La petite formation s'appelle ce jour-là les San Quentin Modern Jazz Giants. Il y a paroles et musique. Ce dimanche 26 août 1962, le pasteur stagiaire Al McCurdy est à la lecture, les Jazz Giants à la musique. McCurdy lit la parabole tirée de l'Evangile selon Luc, l'histoire du fils perdu et du fils fidèle, du plus jeune qui « partit pour un pays lointain et y dissipa son bien en vivant dans l'inconduite », qui revient chez son père en implorant son pardon, et qui est fêté dans la joie : « Amenez le veau gras, tuez-le, mangeons et festoyons, car mon fils que voilà était mort et il est revenu à la vie ; il était perdu, et il est retrouvé. »

La lecture a lieu dans la nouvelle chapelle de la prison, inaugurée trois mois auparavant. La construction du nouveau bâtiment qui fait la fierté de l'administration pénitentiaire californienne a coûté 170 000 dollars. L'édifice compte une aile protestante, une chapelle catholique et une petite synagogue. En mai, il a été inauguré par les aumôniers protestants de plusieurs obédiences et un rabbin. Mgr Joseph T. McCucken, archevêque de San Francisco, est venu à San Quentin pour y consacrer l'aile catholique. C'était la première fois qu'un archevêque rendait visite à la prison. Le sacrement de confirmation fut à cette occasion administré à 114 détenus.

On ne sait pas qui les a appelés les « Jazz Giants ». C'est peut-être le choix des musiciens. Ou simplement la créativité du détenu qui rend compte du concert dans une brève de première page du *San Quentin News* du 30 août 1962. Mais enfin, Art Pepper et Dupree Bolton mènent encore le groupe, donc pourquoi pas Géants, en effet...

Ce dimanche de la fin août, Jimmy Bunn taquine l'ivoire parmi ces Géants du moment. Il a 35 ans, dont huit d'ennuis avec la justice californienne pour usage de drogue, à entrer et sortir de prison pour mieux y retourner. Il est à San Quentin depuis plus de deux ans. Il en sortira dans moins d'un an, en avril 1963.

Jimmy Bunn joue avec les plus grands depuis qu'il a 19 ans. Pendant qu'il accompagne la lecture du « fils prodigue », il ne sait sans doute pas que sa carrière est déjà derrière lui. Peut-être en a-t-il un vague pressentiment. Il vivra vieux, mourant à Los Angeles à 71 ans, en 1997. Solide accompagnateur et *sideman*, il est voué à rester une note de bas de page dans les histoires du jazz, mention passagère, nom relégué aux index et aux renseignements figurant sur les pochettes. Il n'a pas droit à son article dans les encyclopédies, les critiques l'auront à peine remarqué. Il ne sera pas de ceux dont les journaux recueillent les interviews, ne laissera aucun disque enregistré sous son nom, aucune photo sur aucune pochette. Après sa sortie de prison, il retourne à l'anonymat, et passe trente ans à courir le cacheton, d'une séance à l'autre, d'un musicien ou chanteur à l'autre. C'est en tout cas ce qu'on peut imaginer d'une vie qui se poursuit, mais dont la trace a de longue date commencé à s'effacer.

A quoi pense-t-il, Jimmy Bunn, l'une des stars incontestables de notre San Quentin Jazz Band de ces années-là, en ce jour du Seigneur où il se retrouve chargé de faire swinguer l'Evangile selon saint Luc? Pense-t-il à ce moment de juillet, seize ans auparavant, où il s'est retrouvé bien seul, dans un studio de Los Angeles, à tenter sans succès de sauver Charlie Parker du désastre musical? C'est lui qui avait été choisi pour accompagner Parker pendant la pathétique séance d'enregistrement de *Lover man*, en juillet 1946. C'est lui qu'on peut entendre encore aujourd'hui sur l'enregistrement de cette séance pour le label Dial, jouant l'introduction du morceau, plaquant les accords comme pour réveiller Bird de sa stupeur narcotique, et embrayant finalement lui-même, là où le saxophone aurait dû s'élancer. Entendre aujourd'hui cet enregistrement, c'est à nouveau écouter la tragédie en direct.

Ou peut-être que Jimmy Bunn, ce dimanche d'août 1962, pense à une autre séance passée à l'histoire, celle où il a arbitré au piano le duel entre deux saxophonistes piliers des nuits de Central Avenue, Dexter Gordon et Wardell Gray. Le 12 juin 1947, un an après *Lover man*, dans le même studio Mac Gregor, au coin de la 8e Rue et de Western Avenue, à Hollywood, et pour la même compagnie de disques, Dial. Premier enregistrement de ces duels de saxophones ténors qui deviendront dans les années suivantes des exercices imposés du jazz *live*. Deux saxophonistes qui cherchent à s'étourdir l'un l'autre, dans un crescendo de défis harmoniques, à la fois combat de coqs et duel sur le pré à l'aube – dans les bouges *after hours* qui ouvrent à une heure du matin, c'est d'ailleurs souvent à l'aube que se déroulent ces joutes. Solo contre solo, virtuose contre virtuose. Dexter Gordon résume : « C'est pas qu'on disait : " je peux jouer mieux que toi "... Mais en fait c'était ça (...) D'une certaine manière, c'était un des trucs – être le plus rapide, le plus cool. Le joueur de ténor avec le plus gros son – il faut des couilles, il faut de la force [1] ».

Dexter Gordon est déjà junkie, Wardell Gray va le devenir. Avec Jimmy Bunn la séance est celle des accros aux substances. Red Callender à la basse et Chuck Thomson à la batterie complètent le quintet. Le duel s'appellera *The Chase*. La chasse, la poursuite, la traque. Le genre « puise ses racines dans les formes ancestrales, appel-réponse, des plus anciennes musiques africaines et afro-américaines [2] ». *The Chase* dure 6 minutes et 46 secondes – inédit à l'époque, où la durée des enregistrements est limitée aux trois minutes d'une face de 78-tours. Il occupera les deux faces d'un même disque – ce qui rendra plus difficile son passage à la radio.

Jimmy Bunn a 20 ans, et il tient son rang entre les deux ténors machos qui cherchent à se surpasser mutuellement. Il prend même un solo, le temps (bref) pour les deux autres de se reposer un peu. Jeu sobre, sans fioritures excessives, lyrisme contenu.

Il est né le 26 septembre 1926. Les documents officiels divergent sur le lieu. Le registre des décès de l'Etat de Californie le fait naître dans le Missouri. Les archives du service des prisons, dans le Minnesota. Il y eut sans doute, à un moment donné, une erreur de transcription. MO pour Missouri, MN pour Minnesota. Jimmy comme tant d'autres a dû un jour monter dans le train d'un des big bands itinérants des années quarante où les turnovers sont rapides, où l'on engage vite un musicien local quand un membre de l'équipe décide de déserter, de rester sur place, ou de suivre une fille qui a d'autres idées. Bunn a pu suivre l'orchestre jusqu'à la côte Ouest, découvrir lui aussi le bonheur

---

1. *Long Tall Dexter, Dexter Gordon discography*, Thorbjorn Sœgren, Copenhague, 1986. (Cité dans *West Coast Jazz*.)
2. *West Coast Jazz*, op. cit.

du soleil californien, qui soutient facilement la comparaison avec la longueur des hivers du Midwest. On le retrouve alors dans la petite troupe de musiciens qui gravitent autour du trompettiste Howard McGhee, le premier des grands réfugiés de la côte Ouest dans les années d'après-guerre, l'un des premiers à y avoir apporté l'idiome be-bop, avant même l'historique visite de Charlie Parker et Dizzy Gillespie de la fin de 1945. En 1946 Jimmy Bunn rejoint le grand orchestre du trompettiste Gerald Wilson, l'un des rares musiciens noirs à l'époque à diriger un big band. Bunn y alterne au clavier avec Vivian Fears, éphémère pianiste qui sombre elle aussi dans la drogue avant de devenir la petite amie de Dupree Bolton.

A 87 ans, Gerald Wilson est aujourd'hui toujours actif, à Los Angeles. Il donne l'été une classe de composition musicale à l'Université de Californie à Los Angeles (UCLA), dont les règles sont strictes. Il a pu dire un jour de Jimmy Bunn qu'il était un jeune artiste brillant, « *a fine young artist* [1] ». Rien de plus. Aujourd'hui il se souvient à peine de celui qui avait joué dans le grand orchestre qu'il avait mené entre 1944 et 1946, avant de le dissoudre pour raisons économiques. Comme Buddy Collette, qui enregistre en 1948 quelques sessions avec Charlie Mingus pour l'éphémère label Dolphins of Hollywood, et qui n'était pas tout à fait sûr, en 1997, de se souvenir de l'identité du pianiste : « Je crois que j'ai pris Jimmy Bunn au piano [2] »... C'était lui, en effet.

Jimmy Bunn enregistre en 1945 avec Gerald Wilson et Howard McGhee, en 1946 avec Charlie Mingus, Charlie Parker, et la chanteuse Helen Humes accompagnée en cette occasion par le grand ancêtre du jazz moderne, le saxophoniste ténor Lester Young. Jimmy

---

1. *Central Avenue Sounds; Jazz in Los Angeles*, ouvrage collectif, University of California Press, 1998.
2. *Ibid.*

Bunn enregistre encore en 1947 – avec Dexter Gordon et Wardell Gray, et aussi avec Howard Mc-Ghee – et en novembre 1948 avec Charlie Mingus, pour deux morceaux enregistrés en quartet : *Mingus fingers*, composition originale du contrebassiste, et le standard *These foolish things*. Toujours sideman exemplaire, soliste occasionnel et robuste. On le retrouve en 1950 sur des albums de Wardell Gray et du saxophoniste alto Sonny Criss.

En 1954, la police de Los Angeles l'arrête pour usage de marijuana, et l'accuse aussi de s'être administré un fix d'héroïne au domicile d'une certaine Rose Marie Roderick. « Le 19 octobre 1954, les agents de la police de Los Angeles se sont rendus à un domicile où ils ont été reçus par la co-accusée, Rose Marie Roderick. Après une fouille des lieux, les agents y ont trouvé de la marijuana, un compte-gouttes et deux aiguilles hypodermiques. L'accusé a alors déclaré aux agents que la marijuana était là depuis longtemps, qu'il s'en était roulé plusieurs cigarettes et les avait fumées ; qu'il avait également roulé une cigarette pour Roderick, que ce soir-là il avait acheté trois doses d'héroïne, et que peu de temps avant l'arrivée des agents il avait préparé un fix pour Roderick et un autre pour lui-même [1]. »

Le 20 janvier 1955, Bunn est condamné à six mois de prison ferme et cinq ans de sursis avec mise à l'épreuve. Il joue encore à sa sortie de prison, enregistre en octobre 1956 quelques plages sous la direction du saxophoniste Sonny Criss. Quatre mélodies de Cole Porter dont les titres romantiques semblent afficher l'éloignement des fureurs de la vie d'un musicien junkie – *Easy to love, It's all right with me, I love you, In the still of the night*.

A compter de cette date, Jimmy Bunn n'enregistre plus. Son histoire devient celle de ses incarcérations, sa

---

1. Extrait d'un rapport de l'agent de probation de Jimmy Bunn.

musique celle d'un prisonnier. En 1957, il est arrêté deux fois par la police de Los Angeles, qui agit sur « soupçon d'une violation des lois sur les stupéfiants ». Il est relâché chaque fois. Le 24 mars 1959, il est condamné à neuf mois de prison par le tribunal municipal de Los Angeles. Il fait appel, est condamné à nouveau, et son avocat décide de porter l'affaire devant la Cour suprême de Californie. Le 14 août, alors que son appel est pendant, des agents de la police de Los Angeles l'arrêtent et « remarquent de nombreuses marques de piqûres à l'intérieur de son bras gauche ». Bunn leur déclare alors « qu'il consomme de l'héroïne depuis longtemps ». Ce qui lui vaut, le 18 septembre, une nouvelle condamnation à 90 jours de prison. Qui entraîne elle-même une révocation de sa mise à l'épreuve, et sa condamnation par le juge Rhone, de la Cour suprême de Californie, à une peine allant de six mois à dix ans de prison. Le 9 décembre 1959, Jimmy Bunn est officiellement pris en charge par le système pénitentiaire californien.

Après un séjour de plusieurs mois au pénitencier de Vacaville, l'hôpital-prison de l'Etat, il arrive à San Quentin le 8 mai 1961. Jimmy Bunn devient alors le détenu A-56338, pensionnaire de la cellule 2-D-34. Les premiers mois sont ceux de l'adaptation à la vie carcérale. En un an, Bunn change six fois de cellule.

Le changement de cellule, c'est un des événements rares qui viennent interrompre la routine prévisible de la vie en prison. Il est annoncé le matin, juste après la sonnerie du réveil. Le détenu a quelques minutes pour rouler sa couverture, rassembler ses quelques affaires – lettres et brosse à dents, livres et rasoir, une radio et un peigne, et l'exemplaire du règlement de l'administration pénitentiaire californienne, à ne pas oublier. Le prisonnier qui change de cellule est à la fois dans l'appréhension et dans l'excitation du changement. Un pensionnaire de San Quentin à cette époque décrit le rituel. Un nouveau codétenu, c'est un nouvel interlocuteur. « Votre (ancien) partenaire a entendu toutes vos histoires, vous avez entendu toutes les siennes. Maintenant lui et vous allez trouver de nouvelles oreilles [1] ». La nouvelle cellule est en général vide à l'arrivée du nouveau : son autre occupant est sans doute occupé à travailler quelque part dans la prison. Le soir, dès la première rencontre, on évalue le nouveau d'un coup d'œil rapide. Est-il propre ? Ses affaires sont-elles rangées ? Va-t-il vous taper des cigarettes ? Est-il bavard ? Va-t-il tapisser la cellule de posters hideux ?...

Jimmy Bunn est un prisonnier sans histoires. Il n'a pas laissé de trace disciplinaire dans les archives de la prison. Comme d'autres musiciens de San Quentin, son étoile y étincelle d'un éclat plus vif qu'à l'extérieur. Pour le journal de la prison c'est un musicien célèbre, couvert d'honneurs, collectionneur de trophées et de récompenses [2]. Ses compositions ou ses interprétations brillent dans les concours internes [3]... Il met la main sur un accordéon et apprend à en jouer. Frank Morgan : « En prison il y avait un excellent pianiste, Jimmy Bunn, qui avait joué avec Bird. Jimmy jouait d'un petit accordéon, et Art, lui et moi on jouait toute la journée, que des ballades [4]... »

Un mois et demi après son arrivée en prison, Jimmy Bunn a l'occasion de jouer avec le compagnon de Bird, Dizzy Gillespie. Le quintet du trompettiste, de passage dans la région de San Francisco en route pour une tournée en Amérique du Sud, vient jouer dans la prison pour un show auquel participe aussi l'humoriste noir Dick Gregory. Il fait chaud ce 1er juillet, nombre des 1 500 prisonniers venus pour le concert cet après-

---

1. *False Starts, op. cit.*
2. « *Award-winning musician* ».
3. Mention spéciale, concours de 1962.
4. Interview de Frank Morgan, *Jazz Times*, mars 2003.

midi-là se sont mis torse nu. Dizzy fait de même, et enlève aussi ses chaussures. Il présente son premier morceau, *Night in Tunisia*, en lançant à la foule : « Cet air est tiré de ce qui est peut-être mon plus récent album pour certains d'entre vous – enregistré en 1930 ». En fait, en 1930, Dizzy s'appelait encore John Birks, il avait 13 ans et commençait à peine à souffler dans une petite trompette dans l'orchestre de la classe de Miss Wilson à l'école élémentaire de Cheraw, en Caroline du Sud, au bord de la rivière Pee Dee. Et son premier enregistrement de *Night in Tunisia* date de 1945...

Après le concert du quintet de Gillespie, les jazzmen « locaux », comme les appelle le *San Quentin News*, montent sur scène. La formation est menée par Dupree Bolton à la trompette et Earl Anderza au saxophone alto. Bunn est au piano, Frank Washington à la basse, Wally Williams à la batterie. Ils jouent, puis Dizzy et ses hommes les rejoignent pour une jam-session sur *Cherokee*[1]. Morceau classique devenu un thème culte du jazz moderne, du moins selon la légende, qui aime bien les événements clés et les instants d'histoire se résumant à quelques minutes décisives. *Cherokee* serait l'air sur lequel par un soir de 1939, alors qu'il triturait son saxophone, Charlie Parker aurait découvert les premiers enchaînements d'accords qui allaient donner naissance au be-bop.

Après le concert avec Dizzy et ses hommes, Jimmy Bunn retourne à sa vie de taulard. L'administration pénitentiaire ne lui a donné aucun travail particulier. Il est « sans affectation ».

L'année 1962 commence mal. En février, sa première demande de libération conditionnelle est rejetée. Il sait alors qu'il passera au moins un an de plus à San Quentin. Il reste la musique. On retrouve sa trace d'un concert à l'autre, au rythme des événements organisés

---

1. Compte rendu dans le *San Quentin News*, 6 juillet 1961.

pour les prisonniers, et – une fois par an – pour les « *medium security* », les détenus soumis à un régime d'incarcération intermédiaire entre le plus léger et le plus strict – et leurs familles. Par exemple le 28 mars, pour un concert de deux heures dans la Garden Chapel, avec Art Pepper et Dupree Bolton. Le journal le met alors au rang des « géants du jazz moderne » qui séjournent à l'époque à la « Bastille ». Ils y accompagnent la voix sucrée de Larry Callahan, chanteur amateur qui purge une peine de cinq ans à perpétuité pour le meurtre au poignard d'un propriétaire de boîte de nuit, Melvin Ward, à son domicile de San Francisco.

Le 2 juin, à l'occasion de la proclamation des résultats du 8e festival de musique créative, les solos de Jimmy Bunn et de Frank Morgan reçoivent une mention spéciale et sont qualifiés d'« impressionnants » par les juges [1]. Deux semaines plus tard, Bunn est le pianiste du groupe mené par Art Pepper qui joue lors du concert donné pour célébrer les lauréats. Le 4 juillet, à l'occasion de la fête nationale, un concert de jazz est organisé pour un millier de détenus. Bunn fait partie des « artistes reconnus nationalement » de l'« orchestre de stars » et des « musiciens modernes exceptionnels » emmenés par Pepper et Bolton [2]. Le 26 août, c'est l'accompagnement du fils prodigue dans la nouvelle chapelle.

La chronique de ses activités musicales se perd ensuite. Pour le simple fait d'avoir usé de la marijuana et de l'héroïne, Jimmy Bunn a déjà passé plus de trois ans en prison. Mais la Cour suprême a indiqué en 1962 que le simple usage de drogues ne pouvait être considéré comme un délit ou un crime. La nouvelle situation juridique influence sans doute le *parole board*, le comité des libérations conditionnelles, qui

---

1. *San Quentin News*, 21 juin 1962.
2. *SQN*, 19 juillet.

décide, le 25 février 1963, de donner sa chance à Jimmy Bunn. Sa sentence – les « six mois à dix ans » auxquels il a été condamné en 1959 – est alors fixée définitivement à huit ans.

Il va jouer encore avant sa libération, le cœur sans doute un peu plus léger. Le 16 mars, c'est lui le pianiste du big band dirigé par Frank Morgan qui mène la danse à l'occasion du spectacle de printemps des prisonniers, Rumblin' Rhythms. Au cours du même spectacle, il se produit aussi en quintet, formation dirigée par Charlie Caudle, cet obscur trompettiste blanc qui est devenu le leader du big band officiel de San Quentin. Le groupe interprète le classique *Autumn leaves*, de Kosma, ainsi qu'une composition de Caudle, *Fat people*. En avril, le même quintet joue parfois dans le réfectoire nord juste avant le film du week-end, sorte d'apéritif musical, pendant que les détenus prennent leurs places.

Jimmy Bunn quitte ensuite la scène, et San Quentin. C'est à ce moment que se perd, ou peu s'en faut, la trace musicale de l'ancien bon Samaritain de Charlie Parker, l'arbitre des duels les plus torrides entre Dexter Gordon et Wardell Gray. Comme les archives de l'administration pénitentiaire n'en font plus mention, il faut penser que rien n'est venu ensuite perturber ses relations avec son agent de probation, qu'aucune incartade n'a compromis sa liberté, qu'aucune rechute n'a provoqué son retour en prison.

Il participe à une séance d'enregistrement organisée en 1964 par le trompettiste Russell Jacquet. Au terme prévu, le 9 décembre 1967, huit ans jour pour jour après sa condamnation, et après un peu plus de quatre ans de liberté surveillée, Jimmy Bunn est officiellement affranchi par les autorités pénitentiaires californiennes. « En vertu des dispositions des sections 2940 et 3020 du code pénal de Californie, la durée d'emprisonnement pour l'infraction constatée ci-dessus a été dûment établie par l'autorité carcérale et le condamné peut être libéré de détention le 9 décembre 1967... » Le « certificat de levée d'écrou et de libération » est signé de Walter Dunbar, directeur du Département des prisons de Californie.

A la fin des années soixante, les lampions s'éteignent sur le jazz de la côte Ouest. L'heure des clubs est finie, les lumières de Central Avenue à Los Angeles ont disparu. Le jazz en club est remplacé par d'autres musiques, et par d'autres pratiques. La tradition du *house band* – cet orchestre lié à un club, engagé pour plusieurs semaines ou plusieurs mois, qui assure les soirées ordinaires et accompagne les stars de passage – part en quenouille. Et quand les rares propriétaires de clubs deviennent négligents, les pianistes souffrent, comme l'explique l'un d'eux, Jimmy Rowles, dans un numéro de *Down Beat* : « Aucun d'entre eux ne fait réparer le piano. C'est la dernière chose à laquelle ils pensent. Ils sont capables de te refaire le club du haut en bas, et ils ne vont rien faire pour le piano [1]. »

Le disque 33-tours s'est imposé. Pour le prix de deux microsillons, on écoute un concert à domicile, et on peut le réécouter. Les disques mono valent de 4 à 6 dollars, les disques enregistrés en stéréo, de 5 à 7 dollars. Les clubs de jazz de Los Angeles ont presque tous cessé de servir de l'alcool. Ou plutôt, les clubs où l'on servait de l'alcool « dur » – tout ce qui titre plus que la bière et le vin – ont découvert que le sexe vendait mieux que le jazz. Que quelques strip-teaseuses permettaient, mieux que le jazz, d'éponger la taxe sur les entrées qui, même si elle est récemment passée de 20 % à 10 % de la recette, pèse sur les comptes des établissements de nuit. Finies les nuits de jazz où les amateurs venaient s'arsouiller et tenaient la nuit entière, fournissant la claque des jam-sessions du petit matin.

---

1. *Down Beat Music Yearbook*, 1962.

Certains des plus grands musiciens de jazz se reconvertissent dans l'accompagnement musical. A Los Angeles, où le cinéma, à la veille de devenir une industrie multinationale, prend tout son essor, les grands studios d'Hollywood ont toujours besoin de bandes-son. La Fox, Paramount, Metro (Goldwyn Mayer) constituent des grands ou petits orchestres pour un film, parfois pour un simple plan-séquence. L'adaptabilité, le talent d'improvisation des jazzmen y sont bienvenus. L'industrie de la publicité, elle aussi, est grande consommatrice de musique et de sons. Et puis il y a tous les chanteurs de pop et de variétés qui ont besoin d'un orchestre, grand ou petit, où les musiciens consciencieux ont toute leur place. C'est ce qu'entre musiciens on appelle le travail de studio. Le jazzman y disparaît dans un anonymat rémunérateur. Il quitte les lumières de la scène, abandonne le plaisir d'avoir vu un jour son nom sur une pochette de disque, renonce à la fraternité des jam-sessions nocturnes et des *after-hours*. On ne lui demande pas de mettre en avant sa singularité, de montrer son talent. On exige de lui qu'il se fonde dans un univers sonore précis, qu'il se mette au service d'une autre cause : un film, une émission de variétés, une publicité pour une lessive ou un soda, un chanteur dont il ignorait tout cinq minutes avant d'entrer dans le studio.

Mais le musicien de studio voit aussi disparaître l'univers des cachets étiques, des propriétaires de boîtes de nuit crispés sur leurs dollars ou des patrons de maisons de disques croulant sous les dettes. Avec les studios vient aussi la sécurité financière, au moins une certaine régularité. Qui apporte avec elle, pour plus d'un musicien, une stabilité jusque-là inconnue.

Des musiciens noirs se plaignent que dans l'univers de la musique de studio règne une discrimination à peine subtile. Quand un studio a besoin d'un orchestre sur mesure, il embauche un musicien chargé lui-même de constituer l'équipe. Le sort a tendance à tomber sur des musiciens blancs. Pas toujours, pas systématiquement. Mais plus souvent que ne l'exigerait la hiérarchie des talents. Et les grands studios ont tendance à préférer aux fortes têtes les musiciens disciplinés. Un séjour en prison, pour accéder à la sécurité des studios, n'est pas le meilleur viatique. En prison on se fait oublier. Et à la sortie, on se méfie de vous.

Jimmy Bunn accompagne des artistes de variétés. Il a la réputation d'être un lecteur de musique hors pair, capable de jouer n'importe quelle partition. Il accompagne des chanteurs aujourd'hui oubliés, qui ont nom Jimmy Stanton, ou Anna Louise... On l'entend aussi dans un groupe baptisé les Ink Spots, qui reprennent le nom d'un groupe de rhythm'n'blues fameux des années trente et quarante.

On trouve trace de Jimmy Bunn dans le livre de Mémoires et d'anecdotes d'un des sans-grade de ces années-là, l'un de ces accompagnateurs éternels et indispensables, Fred Wesley. Tromboniste dans plusieurs formations de jazz ou de rhythm'n'blues – il joue longtemps dans les orchestres d'Ike et Tina Turner, puis de James Brown – Wesley rejoint en 1970 à Los Angeles la formation animée par le bassiste et chanteur Sam Rhodes et le saxophoniste Clifford Solomon, « Sam and the Goodtimers ». Wally Roker, le propriétaire d'un club tout juste rénové, le Showcase, leur propose de devenir l'orchestre résident du lieu. Le club n'a qu'un problème : le parking. Il est adjacent à un motel qui loue ses chambres à l'heure, et se trouve sur une petite colline au surplomb du carrefour de trois grandes autoroutes. Sam et les Goodtimers doivent y jouer tous les soirs, seuls ou en accompagnement des chanteurs ou musiciens stars invités à se produire dans le club. Un gala est prévu le soir de l'inauguration, avec la chanteuse de jazz Dakota Staton au programme. Le jazz n'est pas le genre des

Jimmy B.

Goodtimers, ils pensent pourtant y arriver pour peu que Dakota ne se montre pas trop exigeante. Mais l'espoir est vain, et la chanteuse maniaque. Les Goodtimers engagent alors une vraie section rythmique. Larry Gales à la basse, Paul Humphrey à la batterie, et Jimmy Bunn au piano [1].

Le monde est petit. Sur scène, Jimmy Bunn retrouve donc brièvement Clifford Solomon, le saxophoniste dont il avait croisé la route à San Quentin, et qui avait notamment joué avec lui lors du concert de Dizzy Gillespie, en juillet 1961. Solomon est une légende dans les milieux du rhythm'n'blues. Il a joué avec Ike et Tina Turner et James Brown, il a dirigé pendant dix ans l'orchestre de Ray Charles, il jouera ensuite longtemps, jusque dans les années quatre-vingt-dix, dans l'orchestre du bluesman Charlie Brown dont il sera l'indispensable pilier. Dans les années soixante, pour lui comme souvent pour d'autres, la légende a grandi pendant son absence et son séjour en prison. Le monde de la musique sur la côte Ouest est petit, les circuits étroits. Du coup, les mélanges – jazz, blues et rhythm'n'blues, sans souci de paroisse ou esprit de boutique – y sont fréquents, et féconds.

En 1970, Bunn est donc toujours dans le circuit des clubs et des musiciens à louer pour un *gig*. La collaboration des Goodtimers et de Dakota Staton – qui aime Gales et Bunn, mais se débarrasse vite du batteur Humphrey – tourne court. Ce qui se passe ensuite pour le club est une bonne illustration des problèmes qui s'abattent sur la scène musicale dans ces années-là. Le Wally Roker's Showcase commence à se vider les soirs de semaine. Les stars ne sont invitées que le week-end. Puis, petit à petit, même le public du week-end se raréfie. Le club renonce à inviter des stars. « On en arriva au point où les seuls clients dans la salle étaient nos amis, en général des filles qui attendaient

---

1. *Hit Me Fred*, Fred Wesley, Duke University Press, 2002.

que l'un de nous finisse et s'occupe d'elle », raconte Wesley [1].

Le club commence à payer ses musiciens avec du retard. Puis, un soir, plus du tout : un agent du fisc s'est posté à la porte pour confisquer la recette. Enfin, un jour, l'orchestre se retrouve seul sur la petite scène, devant une salle vide, à jouer devant le patron du club, l'agent du fisc toujours présent, la barmaid, et deux serveuses.

C'est l'univers dans lequel joue désormais Jimmy Bunn, pianiste et ancien prisonnier, à 44 ans. Peut-être faut-il simplement chercher à entendre le piano de Jimmy Bunn dans certains films de ces années-là, l'imaginer se baladant d'un *gig* à l'autre, d'un engagement de quelques jours en boîte de nuit à un enregistrement comme accompagnateur d'un chanteur ou d'un artiste de passage – sans mention sur la pochette. Ou penser à lui en bon père de famille, vieillissant pianiste de bar aux yeux qui s'égarent tous les soirs dans le souvenir des nuits passées à vivre et à jouer sur Central Avenue ? Rêvant de Bird et de Dexter, de Mingus et des autres, de tous les grands qu'il a côtoyés, alors que la seule musique qui lui réponde aujourd'hui, chaque soir, est le bruit des fourchettes et le bavardage des clients ? Il est en smoking, personne ne fait attention à lui, sauf les jeunes loups de l'industrie du cinéma qui viennent lui demander de jouer un de leurs airs préférés. Presque toutes les boîtes de jazz ont fermé à Los Angeles, Central Avenue est en train de se transformer en boulevard du crime et de la pauvreté, l'ancien hôtel Dunbar de plus en plus décrépit a été transformé en maison de retraite. Jimmy Bunn continue de nourrir ses soirées au piano du bar avec les souvenirs du gamin qui avait un jour joué avec les plus grands, qui le considéraient comme un des leurs.

---

1. *Ibid.*

Les occasions de jouer ne sont plus qu'épisodiques. A la fin des années quatre-vingt, Bunn fait le chauffeur dans une maison de retraite de Los Angeles. Pendant quelque temps, il sert aussi de chauffeur à la pianiste Dorothy Donegan. La trompettiste Clora Bryant se rappelle l'avoir vu jouer un soir sur Melrose Avenue. « C'était en 88 ou 89, et c'était juste un soir, mais il était magnifique. C'était un joueur de bop, mais il savait sacrément jouer les ballades. » Elle ajoute cette note sur le caractère de Bunn, qui ne lui avait pas facilité la vie : « Il avait du caractère (...) Il connaissait toutes les mélodies. Mais quand un arrangement n'était pas joué exactement comme il fallait, il était capable de quitter la scène [1]. »

Jimmy Bunn a peut-être joué jusqu'à la fin. Dans un livre d'entretiens et de souvenirs de musiciens de la côte Ouest paru en 1997, le pianiste Gerald Wiggins mentionne Bunn parmi les grands pianistes West Coast des années quarante. « Il y a Jimmy Bunn. Il est toujours là », dit Wiggins, suggérant que Bunn fait toujours partie de la *« scene »* – de l'univers des musiciens actifs. L'entretien avec Wiggins date de 1996.

Jimmy Bunn meurt à Los Angeles le 24 mars 1997. Personne ne le remarque, et les journaux n'en feront pas état dans leur rubrique nécrologique. Pourquoi l'auraient-ils fait pour un pianiste oublié, qui aurait pu tutoyer la gloire, et dont la drogue et la prison avaient étouffé la grâce ?

---

1. Clora Bryant, interview dans les notes de pochette de la réédition des œuvres de Charlie Mingus, *Charles Baron Mingus, West Coast 1945-1949*.

11

Art

Assis dans leur voiture, dans un quartier latino de l'est de Los Angeles, les deux policiers en planque l'ont vu entrer dans l'immeuble du 1113, Stone Street. Ils ont attendu une heure environ avant qu'il n'en ressorte. Ils l'ont ensuite brièvement suivi dans la rue, le long de deux pâtés de maisons. Et l'ont interpellé sur Wabash Avenue, au moment où il rejoignait la voiture qui l'attendait. L'homme avait sur lui deux préservatifs emplis d'héroïne, une demi-once en tout, moins de quinze grammes. Au moment où les deux policiers, aidés de deux autres collègues, lui ont sauté dessus, il a appelé les passants à l'aide, essayant de faire diversion pour trouver le temps d'avaler les deux préservatifs, ou de s'en débarrasser. Sans succès.

Cet après-midi du 25 octobre 1960, les sergents Ed Sanchez et Ray MacCarville, de la police de Los Angeles, viennent d'arrêter Art Pepper, artiste intense du saxophone alto, star de l'univers West Coast du jazz depuis plus d'une décennie.

« Des officiers du LAPD [1], dans le cadre d'une enquête sur des activités liées au trafic de drogue dans une certaine résidence, ont observé le 26 octobre

---

1. Los Angeles Police Department.

1960 [1] plusieurs toxicomanes et trafiquants bien connus entrer et sortir du lieu. Aux alentours de 2 h 15 de l'après-midi, les officiers témoignent avoir vu l'inculpé entrer dans la résidence, y rester un bref instant, et en sortir à la hâte. Les officiers ont approché l'individu et ont décliné leur identité, et pendant une bousculade avec l'inculpé, qui tenta de s'évader, ils ont saisi dans sa main gauche deux préservatifs qui se révélèrent plus tard contenir un total de onze grammes d'héroïne [2] ».

La police de Los Angeles a ainsi mis un point final à plusieurs semaines de débine où Pepper, à la rue, a cambriolé, volé, arnaqué, tout à l'obsession de se procurer l'argent de la drogue. Rapines sordides et désespérées qu'il a lui-même, plus tard, racontées dans des Mémoires à cru. Rien de sophistiqué dans ces cambriolages de l'urgence. Du brutal – quoique sans violences – et du rapide. Entrer dans un magasin, ou dans une maison, ramasser ce qu'on y trouve. Repérer les chantiers suspendus le temps d'une pause déjeuner, pour aller rafler les outils laissés par les ouvriers. Traîner le butin jusqu'à un fourgue à la petite semaine, récupérer quelques dollars, acheter sa dose. Dormir dans une voiture garée dans la rue. Recommencer.

Le matin même de son arrestation, Art Pepper a achevé l'enregistrement de l'un de ses albums les plus éblouissants, *Smack Up*. La séance en quintet a commencé la veille dans les studios des disques Contemporary. Certains des musiciens les plus fins de la côte Ouest ont participé à la séance. Le pianiste Pete Jolly. Le trompettiste Jack Sheldon. Le batteur Frank Butler, lui aussi héroïnomane torturé, et qui rejoindra un jour notre jazz band de San Quentin. Six morceaux sont finalement retenus pour figurer sur le disque. La

---
1. Erreur d'un jour sur la date.
2. Rapport de l'agent de probation, 17 avril 1961, Archives de Californie.

séance à peine achevée, Art Pepper qui a demandé une avance en cash, se précipite au domicile des époux Frank et Lupe Ortiz, sur Stone Street. Frank est à la fois son compagnon de cambriole et son dealer. Art est en manque.

Il ne sait pas que sa femme Diane, qui a essayé quelques années plus tôt de le faire décrocher de l'héroïne avant d'y sombrer elle-même, l'a dénoncé à la police en échange de sa liberté. Un mois avant l'arrestation de Stone Street, Diane Pepper a été internée sur ordre de la police pour avoir avalé trente cachets de phénobarbital afin de lutter contre le manque d'héroïne. Selon Diane, qui avoue consommer à l'époque quatre grammes d'héroïne par jour, Art Pepper en est à sept grammes soit « deux cuillers environ. Ça fait beaucoup de *junk* », commentera le sergent Robert Manning de la police du comté d'Orange [1]. C'est sur les indications de Diane – Diane « le grand Zééééro », comme Pepper la qualifie aimablement dans ses mémoires – que les policiers ont planqué devant le domicile des Ortiz. Art Pepper se retrouve dans la cellule de désintoxication numéro 11D2 de la prison du comté de Los Angeles. La drogue qu'on a trouvée sur lui est estimée à une valeur approximative de 240 dollars.

Ironie du vocabulaire. Stone Street. Stone comme dans *stoned* – dans les vapes, drogué, parti. *Smack Up*. Qu'on peut traduire par « la grande claque ». Un thème composé par le saxophoniste ténor Harold Land pour son album *Grooveyard*, en 1957. Mais *smack* aussi comme héroïne, en argot de drogués. En forme d'amère et prémonitoire ironie : parmi les plages enregistrées ce jour-là, Pepper a choisi de jouer pour la première fois l'une de ses compositions, *Las Cuevas de Mario*, écrite en hommage à celui qui fut son dealer de

---

1. Cité par John Tynan dans « *End of the road* », *Down Beat*, 8 décembre 1960.

drogue pendant des années, Mario Cuevas, décrit par lui des années plus tard, avec un certain sens de l'hyperbole comme « un des types les plus géniaux que j'ai rencontrés de ma vie [1] ».

Art Pepper raconte quinze ans plus tard le trajet de Stone Street à la prison du comté. Les mains menottées derrière le dos. Deux policiers qui l'encadrent à l'arrière, et deux à l'avant. Coup de coude à l'estomac. Coup de crosse de pistolet. L'un des quatre qui le menace de son arme et lui donne l'ordre de s'enfuir, sans doute pour avoir le plaisir de lui tirer dessus. Croche-pied en arrivant au poste. Chute sur le ciment, lèvre fendue. Coups de ceinture. Menottes serrées de près, contrairement au très théorique règlement.

Le témoignage sent le vrai, mais nulle trace bien sûr de ce traitement de choc dans les papiers officiels de l'époque. Le lendemain de son arrestation, un policier indique simplement qu'Art Pepper dans sa cellule a « l'air très fatigué », ce qui est mis sur le compte du manque.

Le manque ne va pas durer longtemps. Dans les jours qui suivent, Pepper retrouve une de ses vieilles connaissances dans la cellule commune. David, le nouvel arrivé, a réussi à « en faire entrer ». Deux moyens seulement pour passer de l'héroïne : avaler un paquet, puis le vomir quand on a été enfermé. Ou alors se l'introduire dans l'anus, et le récupérer ensuite. A la nuit tombée, deux soirs de suite, Art et David partent en voyage. Dénonciation. Raid des gardiens. Les deux au trou. C'est là que Pepper patiente en attendant son passage devant le juge, qui fixe la date du procès définitif et le montant de la caution garantissant dans l'intervalle sa liberté. Cent mille dollars, demande le *district attorney* – le procureur. Cinq mille dollars, décide le juge.

---

1. *Straight Life, op. cit.*

A ce moment de sa vie, Art Pepper n'en possède pas le premier *cent*. Lester Koenig, le propriétaire des disques Contemporary, qui a déjà produit plusieurs de ses albums, est appelé à la rescousse. Il avance cinq cents dollars, à valoir sur un disque futur. Une amie du musicien fournit quelques centaines de dollars. Les Koenig se porte garants du reste de la caution.

Ancien critique de jazz dans le journal de son université, Koenig avait entamé une petite carrière à Hollywood, coproducteur entre 1949 et 1952 de trois films de William Wyler – *The Heiress, Detective Story* et *Carrie* –, avant de refuser de répondre aux questions du Comité des activités antiaméricaines au moment du maccarthysme. Aussitôt soupçonné de sympathies communistes, mis sur la liste noire, il avait dû abandonner le cinema et s'était reconverti en 1952 dans la production de disques de jazz, faisant vite du label Contemporary le creuset du jazz West Coast et le découvreur de ses avant-gardes. Koenig, un des rares producteurs de jazz de l'époque à ne pas avoir érigé en système l'escroquerie des artistes et le détournement de droits, fut selon les mots du saxophoniste Teddy Edwards « l'un des rares types décents » de l'industrie de la musique, « le seul qui s'intéressait aux musiciens [1] ». Signe particulier de son respect amoureux pour la musique qu'il enregistre, Koenig porte une attention minutieuse à la technique de la prise de son. Rien n'est trop beau pour son ingénieur du son Roy Dunann. Micros à condensateur importés d'Allemagne ou d'Autriche, dont la puissance permet de se passer d'amplification. L'un des tout premiers magnétophones Ampex à deux pistes. Circuits courts. Respect du son, priorité à la simplicité. Sur les premiers disques, la section rythmique, cette salle des machines immanquablement constituée du trio piano-basse-

---

1. « *Veteran saxophonist is finally getting respect from a label* », *Los Angeles Times*, 2 mai 1992.

batterie, est sur le canal droit, les cuivres, saxophones ou trompettes, sur le canal gauche. Le studio Contemporary, dans le quartier d'Hollywood, est un laboratoire, et le restera quand Bernie Grundman succédera à Dunann parti vivre en Arizona. Lester Koenig reste en tout cas pour Art Pepper, « le seul ami proche que (je) pense avoir jamais eu dans le monde de la musique [1] ». Le 23 novembre 1960, un mois après avoir enregistré *Smack Up*, Art Pepper entre à nouveau dans les studios de Contemporary pour enregistrer *Intensity*, et rembourser sa dette à l'égard de Koenig.

Intensity est le disque d'un condamné conscient qu'il ne va pas revoir un studio avant longtemps. Il sait que rien ne peut lui permettre cette fois d'éviter la vraie prison. En vertu des lois californiennes, la troisième récidive est la bonne. Et Pepper est déjà « tombé » deux fois. La première en 1953, inaugurant un cycle qui va devenir routinier. La deuxième en 1954.

Quand il grave les huit plages d'*Intensity*, Art Pepper sait donc qu'il n'a plus d'indulgence à espérer d'une justice plutôt raide, et que les prisons de Californie l'attendent pour un séjour prolongé. Album alimentaire, enregistré à la va-vite pour rembourser l'argent de la caution. Et en même temps album de l'urgence, gravé à vif, écorché et cru, lignes de solos qu'il faut écouter aujourd'hui en tentant d'imaginer la fureur résignée à peine apaisée par les thèmes choisis, à l'inspiration plus sereine.

Pepper et la section rythmique appelée à la rescousse enregistrent une série de standards. Au moins deux des musiciens, le pianiste Dolo Coker et le fidèle Frank Butler, à la batterie, sont aussi des compagnons d'héroïne. Jimmy Bond, le contrebassiste, faisait partie

---

[1]. Interview à Grover Levis in « *Of dope and death : the saga of Art Pepper* », *Rolling Stone*, septembre 1972.

de la bande de *Smack Up*, un mois auparavant. L'enregistrement a lieu en deux temps, les 23 et 25 novembre. Les titres des morceaux sont loin de l'« intensité » du moment : *I love you, I can't believe that you're in love with me, Come rain or come shine* (« *I'm gonna love you, like nobody's loved you, come rain or come shine* »...). Seul *Long ago and far away* donne une idée de l'éloignement à venir.

Richard Hadlock, critique de jazz à *Down Beat* et chroniqueur du grand quotidien de San Francisco, l'*Examiner*, écrit dans les notes accompagnant *Intensity*, qui ne sortira qu'en 1963 : « Comme cet album ainsi que *Smack Up* en témoignent, Art s'était engagé très loin vers une nouvelle liberté en 1960 ». Liberté « artistique », précise Hadlock. L'adjectif est important. Pour le reste, la liberté n'est pas la direction du moment.

Deux séances, deux albums en un mois. *Smack Up* pour acheter de la drogue. *Intensity* pour payer sa caution. Art Pepper fait aussi un passage rapide en studio, le 20 janvier 1961, pour enregistrer quelques plages au sein du septet du saxophoniste Teddy Edwards qui accompagne la chanteuse Helyne Stewart. Ensuite, il ne va plus rien enregistrer pendant trois ans.

En février 1961, il plaide coupable de possession d'héroïne, crime prévu par la section 11500 du Code de santé et sécurité de Californie. Le 8 mars, il est condamné à « deux à vingt ans » de prison par l'« Honorable » juge John F. Aiso, de la cour supérieure de l'Etat de Californie pour le comté de Los Angeles. La sentence aurait été plus légère si le musicien avait accepté la proposition de négociation du procureur qui lui offrait une peine allégée en échange d'un témoignage contre son fournisseur Frank Ortiz.

Le 22 mars, Art Pepper arrive au centre pénitentiaire de Chino, centre d'orientation pour les nouveaux détenus à la suite d'entretiens, d'évaluations psychologique et médicale, et de tests professionnels. Après quelques semaines est affichée la liste où les prisonniers apprennent leur destination de long terme. Art Pepper espère rester à Chino, prison « sans murs » considérée par les durs comme un pique-nique, avec visites familiales et promenades à volonté. A défaut il pense être envoyé à Soledad, une prison-école. Ou peut-être à Vacaville, une prison-hôpital, près de San Francisco. Le jour venu, son nom est dans la liste des détenus en partance pour San Quentin, la prison réservée aux détenus violents et récidivistes.

Le juge Aiso avait pourtant, comme il en avait le pouvoir, « recommandé » que Pepper se retrouve à Vacaville, le considérant comme un malade plutôt que comme un criminel. Cette recommandation est réitérée dans le rapport d'un agent de probation qui s'entretient avec le musicien quelque temps avant son affectation. C'est pourtant San Quentin qui prévaut, choix délibérément dur où il faut peut-être voir la patte de la police, qui veut faire un exemple de celui qui a refusé de coopérer en dénonçant ses dealers.

Le même rapport administratif reproduit une déclaration d'Art Pepper à propos de ses problèmes. Version à prendre avec toutes les précautions qui s'attachent à ces procès-verbaux reconstitués dans un style administratif, et où les propos sont parfois résumés dans un style qui n'a rien à voir avec l'original :

« La raison de mes infractions remonte à plusieurs années et il serait trop long d'entrer dans le détail. Je suis musicien et j'ai commencé à user de la drogue vers 1947, après avoir quitté l'armée. Je me drogue depuis ce moment-là. J'ai été arrêté après avoir acheté de l'héroïne. J'ai eu la chance de gagner pas mal d'argent. Malheureusement tout est passé dans la drogue. Je me sens soulagé d'être en prison, maintenant que le choc et l'épreuve du manque sont passés. J'ai l'espoir que ce sera mon dernier séjour en prison. Il faut que j'y arrive, ou sinon... »

L'arrestation et la condamnation à la prison de l'un des plus célèbres musiciens de jazz ne passe pas inaperçue dans les gazettes à scandale. Mais Dave Solomon est quand même bien seul quand il proteste dans les colonnes du journal musical *Metronome* contre « les lois moyenâgeuses et les autorités antidrogue américaines qui ont décrété une fois de plus qu'un homme désespérément malade doit passer des années à pourrir en prison plutôt que quelques mois de réhabilitation sur un lit d'hôpital ». Solomon en appelle même à John Kennedy pour qu'il renvoie son responsable de la lutte contre la toxicomanie, un certain Anslinger. Il ajoute : « Les lois américaines antidrogue cruelles et vicieuses doivent être abolies et remplacées par une législation éclairée et constructive [1]. » Les protestations du journaliste restent sans échos.

L'homme qui avec d'autres, vêtus comme lui d'une sorte de survêtement de coton blanc, menottes et chaînes aux pieds, monte en ce début de mai 1961 dans le « Grey Goose » – le nom donné par les prisonniers au bus qui transporte les détenus jusqu'à San Quentin – a déjà derrière lui une carrière de musicien virtuose, plusieurs albums enregistrés sous son nom, et la réputation établie d'un grand du jazz. C'est un enfant de Gardena, ville des faubourgs sud-est de Los Angeles établie autour de l'intersection de ce que sont aujourd'hui la 161e Rue et le boulevard Figueroa, que surplombe l'autoroute 110. Il y est né le 1er septembre 1925, fils non désiré d'un père alcoolique et d'une mère jeune et fêtarde. Il a commencé la clarinette à 9 ans, le saxophone alto à 12, et à 15 ans il traîne déjà dans les quartiers noirs de Los Angeles, jouant chaque fois qu'il le peut dans les clubs et boîtes de Central Avenue où il devient le « gamin blanc ». Il quitte le lycée, rejoint quelques orchestres de passage dans la

---

[1]. « *Art Pepper's Thanksgiving* », Dave Solomon, *Metronome*, mars 1961.

région et à l'âge de 17 ans, il est recruté dans le grand orchestre de Stan Kenton avant que l'armée ne se rappelle à son souvenir, au début de 1944. Après un an passé sur des bases américaines à jouer dans des orchestres de soldats, il est envoyé en Angleterre. Sa femme lui a donné une fille, Patricia, dont il ne voulait pas. A Londres, Pepper est affecté à la police militaire. Quand il revient après sa démobilisation, en mai 1946, un de ses amis lui demande s'il a jamais entendu parler de « Bird et Diz ». « Bird et Diz qui ? » répond Pepper, qui ignore tout de ceux qui ont bouleversé le jazz en son absence. L'ami lui passe un disque. Sonny Stitt et Dizzy Gillespie. *Salt peanuts* d'un côté, *Oop Bop Sh'Bam* de l'autre.

Le tsunami be-bop a bouleversé la planète jazz, et le soldat revenu des casernes anglaises ignore jusqu'à son existence. Art Pepper, saxophoniste alto de la Californie ensoleillée, musicien au lyrisme swinguant et chaleureux, découvre alors la fureur du nouveau langage mijoté dans les caves new-yorkaises. Impression mitigée à première vue, telle du moins qu'il le raconte. On lui fait vite écouter Charlie Parker, devenu le maître et la référence absolue d'une génération entière de musiciens et qui joue sur le même instrument que lui, l'alto. Pepper n'apprécie pas trop « le son » de Parker. Alors que tous les musiciens, et certainement tous les saxophonistes, veulent jouer comme Bird, Pepper décide de poursuivre son chemin en développant une personnalité différente. Il y insistera tout au long de sa vie : Bird, expliquera-t-il, n'a pas eu sur lui l'influence qu'il a eue sur les autres. Pepper l'alto préférera citer comme ses maîtres des grands du saxophone ténor. Lester Young, annonciateur dès les années trente des bouleversements à venir, ou plus tard John Coltrane. Non qu'il refuse de reconnaître l'influence sur son jeu d'autres musiciens – il racontera même avoir été au bord de se transformer en pâle épigone de Coltrane, à

sa sortie de prison. Mais de Charlie Parker, il récuse l'influence.
Le choc du retour a été rude. Alcool, pilules, marijuana. En 1947, Pepper retrouve le grand orchestre de Stan Kenton, dont il devient vite une des stars incontestables. Il voyage, traverse les Etats-Unis, revient toujours sur cette côte Ouest qui a fini par donner son nom à un style de musique. Il carbure aux stimulants. Alcool et amphétamines. Bloody mary au petit déjeuner, « *bennies* » – des pilules de benzédrine ou d'amphétamines – pendant la journée, whisky le soir. Biture après les concerts, jusqu'à l'effondrement. Un soir de 1950 à Chicago, après un concert au Civic Opera House, dans la salle de bains d'une chambre de l'hôtel Croyden, une chanteuse de jazz, Sheila Harris, l'initie à l'héroïne. Quelques lignes arrangées au rasoir au bord du lavabo, à renifler dans un billet roulé de un dollar. Ironie des mots encore. Le verbe d'argot qui sert à désigner la sniffe – *to horn* – est le mot même qui désigne chez les musiciens le saxophone ou la trompette : *the horn*. Pour Pepper, l'aiguille viendra plus tard. Ce soir-là, à Chicago, il y a une brûlure dans les sinus, un goût amer dans la gorge, puis, fulgurant, le sentiment, dit-il, d'avoir trouvé la paix. D'en avoir fini avec les dérives abruties passées à boire de la bière chaude. « Je compris qu'à dater de ce jour je serais un junkie. (...) Junkie je suis encore, et junkie je mourrai [1] »...

Ecrites sans concessions près de trente ans plus tard, ces lignes donnent une idée de la révélation de la chambre de l'hôtel Croyden. En 1950, Art Pepper s'engage sur le chemin qui le mènera à San Quentin. Quoi qu'il écrive un quart de siècle plus tard, il ne sniffe pas ses premières lignes d'héroïne dans la salle de bains avec cette clairvoyance ou cette prémonition des enfers à venir. C'est plus tard, quand son corps aura connu à peu près toutes les punitions narcotiques

---

1. *Straight Life, op. cit.*

possibles, que viendra la lucidité rétrospective toujours un peu facile qui permet d'analyser un parcours en allant chercher dans le passé ce qui pouvait l'annoncer. Enfance solitaire, adolescence raccourcie par la précocité musicale, plongeon dès 15 ans dans un univers de la nuit et de ses tentations. La volonté de se faire admettre, de faire partie de la bande – du *band*. Le jeune adolescent blanc cherchant à se faire accepter par les adultes noirs. La fragilité et l'insécurité narcissiques qui suintent de chaque page des Mémoires d'Art Pepper – conviction absolue d'être un génie, et besoin perpétuel que ses pairs, ou les critiques, ou le public, le reconnaissent et le lui disent.

Pour Pepper, comme pour la majorité des jazzmen de l'époque, un certain révisionnisme politiquement correct, encouragé d'ailleurs par les musiciens eux-mêmes, voit dans l'héroïne un fléau qui a entravé, plutôt qu'encouragé, sa production musicale. Mais à s'en tenir à cette vision un peu simple, on peut avoir du mal à expliquer comment la plongée dans l'héroïne a aussi coïncidé avec une période de créativité incomparable. Art Pepper tombe dans la drogue dure au début des années cinquante, mais les années cinquante sont aussi la période de déploiement d'une maturité créative exceptionnelle. Il grave certains de ses albums les plus intenses, les plus lyriques, les plus écorchés parfois, entre deux cambriolages, entre deux arrestations pour usage de stupéfiants, ou dans les intervalles qui séparent ses séjours répétés dans la prison du comté de Los Angeles, antichambre de la justice où il finit par avoir ses habitudes.

Il entame ainsi au début des années cinquante une décennie de soliste où il grave sous son nom ses plus beaux albums. En 1951, il figure en deuxième place au palmarès annuel des lecteurs du magazine *Down Beat*, dans la catégorie saxophone alto – juste derrière Charlie Parker, son non-maître. Il quitte l'orchestre de Stan

Kenton. Après avoir longtemps passé neuf mois de l'année sur douze en tournée, il veut se reposer. Il veut aussi avoir du temps pour se consacrer à son autre passion, la drogue. A passer tous les jours d'une ville à l'autre, d'un club à une salle de bal, d'une grande ville à un trou paumé, la quête d'héroïne devient trop aléatoire. Il faut se remettre chaque soir à la recherche d'un dealer, jouer sur scène fiévreux, en manque, à cracher sa bile dans une serviette, entre deux solos. Art Pepper veut du temps pour organiser sa vie autour de la dame blanche. Il lui faut une vie sédentaire.

Concerts, filles, albums, dérive. Les clubs ferment, les « dates » se font rares et dans la faveur des foules américaines, le jazz connaît une éclipse. C'est pourtant pendant cette période que Pepper prend son envol. Il enregistre pour la dernière fois avec le grand orchestre de Stan Kenton en septembre 1951. En octobre, il lance avec le trompettiste Shorty Rogers, lui aussi un ancien du big band de Kenton, un des feux d'artifice qui annoncent le lancement presque officiel de ce que les critiques aimeront appeler le jazz « West Coast » : c'est le 8 octobre 1951, pour le label Capitol, le disque sortira sous le nom de *Modern Sounds*. Avec Shelly Manne à la batterie, Hampton Hawes au piano et Jimmy Giuffre au saxophone ténor, le reste de la bande sait tenir son rang. Un premier malentendu commence à propos de Pepper et du jazz West Coast, qui serait caractérisé selon la vulgate par un son « *cool* » et détendu : le style d'Art Pepper est tout sauf glacé.

Au début de 1952, Pepper forme son propre quartet – avec le pianiste Hampton Hawes, lui aussi grand junkie, le contrebassiste Joe Mondragon et le batteur-vibraphoniste Larry Bunker. La formation obtient de bonnes critiques, Pepper commence à composer sérieusement, ce qu'il n'a jamais pris le temps de faire jusque-là. A la demande de son père, il accepte de suivre une cure de désintoxication. Pour marquer symboliquement sa détermination, il brise au marteau son petit matériel – la cuiller, la seringue, les aiguilles hypodermiques. Parvient à secouer sa dépendance au bout de deux semaines. La vie reprend, jam-sessions, engagements sporadiques. Un soir, pendant qu'il est aux toilettes, on lui vole son saxophone.

Il rechute, est arrêté une première fois pour infraction à la législation sur les stupéfiants, mais relâché par un juge faute de preuves. Quelques semaines plus tard, il va lui-même mettre au clou le saxophone alto qu'un fabricant d'instruments lui a offert à des fins publicitaires. Il en tire vingt-cinq dollars, dont vingt sont aussitôt consacrés à l'achat d'un gramme d'héroïne dans les quartiers Est de L. A. Il est arrêté pour possession d'héroïne, incarcéré dans la prison du comté de Los Angeles, plaide coupable. Verdict : deux ans d'incarcération dans la prison-hôpital de l'Etat fédéral à Fort Worth, dans la banlieue de Dallas, au Texas.

Art Pepper commence à faire l'expérience du jazz en prison. A Fort Worth, il est nommé chef du département musical. Donne des cours aux détenus, crée une petite formation. Le batteur et le contrebassiste ne sont pas très bons, mais il apprécie le pianiste, un certain Abdullay Kennebrew, « qui était noir, petit, et on se disputait tout le temps ». Le piano est à roulettes, la formation joue tantôt pour les patients de l'aile psychiatrique, tantôt dans le quartier des femmes, ce qui stimule les imaginations. Pepper a aussi trouvé un autre stimulant, vendu en contrebande par les gardiens de la prison : du nutmeg, une sorte de grog à base d'œufs, de lait et de noix de muscade, très épicé, vendu en petites boîtes sous forme de papiers à dissoudre dans de l'eau chaude. Plusieurs verres, et le « *high* » qui suit vaut mieux que rien du tout.

Il sort de Fort Worth en mai 1954. En août, il enregistre pour les disques Savoy avec un quintet assemblé pour l'occasion. L'un des morceaux s'intitule *Nutmeg*. Une autre de ses compositions est enregistrée pour la première fois et qui donnera son nom plus tard à ses Mémoires, en forme de pied de nez ironique à une vie tout sauf *straight* : *Straight Life*. Le 7 décembre 1954, il est arrêté pour usage d'héroïne. Après neuf mois dans la prison du comté, il est récupéré par la justice fédérale et envoyé à la prison de Terminal Island, sur une île située en face du port de Long Beach et de San Pedro, dans les faubourgs sud de Los Angeles. De sa prison Pepper a vue sur la ville, sa ville, celle où il passe le plus clair de son temps à jouer, et à traquer la dose.

Il sort de Terminal Island en juin 1956. Sans remords mais sans illusions. C'est un des rares musiciens de l'époque à ne rien cacher de ce que la presse préfère en général appeler pudiquement les « problèmes » de la profession. Pas de pudeur chez Pepper. Cartes sur table et toutes tripes dehors, il accorde à *Down Beat*, en 1956, une interview qui fera date sur le sujet de la drogue dans le jazz, et de ses propres problèmes. Il indique clairement qu'il ne se fait aucune illusion sur le sort qui l'attend : « Je sais que si je me fais reprendre maintenant, j'en ai pour trente à quarante ans », dit-il à John Tynan, l'un des premiers journalistes de l'époque, avec Ralph Gleason, à avoir parlé sans fard et sans précautions de la toxicomanie des jazzmen.

Pepper retrouve sans délai le chemin des studios, et semble même y prendre pension. Séances en juillet avec Shorty Rogers retrouvé, puis avec Chet Baker. En août avec son propre quintet – ce sera l'album *The Return of Art Pepper*. « Retour », déjà... Le 31 août, il donne son premier concert depuis sa sortie de prison, au Pasadena Civic Auditorium, à l'occasion d'un événement organisé au profit des victimes de la fièvre rhumatismale. En septembre il enregistre avec Hoagy

Carmichael et Marty Paich, en octobre à nouveau avec Chet Baker et le saxophoniste ténor Phil Urso, en novembre avec son quartet et avec la formation du sax ténor Warne Marsh, en décembre avec les formations respectives de Bill Perkins, Ted Brown, Red Norvo, ainsi qu'avec son quartet. Six mois de créativité exceptionnelle qui culminent l'après-midi du 19 janvier 1957 avec une séance qui donnera naissance à l'un de ses meilleurs albums. Miles Davis se produit à ce moment-là au club Jazz City, à Los Angeles, avec sa légendaire section rythmique – Red Garland au piano, Paul Chambers à la contrebasse et Philly Joe Jones à la batterie. Lester Koenig, le patron du label Contemporary, qui considère qu'aucun musicien de la côte Ouest n'arrive à la cheville d'Art Pepper, a l'idée d'organiser une séance où cette machine à rythme infernale se mettrait au service du saxophone alto de son protégé. Miles, qui est alors au plus haut de sa créativité et de sa popularité, donne son accord. Le résultat de cette journée : *Art Pepper Meets The Rhythm Section*.

Etrange session, effectuée à en croire le principal intéressé dans un état second. Sa femme Diane l'a réveillé le matin de sa torpeur toxicomane en l'informant qu'il avait rendez-vous au studio. Pepper vérifie son saxophone, qu'il n'entretient plus depuis des semaines. Sueur et salive ont plâtré le bec à l'embouchure, le liège qui sert à ajuster le tout s'arrache quand il cherche à déboîter les deux parties. L'anche, verte et moisie, est encore collée au bec. Une nouvelle anche, du sparadrap, puis l'essentiel : foncer dans la salle de bains et s'envoyer une dose [1].

Son compte rendu de cette journée doit être pris avec précaution. Il affirme n'avoir pas touché de saxophone depuis six mois, se compare à un joueur de basket professionnel qui n'aurait pas joué pendant longtemps et se trouverait propulsé dans un match

---

1. *Straight Life, op. cit.*

important. Il se décrit prêt à affronter l'impossible. Mais on sait ce qu'il en avait été au cours de ces six mois « sans toucher de saxophone » : Pepper avait en fait participé à pas moins de dix-sept séances d'enregistrement pendant la période – sans compter les concerts ou les soirées – pour les labels Pacific Jazz, Jazz West, Tampa, Kapp, Contemporary, Vanguard et Blue Note....

Il est en revanche avéré qu'il a bien enregistré la séance avec les hommes de Miles dans un état second. On dispose ici des témoignages des participants. Quelques mois auparavant, Pepper a rencontré Mario Cuevas, dealer de drogue et amateur de jazz, qui est venu un jour l'écouter au club Angel Room. Cuevas devient un ami de Pepper, lui fournit ses préservatifs d'héroïne par doses d'une demi-once chaque fois. Il pousse même la sollicitude jusqu'à aider le musicien qui veut « secouer » sa dépendance en lui fournissant de la Dolophine, un médicament à base de méthadone qui peut aider à décrocher. Quand Pepper par trois fois échoue, Cuevas toujours obligeant recommence à lui fournir de l'héroïne. La came n'est pas coupée. La qualité est excellente, et la quantité augmente.

Quand il arrive pour jouer avec les hommes de Miles au studio de Contemporary, sur Melrose Place, à Hollywood, Art Pepper n'a aucune idée des thèmes qu'ils vont enregistrer. Les musiciens de Miles l'attendent, il n'a jamais joué avec eux. Il se décrira plus tard comme dans un trou noir, intimidé, paniqué par l'idée d'avoir à jouer avec la meilleure section rythmique du moment. Il sort son saxophone rafistolé au sparadrap, il ne sait pas quoi jouer, le pianiste Red Garland lance : « Je connais un thème sympa. Tu connais ? » Une mélodie en ré mineur que Garland esquisse au piano. *You'd be so nice to come home to*. Pepper ne connaît pas. Paul Chambers suggère ensuite qu'on joue *Imagination*. Le reste de la séance se déroule ainsi. A l'oreille. Des thèmes que Pepper aime et connaît, mais qu'il n'a jamais joués. Neuf morceaux sont enregistrés en deux heures. Deux d'entre eux ont été composés et improvisés dans le studio : *Red pepper blues*, attribué au pianiste Red Garland. Et *Waltz me blues*, qui porte la double signature de Pepper et de Paul Chambers.

Le lendemain de cette session, Pepper est l'invité de l'ultra-populaire émission de télévision de NBC, le « Tonight Show ». Les passages en studio se multiplient. L'un d'entre eux, en avril 1957, avec son propre quartet, lui donne l'occasion d'enregistrer pour Blue Note quelques-unes des plages les plus brillantes du jazz West Coast de la fin des années cinquante. Un jeune animateur de radio passionné de jazz de la région de Los Angeles, Don Clark, anime le dimanche à l'heure du déjeuner sur la station KPOP une populaire émission, « Jazz West Coast ». Après avoir participé à une interview d'Art Pepper pour *Down Beat*, Clark est dans un premier temps devenu une sorte de manager pour le saxophoniste, servant d'intermédiaire pour quelques séances d'enregistrement. Il a ensuite pris le contrôle d'un petit label, Intro, et produit pour Pepper l'album *Modern Art*. Les 1er et 2 avril, Don Clark, fasciné par les nouvelles technologies stéréophoniques, utilisant des bandes magnétiques, organise une séance dans les studios Audio Art, sur Melrose Avenue. Fauché, il a demandé à un autre label, Omegatape, de participer à la production. Pepper, vers la fin de 1956, a trouvé un pianiste attitré, dont il se sent proche par le style et la sensibilité, Carl Perkins. Agé de 28 ans, Perkins a joué avec Miles Davis en Californie au début des années cinquante, et travaillé notamment avec la formation du contrebassiste Curtis Counce. Atteint de polyo pendant son enfance, il joue avec un style particulier, corps tourné vers la droite, main gauche parallèle au clavier, jouant les notes les plus graves avec son coude. Il communie avec Pepper dans la même dépendance à l'héroïne, et à l'alcool.

Alors même qu'il multiplie les concerts et les albums, la dérive continue pour Art Pepper. Sa femme Diane, qui s'est mise elle aussi aux drogues dures, fait plusieurs tentatives de suicide. Pepper tente brièvement de décrocher, gère le manque en avalant sirops et comprimés. Du Percodant, ainsi qu'un sirop contre la toux réputé chez les drogués, le Cosanyl. Il voyage un peu, se produit avec son groupe au Blackhawk de San Francisco. Puis dans un hôtel à Palm Springs, dans le désert californien. Se retrouve à Los Angeles, vit avec Diane dans un motel, épluche les offres d'emploi dans les journaux. Il devient représentant de commerce, à faire du porte-à-porte pour vendre des accordéons aux enfants. Se présenter, dire bonjour aux parents, faire subir un petit test d'aptitude musicale aux bambins, s'installer dans la durée pour quelques leçons, laisser l'accordéon en dépôt et alpaguer les parents quand l'enfant pleure en demandant qu'on le lui achète. Il ne touche toujours pas à l'héroïne, le Cosanyl lui suffit, et le fait grossir. Il joue même pendant quelque temps du saxophone ténor avec un orchestre de rock'n'roll dans un club, le Palomino, qui se spécialise dans cette nouvelle musique, invitant notamment des musiciens comme Jerry Lee Lewis.

Son ami, son pianiste, Carl Perkins, meurt à l'âge de 29 ans. Le 11 mars 1958, il a été admis à l'hôpital du comté de Los Angeles, où il est décédé moins d'une semaine plus tard. Non pas d'une cirrhose du foie, comme le voulut la version courante, mais selon son certificat de décès, d'une urémie due à une défaillance rénale aiguë. Quelques mois plus tôt, il avait été brièvement hospitalisé, apparemment pour une overdose [1].

---

1. *Jazz and Death : Medical Profiles of Jazz Greats*, Frederick J. Spencer, University Press of Mississippi, 2002.

Le lendemain même de la mort de Carl Perkins, Art Pepper enregistre en studio avec la formation du corniste John Graas. Vers la fin de 1958, Lester Koenig lui offre un contrat de long terme avec son label Contemporary. Un des premiers albums qui lui sont proposés est une collaboration avec le pianiste et arrangeur Marty Paich, qui donnera, en mars et en mai 1959, l'enregistrement d'*Art Pepper Plus Eleven*, où Art joue de l'alto, du saxophone ténor et de la clarinette, interprétant des classiques arrangés par Paich à la sauce West Coast. En novembre, il enregistre sous la direction du pianiste et chef d'orchestre André Previn, musicien de formation classique qui fait à l'époque une excursion dans le jazz, la bande originale du film *The Subterraneans*, tiré du roman de Jack Kerouac. Le film, panouille d'un certain Ranald MacDougall, inconnu qui mérite de le rester, sort en 1960. George Peppard s'y trimbale en écrivain explorant le mouvement beat de San Francisco, tombant amoureux de Leslie Caron, substituée à l'héroïne noire du roman pour ne pas choquer les foules américaines. Kerouac est proprement massacré, et le cinéma préférera vite oublier cette monstruosité à peine sauvée par la curiosité de voir Art Pepper ainsi que d'autres musiciens comme Gerry Mulligan, Shelly Manne, Red Mitchell ou la chanteuse Carmen McRae, interpréter leurs propres rôles.

« Les choses s'amélioraient. J'achetai à Diane un chien pour Noël [1] ». Un soir, après une séance d'enregistrement, Art Pepper conduit sa Lincoln sur la voie express entre Hollywood et Studio City, Ray Charles est à la radio. Il fait demi-tour, repart vers la banlieue Est de la ville, rend visite à de vieilles connaissances, Rachel et son frère Boy. Pour cinquante dollars, il achète un quart d'once d'héroïne. Se prépare un fix, rentre chez lui, en propose à Diane.

---

1. *Straight Life*, op. cit.

Repart alors, infernale, la spirale de la débine. Coups fumants avec Frank Ortiz et un troisième compère. Cambriolages nocturnes. Casse d'un night-club. Les deux autres sont parfois armés, et Pepper s'indigne qu'ils refusent de lui confier un revolver. Ses partenaires le trouvent trop nerveux, ils n'ont pas confiance. Vols de chantiers, chapardages dans les stations-service. Cambriolage du cabinet d'un médecin, butin : des centaines de cachets de drogues diverses.

Pepper avait commencé d'amasser un peu d'argent. Tout repart en héroïne. Il rejoint sur Hermosa Beach les Lighthouse All Stars, le nom d'un orchestre informel qui fait le bœuf tous les soirs depuis le début des années cinquante et qui porte le nom du club devenu mythique. Il y a là le trompettiste Conte Candoli, le pianiste Vince Guaraldi, Bob Cooper, un saxophoniste qui se risquait parfois à jouer du hautbois, et le guitariste Howard Roberts. Le Lighthouse, qui a accueilli depuis 1950 tous les grands noms du jazz, résidents ou de passage sur la côte Ouest, assemblés en formations à la composition toujours changeante, est un des rares lieux où le jazz West Coast brûle encore de ses derniers feux « *live* ». Pepper y joue régulièrement, mais de son propre aveu, sa descente dans les enfers de la dépendance devient de plus en plus visible. Retards, somnolence sur scène, solos erratiques. Besoins d'argent, pressants.

Les séances d'enregistrement continuent pourtant, grâce à Lester Koenig et à l'arrangeur Marty Paich, qui engagent Pepper dès qu'ils ont besoin d'un saxophone alto. Tous les autres se méfient de son comportement erratique et imprévisible. Il accompagne ainsi, pendant l'année 1960, des chanteurs improbables et inconnus lors de leurs passages éclair en studio. Ils ont nom Jesse Belvin, ou Ethel Azama. Un groupe qui s'appelle les Hi-Lo's. Mais il y a aussi June Christy, ou Helen Humes. Pepper participe aux grands orchestres de

Shorty Rogers, Henry Mancini ou du chanteur Mel Tormé. Le critique John Tynan, de *Down Beat*, pourtant l'un des premiers à avoir parlé sans pudeurs de la toxicomanie d'Art Pepper, n'a jamais été plus loin de la vérité quand il écrit dans le bimensuel du jazz en avril 1960 : « Le musicien de 35 ans a laissé sa période à problèmes derrière lui et recherche désormais à développer sa capacité d'expression comme artiste. » Titre de l'article, décalqué de celui d'un album du saxophoniste : « Le retour d'Art Pepper [1] »...

De cette année 1960 survivent pourtant, lumineux, trois disques. Les deux qu'il enregistre juste avant et juste après son arrestation d'octobre, *Smack Up* et *Intensity*. Et un autre album avec une autre section rythmique de Miles Davis, trois ans après *Meets The Rhythm Section*. Celui-là s'appellera *Gettin' Together*, et si Paul Chambers est toujours à la contrebasse, c'est Wynton Kelly qui est désormais au piano, et Jimmy Cobb à la batterie.

En juillet 1960, moins de trois mois avant son arrestation par les sergents Sanchez et MacCarville, Art Pepper est interpellé dans la rue par une voiture des services du shérif de Los Angeles. Après constatation que ses bras portaient des marques de piqûres, il est condamné à quatre-vingt-dix jours d'incarcération dans la prison du comté de Los Angeles. Il en sort un mois plus tard. Lui restent alors moins de deux mois en liberté, jusqu'au 25 octobre, date de son arrestation au coin de Stone Street et de Wabash Avenue.

Le 9 mai 1961, Art Pepper devient le détenu A-64807 de San Quentin. En attendant les entretiens d'usage qui détermineront son affectation à l'un des emplois de la prison, il rejoint la cellule n° 2-D-17, comme l'indiquent les documents encore disponibles dans les archives de Californie. Il en change dix jours

---

1. « *The return of Art Pepper* », John Tynan, *Down Beat*, 14 avril 1960.

plus tard, pour rejoindre la cellule n° 4-E-79. Le 19 mai, sa fiche pénitentiaire indique qu'il est toujours « sans affectation ». Sa réputation de musicien l'a précédé. Moins d'un mois après son incarcération, et contrairement à la pratique qui veut que les détenus attendent quelque temps avant de disposer de « privilèges » comme l'autorisation de jouer d'un instrument, il se produit déjà avec d'autres détenus musiciens sur une scène de fortune : le *San Quentin News* daté du 8 juin indique que Pepper a joué en « combo », en petite formation, à l'occasion de la représentation dans le réfectoire nord d'une pièce de théâtre, *Room Service*, par la troupe de la prison, le San Quentin Actors Workshop [1]. Le journal ajoute que trois musiciens l'accompagnent, qui n'ont pas laissé de trace durable dans l'histoire de la musique, et dont on peut sans doute penser que la carrière musicale s'est limitée à San Quentin : Frank Estrada à la guitare, LeRoy Martin à la batterie et Asbery Pasley à la contrebasse. Les musiciens « jouent une sélection de standards du jazz » pendant l'entracte, indique le *San Quentin News*. *Room Service*, une comédie de 1937 de John Murray and Allen Boretz, adaptée au cinéma l'année suivante par les Marx Brothers, relate les aventures d'une bande d'acteurs au chômage qui décident de monter un spectacle à Broadway.

Mais le 1er juillet, Art Pepper ne figure pas parmi les prisonniers-musiciens qui vont monter sur scène à la fin du concert que Dizzy Gillespie est venu donner dans la prison. Comme il a joué moins d'un mois plus tôt, il faut croire qu'il a été puni, ou qu'il s'est récusé. Il n'a pourtant pas d'antipathie particulière envers Dizzy Gillespie, au contraire. Pour Pepper, Dizzy est même l'archétype de la générosité en musique. Ouvert, heureux, qui joue de la même manière. Le saxophoniste a découvert le be-bop un jour sur un disque de

---

1. « *Jazz combo plays* », *San Quentin News*, 8 juin 1961.

Dizzy Gillespie, après ses trois ans de service militaire à l'étranger. Il découvre des accords qu'il n'avait jamais entendus. Ressent l'impression violente que le jazz est passé dans une autre époque. Et le vertige en se demandant ce qu'il va lui-même devenir. « J'étais bouleversé, et mort de peur [1] ». Art fait peut-être partie des 1 300 détenus qui assistent au concert de Dizzy en spectateurs. Peut-être qu'il découvre à cette occasion les talents qui sont enfermés à San Quentin, peut-être qu'il n'a jamais entendu parler de Dupree Bolton, et qu'il l'entend jouer pour la première fois.

En prison, Art Pepper va jouer chaque fois qu'il en a l'occasion. Il devient le pilier incontesté de notre jazz band de 1962, gagne un des concours de musique de la prison, et le *San Quentin News* semble rendre compte de chacun de ses solos. Bizarrement, il consacre peu de place à la musique dans les passages de ses Mémoires consacrés à San Quentin. De la prison au bord de la baie il a retenu la violence, les combines et la tension permanente. Composé avec sa dernière femme Laurie entre 1972 et 1979, le livre est encore brûlant de souvenirs écorchés sur lesquels le temps n'a pas fait son œuvre d'élagage. Mais la musique à San Quentin en est absente ou presque, oubliés aussi ceux avec qui il a joué. Frank Morgan au contraire, quand il sort de son long tunnel à la fin des années quatre-vingt, se souvient de San Quentin comme de l'époque où il a joué avec Art Pepper. Mais Art Pepper n'a pas l'air de s'être souvenu de Frank Morgan. Les seuls musiciens dont le temps pour lui n'a pas effacé le nom sont Verdi « Woody » Woodward, un prisonnier multirécidiviste qui selon Pepper avait appris à jouer du saxophone ténor en prison [2]. Mais surtout Dupree Bolton, rencontré à San Quentin dès son arrivée. Au détour d'une interview accordée au magazine britannique *Melody*

---

1. *Straight Life*, op. cit.
2. L'auteur de *Hope to Die : a Memoir of Jazz and Justice*, op. cit.

Maker, en 1979, Art Pepper parle brièvement de Bolton : « Je jouais beaucoup avec Dupree Bolton le week-end. On jouait dans la cour du bas. C'était bien [1]... »

Le travail à San Quentin est facultatif. Les détenus qui s'y portent volontaires n'ont pas grand-chose à en retirer. Quelques privilèges, un rythme de vie qui casse la routine, l'accès possible à quelques petites combines, un pécule symbolique. Six dollars par mois sur lesquels l'administration pénitentiaire prélève d'ailleurs une sorte d'impôt de 20 %. Un dollar et vingt *cents*, officiellement justifiés par la participation aux séances de cinéma hebdomadaires. Mais il y a aussi les privilèges, non quantifiables mais parfois inappréciables dans la hiérarchie interne de la prison. Des horaires qui ne sont pas ceux des autres, moins de temps passé en cellule. Possibilité d'assister aux séances de cinéma en semaine, et pas seulement le week-end. Contact quotidien avec des citoyens libres – les gardiens ou fonctionnaires qui encadrent leurs activités –, et accès à de menues faveurs, selon l'humeur du personnel. Avec toujours une tension, permanente : ne pas avoir l'air trop proche de la chiourme, ne pas fayoter, ne surtout pas passer pour un favori des surveillants ou du directeur. Etre cool, en prison, la condition de la tranquillité, c'est de mener sa barque en indépendant.

Art Pepper ajoute une touche personnelle. Il fait semblant d'être un peu fou, dérangé. Se lance périodiquement sans prévenir dans des propos incohérents ou incompréhensibles. Se forge une réputation de cinglé imprévisible dans le seul but qu'on le laisse en paix. Se macule le visage de la nourriture qu'on lui sert au réfectoire. C'est sa protection, la barrière qu'il dresse contre l'invasion de son intimité par l'univers carcéral.

---

1. « *Straight Life* », Brian Case, *Melody Maker*, 9 juin 1979.

Au bout d'un mois, il est affecté, en juin, aux services du comptable de la prison. Comptabilité rudimentaire et dénomination en partie trompeuse. Une partie de la tâche, purement administrative, consiste à dresser un relevé des horaires des prisonniers qui travaillent. Mais la fonction confère aussi une responsabilité sur les services de blanchisserie de la prison. C'est une grosse machinerie, qui emploie une centaine de détenus, nettoie près de cinq mille draps par semaine, quelques milliers de tenues de prisonniers, mais aussi les vêtements des gardiens et de leurs familles. La position d'Art Pepper lui donne du pouvoir. Celui de glisser incognito sa propre tenue de prisonnier sous la pile, pour la faire nettoyer et repasser au pli coupant par les compères de la blanchisserie. L'élégance, même dans le bleu uniforme de la prison, fait partie de ces petits plaisirs qui vous posent la classe d'un homme. Il y a aussi la possibilité d'exercer des représailles sur les gardiens particulièrement vicieux, ou peu coopératifs, par exemple ceux qui refusent de passer en fraude aux détenus les lettres, l'argent envoyé par la famille ou les amis, ou les mauvais romans de gare vaguement porno qui entretiennent dans les cellules souvenirs et fantasmes. Dans ces cas-là, un accident est vite arrivé aux uniformes ou aux tenues civiles des gardiens. Veste tailladée, pantalon qui craquera au mauvais endroit, chemise mystérieusement décousue. Enfin, dernier plaisir des détenus du service de la paye et du pressing, il y a ces vêtements de femmes donnés à laver par les familles des gardiens et qui peuvent être subtilisés le temps d'une soirée pour servir d'accessoires aux plaisirs solitaires d'une nuit en cellule.

Si Pepper ne se souvient pas de San Quentin comme d'un moment musical exceptionnel, il en retient une tension raciale exacerbée, au bord de la haine, qui contribue à remuer en lui des ressentiments confinant à la paranoïa raciste. L'ancien adolescent sans attaches familiales, qui a passé des années à se faire admettre – avec un certain succès – par les musiciens noirs de Central Avenue, est confronté à un univers carcéral fait de bandes, de ségrégation raciale ou ethnique, tendu par une violence qui menace d'éclater à tout instant. Le musicien dont les amis, musiciens ou dealers, pouvaient être noirs, blancs ou « chicanos », se voit assigner sa place parmi les Blancs. Les musiciens noirs qui jouent avec lui sur scène prennent soin, loin des instruments, de ne pas lui adresser la parole. Et les Blancs racistes lui reprochent de jouer avec des Noirs.

Dans ses Mémoires, Art Pepper est muet sur son expérience musicale à San Quentin, pourtant moment clé de son évolution artistique. Tous ses proches, ses amis musiciens, le disent pourtant. Quand il sortira de San Quentin, son grand modèle musical sera John Coltrane. L'ancien saxophoniste de Dizzy Gillespie puis, surtout, de Miles Davis, est devenu au début des années soixante une des figures clés du jazz. Il connaît en 1962 une année musicale éblouissante, même si ses expériences ne sont pas encore appréciées de tous. Après une série de concerts à New York, fin janvier, le *New York Times*, qui a encore du mal avec le jazz moderne, exprime ainsi son scepticisme. La formation de Coltrane compte alors Eric Dolphy, l'enfant de la côte Ouest, explorateur de tous les nouveaux sons. Les deux compères « cherchent à étirer le champ de leurs instruments au-delà de l'ordinaire, atteignant un tel niveau d'exagération que leur quête s'avère autodestructrice », écrit le critique du journal qui, tout en rendant hommage à la finesse des musiciens, se plaint que Coltrane ait tiré de son saxophone des sons de cornemuse, et que Dolphy ait reproduit à la flûte une forme d'effet Larsen. Coltrane enregistre aussi cette année-là deux de ses meilleurs albums – *Ballads*, et en septembre, sept morceaux avec Duke Ellington dans un studio du New Jersey. Duke et Trane, le classique et le moderne, l'ancien (63 ans) et le plus jeune (36 ans), la terre et le feu. Bob Thiele produit pour Atlantic le disque, qui débute par *In a sentimental mood*.

Art Pepper n'a pas pu, et pour cause, suivre l'évolution musicale de Coltrane. Mais son influence sur lui est telle qu'à sa sortie de prison, il abandonne le saxophone alto et se met au ténor. Après San Quentin et pendant quatre ans, l'influence de Coltrane est sur lui si forte qu'elle menace de l'étouffer. Le contrebassiste Hersh Hamel, avec qui Pepper enregistre une séance en quartet en mai 1964, entre ses deux séjours à San Quentin, raconte que Pepper a aussi subi l'influence de musiciens plus radicaux qu'il a côtoyés à San Quentin, et qu'il a appris à aimer et à apprécier au point d'essayer, après son rejet initial, de jouer comme eux [1].

Qui sont ces joueurs « radicaux » ou modernes ? Le seul nom qui saute à l'esprit est celui de Dupree Bolton, le seul dont Pepper se souvient des années plus tard. Au moment où il joue avec Pepper dans la grande cour de San Quentin, entre le terrain de base-ball et celui de basket, il n'a encore enregistré qu'un seul album en petite formation, *The Fox*, sous la direction du saxophoniste ténor Harold Land. Mais il a déjà composé *Katanga*. Earl Anderza, un autre alto, qui a aussi croisé Art Pepper à San Quentin, l'a peut-être lui aussi influencé par ses sonorités avant-gardistes et ses explorations de sons nouveaux.

« Quand je suis arrivé à San Quentin, je n'avais pas le droit de jouer, mais après un certain temps les contraintes s'allègent un peu », dira Art Pepper à Brian Case, de *Melody Maker* [2]. Le « certain temps » auquel il fait allusion se limite dans son cas aux trois semaines

---

1. Interview de Hersh Hamel cité dans *Straight Life*, *op. cit.*
2. « *Straight Life* », *Melody Maker*, 1979, *op. cit.*

de mai 1961 où il est en observation dans la cellule, comme en témoigne ce concert qu'il donne début juin. Il quitte le bloc sud et ses restrictions, et a du coup le droit de jouer d'un instrument – mais uniquement pendant le week-end, et s'il en trouve un. Dans son cas, c'est son embauche dans les services administratifs qui a entraîné son passage du régime de sécurité « *medium* » à « *minimum* ». Lever à 4 h 30 du matin, et droit de circuler plus librement dans la prison.

L'accès au bloc ouest de la prison est vécu comme une récompense. Les détenus qui le souhaitent ont le droit de jouer tous les soirs vers 20 heures. Jusqu'à l'extinction des feux et la fermeture des cellules. Pepper joue sur un saxophone commandé par correspondance et sur catalogue par un détenu condamné à la prison à vie – les « perpètes » ont de ces privilèges.

Si l'on s'en tient aux comptes rendus du *San Quentin News*, le concert donné par Art Pepper en juin à l'occasion de la représentation de *Room Service* reste sans lendemain jusqu'au grand spectacle de fin d'année où le saxophoniste est le soliste vedette du big band de la prison, dirigé par un certain Robert Jones. Dupree Bolton fait lui aussi partie de l'ensemble, ainsi que Frank Washington, à la contrebasse. L'orchestre se compose de trois saxophones, trois trompettes, l'habituelle section rythmique et même d'une guitare, dont joue un certain « Preacher » Buolt, peut-être un pasteur en délicatesse avec la justice.

Fin janvier, Art Pepper retrouve Dupree Bolton à l'entracte de la représentation d'*En attendant Godot*. Deux mois plus tard, le 28 mars, il joue à nouveau en ouverture d'un concert de deux heures organisé un après-midi pour « 178 détenus étudiants et leurs professeurs », indique le journal avec une grande précision. Le pianiste Jimmy Bunn s'est joint à Pepper, Bolton et Frank Washington.

Le 28 mai 1962, un an après son incarcération à San Quentin, Art Pepper comparaît pour la première fois devant la commission qui doit décider ou non de sa libération conditionnelle. Les détenus éligibles comparaissent chaque annee devant cette *parole commission* composee de representants de l'administration pénitentiaire. La commission rejette la demande de libération d'Art Pepper, ce qui signifie qu'il va rester enferme un an de plus.

Quatre jours après ce refus, le 2 juin, Pepper est consacré par le jury qui examine les compositions concourant pour la huitième édition du rituel festival de musique créative de San Quentin. Trente-huit prisonniers ont soumis compositions originales ou arrangements. Les trois juges – Phil Bovero, Thomas P. Candell et Thompson Chestnut, responsable du big band West Coast du festival de jazz de Monterey – expriment l'opinion que « la qualité individuelle des musiciens n'a jamais été aussi bonne », indique le *San Quentin News*, non sans fierté [1].

Pepper est distingué pour son arrangement de *Lover man* – le thème sur lequel Charlie Parker, terrassé par l'alcool, la déprime et l'héroïne, s'était effondré quinze ans plus tôt dans un studio de Los Angeles. Et il est récompensé aussi pour sa composition originale, *4-N-95*, baptisé d'après le nom d'une cellule de la prison, celle qu'il a occupée, à en croire les archives californiennes, du 21 juin 1961 au 7 avril 1962. La composition emporte la note de 296 sur un total possible de 300, indiquera le *San Quentin News*. *4-N-95* gagne aussi le « grand prix » qui désigne la meilleure composition du concours, toutes catégories confondues.

Le morceau n'a plus jamais été enregistré par Art Pepper. Il ne figure dans aucune discographie officielle. Le saxophoniste a pourtant composé d'autres thèmes en prison, qu'il jouera régulièrement jusqu'à la fin de sa vie. L'un d'entre eux, *The Trip*, fait partie de

---

1. « *Inmate compositions rated by experts for music fete* », San Quentin News, 21 juin 1962.

son répertoire habituel dans les années soixante-dix, période qui fut pour lui celle d'une renaissance musicale et artistique. D'autres thèmes écrits en prison furent enregistrés à ce moment-là : *Ophelia*, ou *Lost life* figurent par exemple sur le premier album enregistré sous son nom après quinze ans d'éclipse, *Living Legend*, en août 1975. *Ophelia* et *The Trip* ont été déposés au Bureau américain des copyrights le 11 mai 1964, deux mois après sa sortie de prison. Mais nulle trace, nulle part, de *4-N-95*.

Art Pepper, comme tous les lauréats du festival de musique, joue sa composition gagnante le 17 juin 1962 à l'occasion d'un concert donné pour les détenus incarcérés sous le statut de surveillance « minimale » et « moyenne 2 ». Introduit sur scène par le maître de cérémonie Rick Cluchey, celui-là même qui dirige la troupe de théâtre de la prison et est en train de devenir un spécialiste de Samuel Beckett, Art Pepper joue, à la tête du big band de jazz, non seulement ses compositions mais aussi les autres morceaux écrits par les prisonniers lauréats, comme *Hush up* de Frank Washington, ou *Delightful Liz*.

A la une du *San Quentin News* du 21 juin 1962, Art Pepper apparaît deux fois en photo. Le gros titre du jour est consacré au concert en plein air : « Les lauréats du festival de musique jouent pour les familles [1] ». Pour illustrer l'article, deux photos superposées, une vue de l'assistance et un cliché de la scène avec le big band en formation classique, les musiciens assis à leurs pupitres sauf les quatre saxophonistes, debout devant eux, et Art Pepper, cheveux rasés, légèrement à l'écart des trois autres, en train de souffler dans son instrument. Une banderole, « Welcome 1962 Music Festival », surplombe la scène. « Art Pepper menant les Music Makers », dit la légende de la photo.

---

1. « *Music Festival winners entertain family groups* », *SQN*, 21 juin 2006.

En bas de la une à droite, un autre cliché de quatre musiciens posant pour le photographe. Ils sont debout sur la scène du concert. Quelques-uns des lauréats du concours de musique. De gauche à droite Danny Jones, qui a remporté à la fois les deuxième et troisième prix de la catégorie « musique religieuse », et le deuxième prix de la catégorie « folk ». Frank Washington, le contrebassiste attitré de notre San Quentin Jazz Band, qui l'a emporté dans les catégories jazz avec *Hush Up*, et musique religieuse avec *Come onto me*. Aaron Burton, qui a soumis quant à lui sept compositions et a obtenu la première place dans les catégories « populaire » et folk, et la troisième dans la catégorie jazz. Enfin Art Pepper, le plus petit des quatre, et le seul Blanc. Sur la photo à gros grain aujourd'hui défraîchie, les trois hommes sont en uniformes de la prison, pantalon foncé, chemise à manches longues plus claire sur des tee-shirts blancs, visages à peine discernables. Ils regardent tous les quatre l'objectif, le regard neutre. Aucun sourire ne traverse le papier jauni de la veille collection du *San Quentin News*. Art Pepper a son saxophone suspendu au cou, les deux mains tenant l'instrument. Les trois autres gardent sagement leurs mains derrière le dos.

Un mois plus tard, le 4 juillet, un mercredi, Art Pepper mène la formation qui est en tête de l'affiche (symbolique) du concert de jazz donné à l'extérieur à l'occasion de la fête nationale américaine. Un millier de détenus assistent à l'événement. C'est un des rares jours où notre San Quentin Jazz Band est au complet – ou presque. Art Pepper au saxophone alto. Dupree Bolton et Nathaniel Meeks à la trompette. Jimmy Bunn au piano. Manquent les deux Frank, Morgan et Washington – du moins si l'on en croit le compte rendu du *San Quentin News*[1]. Mais peut-être est-ce

---

1. « Modern musicians entertain large holiday throng », *San Quentin News*, 19 juillet 1962.

là simple omission du reporter qui rend compte de l'événement. Trois détenus assurent la partie vocale, quand le morceau joué exige un chanteur. Il s'agit de Larry Callahan, le chanteur de night-club de San Francisco en prison pour meurtre, de Wayne Harshaw et d'Earl Forniss qui « reçoit une ovation debout après son interprétation de *Just friends* », écrit le journal.

Le 26 août, Pepper, Bolton et Bunn sont les piliers de la petite formation qui joue dans la chapelle pour accompagner la lecture de la parabole du fils prodigue par le pasteur Al McCurdy. Un mois plus tard, Pepper est le leader du big band qui assure le 29 septembre l'animation du spectacle annuel des prisonniers, donné dans le réfectoire nord pour un millier de détenus. Ce matin-là, à l'autre bout du pays, la station de radio WRVR-FM, de New York, a consacré son émission « Just Jazz » – qui s'étend de 9 heures du matin à 3 heures de l'après-midi – à « Quelques saxophonistes altos cool » – et Pepper figure en bonne place au programme. A San Quentin, les musiciens commencent par jouer *4-N-95*. Le morceau consacré à la cellule d'Art Pepper est joué « sur un tempo sauvage », raconte le journal des prisonniers. On enchaîne avec un morceau de Dizzy Gillespie, *Manteca*. Pepper et Dupree Bolton se partagent les solos. Le spectacle compte aussi trois autres formations de jazz, l'une menée par Leroy Johnson (« la formation qui s'est le plus améliorée à San Quentin », selon le *News*), une autre qui joue sous le nom des Bill Curtis Jazz Messengers, à laquelle participent aussi Pepper et Bolton, et qui interprète une version de *So what*, le morceau de Miles Davis. Le journal mentionne aussi la prestation d'un sextet dirigé par un certain Oscar Robertson. Un avaleur de sabres professionnel, Don Ward, ancien du cirque des Ringling Brothers Barnum and Bailey, « qui s'est déjà produit à Madison Square Garden », fait son numéro avec un cintre de métal transformé, les sabres étant interdits en prison pour des raisons évidentes. Ward impressionne aussi en épinglant le badge d'un gardien sur son torse nu. Les « Billie Joe's Blues Blasters », formation de twist, des acrobates, un groupe de musique country, des danseurs de claquettes, une formation de blues et des chanteurs de charme sont aussi au programme.

En cette fin d'été, Art Pepper vit les dernières semaines de son premier séjour à San Quentin. Le 18 octobre, il part pour Tehachapi, une autre prison californienne, située dans la zone montagneuse de la Sierra Nevada, à une centaine de kilomètres au nord de Los Angeles, entre Bakersfield et California City.

Il est encore à Tehachapi, moins d'un an plus tard, quand il obtient sa libération. La décision est prise en septembre 1963, Pepper sort de prison en mars 1964. Le batteur Shelly Manne, un vieux complice, qui a joué et enregistré plusieurs albums avec lui, a ouvert au début des années soixante un club de jazz dans un abri nucléaire souterrain. C'est le Shelly Manne's Hole, à Los Angeles, dans le quartier d'Hollywood. Manne a écrit aux autorités judiciaires californiennes pour indiquer qu'il était prêt à donner un travail à Art Pepper. A sa sortie, celui-ci rassemble l'argent nécessaire à sa cotisation – obligatoire – au syndicat des musiciens, et joue quelques semaines au Shelly Manne's Hole. Au bout de quelques semaines, il obtient un engagement pour aller jouer au Jazz Workshop, à San Francisco.

Parmi les conditions fixées par l'administration pénitentiaire à sa libération figure en bonne place celle de subir régulièrement des analyses antidrogue. Trois fois par semaine, Pepper doit se soumettre à des tests à la nalline. Il explique dans ses Mémoires qu'il a trouvé un moyen imparable de truquer pour réussir le test : il se rend dans un sauna quelques heures avant pour suer d'abondance, boit du vin et prend quelques *« ben-*

nies », des pilules d'amphétamines. Et le test, dit-il, fait immanquablement apparaître que son organisme n'a absorbé aucune drogue...

Au bout de quelques semaines, il arrête néanmoins de se soumettre à ces analyses régulières, et il disparaît. Il a juste pris le temps d'enregistrer un album en quartet pour le label Fresh Sounds, en deux séances de mai et juin 1964. Il y enregistre deux morceaux composés à San Quentin : *The Trip*, qui va devenir son thème fétiche, gravé pour la première fois, et *D-Section*, nommé d'après une aile de la prison. Son agent de probation le retrouve et se déclare prêt à passer l'éponge si Pepper se soumet à un traitement. En août, il entre à nouveau en studio comme membre du grand orchestre de Marty Paich qui enregistre l'album *A Swingin' Touch* avec le chanteur crooner Frankie Randall. En septembre 1964, il est envoyé à Chino, la « prison sans murs » près de Los Angeles : la seule barrière est un vague barbelé surtout destiné à empêcher les vaches de s'aventurer sur le territoire de la prison. Les détenus sont logés dans des dortoirs et non dans des cellules, et ils sont suivis médicalement. Pepper se retrouve avec d'autres toxicomanes, joue le jeu en prétendant être sérieux – il le dit lui-même – et sort au bout de quelques mois. En janvier 1965, il se retrouve à nouveau en liberté conditionnelle, et se soumet à nouveau aux analyses à la nalline préalablement « préparées » par des bains de vapeur. Il boucle en février l'enregistrement du disque de Frankie Randall.

Pendant son incarcération, sa femme Diane s'est mise à de petits trafics pour pouvoir continuer à se fournir en héroïne et drogues diverses. Elle a mis la main sur une machine à fabriquer des chèques, dérobée à une entreprise locale. Et elle se fournit dans les magasins du coin avec les faux chèques qu'elle imprime. La police ne tarde pas à repérer la combine. Les flics débarquent un jour chez M. et Mme Pepper.

Art est soumis à un test au détecteur de mensonges. Les résultats sont peu probants, il est relâché. La vie recommence. Le moindre *cent* est dépensé en drogue. Il va faire son shopping de chnouf dans les quartiers Est de la ville, en bus puisqu'il n'a pas de voiture. Il ramasse les mégots de cigarettes dans la rue... Au bout de quelques semaines, il disparaît à nouveau de la circulation, ne contacte plus son agent de probation, manque ses analyses. Il a un *gig* dans un club du comté d'Orange, banlieue sud de Los Angeles. Il a demandé au propriétaire du lieu de ne pas faire de publicité sur son nom, pour ne pas alerter la police qui le recherche. En vain. Le propriétaire du club a fait de la pub dans plusieurs journaux locaux. Le premier soir de son engagement, vers la fin mars, Pepper et sa section rythmique ont joué pendant plus d'une heure quand une serveuse lui signale que la police est dans la salle. Le saxophoniste est arrêté à sa descente de scène. Sa liberté conditionnelle est annulée le 6 mai 1965. A la fin du mois, il retrouve le chemin de San Quentin, où il est enfermé dans la cellule 4-D-24. Sous le même matricule, A-64807 : ce numéro, une fois attribué, l'est pour la vie. « Quand il est revenu les gars lui ont fait une petite fête, un petit fix en signe de *" welcome home "*, il s'est ramassé dans la grande cour, raconte Rick Cluchey. Pas brillant [1]. »

Quatre ans se sont écoulés depuis sa première incarcération à San Quentin. Pour son retour, Art Pepper a décidé d'aller jusqu'au bout. Il veut être un dur. Devenir un vrai criminel, cool, « *hep* », intransigeant. Il commence par se faire tatouer. Le titre du chapitre de ses Mémoires consacré à cette deuxième période de San Quentin dit ses préoccupations du moment : « San Quentin : Tattoos, 1965-1966 ». Il commence par un premier tatouage, effectué par un prisonnier mexicain dans la prison du comté d'Orange, où il séjourne avant

---

1. E-mail à l'auteur, janvier 2007.

d'être envoyé à San Quentin. Un bouquet de fleurs, qui commence à s'effacer au bout de quelques jours. L'encre de contrebande utilisée n'était pas de la meilleure qualité. Une fois arrivé à San Quentin, Art se met en quête des détenus qui jouent les tatoueurs en douce, moyennant quelques paquets de cigarettes. Sur son avant-bras gauche, Snoopy et son copain Linus, ainsi qu'un dieu Pan qui joue de la flûte. « C'est celui qui entraîne tous les autres grâce à sa musique », explique Pepper dans un documentaire qui lui sera consacré vers la fin de sa vie [1]. Sur son biceps droit, il se fait tatouer un crâne chinois à moustaches fumant de l'opium. Une femme nue au-dessus de son sein gauche – qui finit, elle aussi, par s'effacer. Une autre femme dansant le limbo, dans le dos. Il y a aussi un projet de vampire pour couvrir le bras droit, mais Pepper sortira de prison avant de le mettre à exécution.

Pendant ce deuxième séjour à San Quentin, Pepper s'est mis à sniffer de la colle – de la colle forte industrielle qui provient de l'atelier de cordonnerie où sont fabriquées les chaussures des détenus. Les prisonniers se l'échangent au tarif d'un petit flacon pour quatre paquets de cigarettes. On y trempe de petits rubans de tissu, placés au creux de la main, et on aspire de la bouche dans la main refermée. Effet garanti au bout de deux ou trois bouffées. Voyage agité, hallucinations, délires, oreilles qui tintent, Pepper finit par arrêter, mais continue aux amphétamines, les « *black and whites* ». Une vingtaine le matin, avec le café du petit déjeuner. Les pilules détraquent le sens de l'équilibre, donnent des vertiges, font tituber. Après une chute, il est envoyé pour examen, un beau jour de juin, à l'hôpital de la prison. Il y reste en observation une semaine. Direction : le « centre d'ajustement », autrement dit, le trou.

---

1. *Notes from a Jazz Survivor*, Don McGlynn, Winter Moon Productions.

Cellule individuelle, pas de sortie sauf cinq minutes, tous les samedis, pour aller se doucher. Le deuxième jour de son enfermement, un autre détenu du centre lui fait passer une poignée de « *black and whites* », de la part d'un ami. Art Pepper est fier de gagner ses galons. Il s'installe dans la mythologie du prisonnier dur, celui qui reste inflexible en dépit du système, qui ne balance pas, qui ne collabore pas. A l'en croire, il conçoit même le projet qui fera de lui un surdiplômé du monde carcéral, une vraie star : tuer quelqu'un. Pepper aurait même commencé d'étudier le projet, récupéré un poignard artisanal, choisi une victime. Sa sortie de prison, en 1966, aurait contrecarré ce plan. Si du moins on lit ses Mémoires au pied de la lettre.

Il croit se souvenir d'être resté deux mois au trou. Les archives de la prison montrent qu'il n'y est resté qu'un mois, et qu'il en est sorti le 27 juillet 1965. Les autorités pénitentiaires semblent avoir du mal à le prendre pour un vrai dur à cuire. Quelques jours plus tard, le 2 août, il est envoyé dans un camp de travail du nord de l'Etat, à Susanville. Le centre a ouvert trois ans plus tôt, et il recueille des détenus employés au maintien des forêts et à la lutte contre les incendies en Californie du Nord. L'autre fonction de Susanville est de fournir une éducation aux détenus qui le souhaitent. Art Pepper y travaille quelques mois comme employé au service de formation.

Aucune mention de ce séjour au vert dans *Straight Life*. Comme si ce passage ne collait pas avec l'image du dur tatoué et implacable que Pepper, même quinze ans plus tard, veut donner de lui pendant ses années taulard. Au début de 1966, il retourne à San Quentin, pour des raisons médicales dont les archives n'indiquent pas la cause, peut-être encore la drogue. En juin, il obtient sa libération conditionnelle. Il a 40 ans, vient d'en passer cinq en prison, et il n'y retournera plus.

Mais il lui faut encore vivre deux ans en liberté conditionnelle avant d'être dégagé de toute obligation vis-à-vis des autorités judiciaires. Le 19 juillet 1968, au nom de R.K. Procunier, directeur des prisons californiennes, l'employé de service A. Baladerta signe le « certificat de levée d'écrou et de libération » d'Arthur Edward Pepper.

Quelques semaines plus tôt, après deux ans d'engagements sporadiques dans la région de San Francisco qu'il ne pouvait quitter sans autorisation, il s'est installé à Los Angeles et a été embauché pour jouer de l'alto dans le grand orchestre du batteur Buddy Rich. Il ne possède même pas de saxophone, tout ce qui lui reste est une embouchure pour l'instrument. Un des musiciens de l'orchestre qui joue du ténor, Don Manza, lui prête le sien. Avant d'accepter l'engagement, Pepper a longuement hésité, paniqué à l'idée de jouer à nouveau avec un grand orchestre, professionnel, dont le leader exigeant a peu de tolérance pour les junkies. Pendant un concert dans un club de San Francisco, Pepper est victime d'un éclatement de la rate. Le diagnostic tombe bientôt, sans surprise : cirrhose. Pour payer ses frais médicaux, un concert de soutien est organisé au Jazz Workshop, un club d'Oakland, en septembre. Retour à Los Angeles, et à l'héroïne. On lui découvre une hernie. Séjour de trois mois à l'hôpital des anciens combattants de Brentwood – où il peut se faire soigner gratuitement en raison de son passé dans l'armée. Il recommence à jouer avec l'orchestre de Buddy Rich, qui part en tournée dans l'Est. New York, Chicago. Douleurs en jouant. Drogues le soir. Doses de Numorphan, un narcotique analgésique qu'il s'injecte directement et qui supprime sa douleur. Nouveau séjour à l'hôpital. Opération de la hernie. Pneumonie. Il sort de l'hôpital avec une protubérance permanente et disgracieuse à la hauteur de l'estomac. Numorphan à nouveau, auquel il ajoute l'héroïne. Une nouvelle fois, Art Pepper met son saxophone au clou. Sa petite amie de l'époque, Christine, appelle au secours un de ses anciens compagnons de taule, Greg Dykes, qui séjourne alors à Synanon, un centre de cure pour drogués connu pour ses méthodes anticonventionnelles mêlant sévérité et vie communautaire, qui a été ouvert en 1958 à Santa Monica. Pepper se fait admettre à Synanon avec réticence, y reste trois semaines, puis décide d'en partir. Seul, sans argent, il se fait conduire chez sa mère, le seul endroit où il pense pouvoir se réfugier. Elle n'est pas là, il s'assoit sur les marches, une bouteille à la main. « J'avais quarante-quatre ans, et ma vie était finie ».

La vie pourtant recommence. La mère d'Art n'est pas enthousiaste à l'idée de l'héberger. Il retourne à Synanon. Il va y rester près de trois ans. Trois ans de cure, d'autocritiques, de vie communautaire sans espace privé, où la surveillance de l'autre et la soumission à l'autorité font partie de la thérapie [1]. C'est à Synanon qu'il rencontre Laurie, qui va devenir la dernière femme de sa vie. Il mène une vie sans drogues, à part les cigarettes qui sont elles aussi interdites mais qu'il parvient à dissimuler.

Après avoir décidé de sortir de Synanon, Pepper demande à Laurie de le rejoindre. Il trouve du travail dans une boulangerie « biologique » de Venice, ce bout de bohème posée au bord du Pacifique, à l'endroit où vient échouer la banlieue ouest de Los Angeles. C'est là que le retrouve, en 1972, Grover Lewis, un journaliste de *Rolling Stone*. Sa femme Lau-

---

1. Les méthodes du fondateur de Synanon, Charles Dederich, seront de plus en plus controversées lorsqu'il transformera progressivement l'institution en secte. Les pressions, chantages, violences contre les pensionnaires de Synanon se multiplieront dans les années soixante-dix. Synanon se déclarera officiellement comme une « religion » en août 1974 – pour bénéficier du régime fiscal favorable que la loi américaine réserve aux cultes. A partir de 1979, une série d'articles du petit hebdomadaire du nord de San Francisco, le *Point Reyes Light*, révélera les pratiques de la secte et entraînera son déclin. Les articles vaudront au journal le prix Pulitzer en 1979. Synanon disparaîtra dans les années quatre-vingt.

rie, qui participe à la conversation, remarque qu'elle ne l'a vu qu'une seule fois sous l'empire de la drogue. « " Je me souviens que tu avais l'air... si heureux. " Les yeux fermés, les mains serrées entre ses jambes, Pepper se balance, d'avant en arrière. " Je l'étais, soupire-t-il, je l'étais [1]. " »

Pendant qu'il travaille à la boulangerie, à l'enseigne du Good Stuff Bread, il s'est remis à la drogue. Des cachets de codéine. Il achète aussi de la méthadone à des amis. Le médicament est en principe utilisé dans les traitements pour toxicomanes, et destiné à les aider à lutter contre le manque. Il tend à supprimer les effets d'un shoot d'héroïne, et diminue donc l'envie d'y recourir. Pepper se fait admettre au programme de méthadone de l'hôpital des anciens combattants. Il a menti sur son état de santé, car sa cirrhose aurait été une contre-indication. Il est surpris des effets du traitement : « J'avais trouvé une cure pour ma dépendance à l'héroïne ».

Il va encore galérer quelques années. Pas certain de vouloir revenir à la musique, ou alors juste comme hobby. Il travaille à la boulangerie le jour ; joue le week-end pour des mariages ou des bar-mitsva. Charlie Parker, vingt ans plus tôt, l'avait bien fait, lui aussi... Pepper pense être arrivé au bout d'une vie de musique et de défonce, accroché à la satisfaction minimale d'avoir survécu. Déglingué, mais lucide. Epuisé, mais vivant.

Mais en août 1972, l'Université de Denver, dans le Colorado, lui demande d'aller animer un atelier de clarinette. Pepper emprunte un instrument. A Denver il rencontre Ken Yohe, représentant de Buffet-Crampon, le fabricant français de clarinettes. Yohe est un fan du musicien et lui prête une clarinette puis, plus tard, un

---

1. « *Of dope and death* », Grover Lewis, *Rolling Stone*, 14 septembre 1972.

saxophone [1]. Le goût de jouer revient, les ateliers se multiplient, dans les universités ou pour les élèves d'écoles de musique. Et le 9 août 1975, c'est l'enregistrement en quartet du premier album sous son nom depuis quinze ans, *Living Legend*. Plusieurs des musiciens sont comme lui des rescapés. Hampton Hawes est au piano, Charlie Haden à la contrebasse, et son ami Shelly Manne à la batterie. Toujours pour le label Contemporary, du toujours fidèle Les Koenig.

Un autre album en quartet suivra, *The Trip*, enregistré en septembre 1976. Il tire son nom du thème composé par Pepper à San Quentin, et qui devient sa signature. Le morceau par lequel il veut être identifié. Il l'avait enregistré une seule fois, en 1964, pendant sa courte période de liberté entre ses deux séjours à San Quentin, pour le disque d'un concert donné dans un club de San Francisco. Entre *Living Legend* et *The Trip*, Pepper a enregistré pendant l'été 1976 avec la formation du bugliste Art Farmer. Avec Hampton Hawes, toujours, au piano. Il a rejoint le même été l'orchestre de Don Ellis, avec lequel il va jouer pendant un an. Et il compose la bande-son du film réalisé par James Fargo pour Clint Eastwood, troisième épisode des aventures de l'inspecteur Harry, *The Enforcer* [2]. Non sans ironie, une partie de l'intrigue du film se déroule dans une ancienne prison proche de San Francisco, sur le rocher d'Alcatraz, où des terroristes ont enfermé le maire de la ville...

Il s'est mis aussi à la cocaïne, une des rares drogues qu'il ne connaissait pas. Il découvre l'excitation, l'effet de la coke sur son système nerveux, l'impression qu'elle procure d'une énergie créatrice désinhibée, la confiance en soi qu'elle instille. Il restera plus ou moins accro à la coke jusqu'à la fin de sa vie.

---

1. Pepper lui dédiera une de ses compositions, *Mr Yohe*.
2. *L'inspecteur ne renonce jamais*.

Arrivent les années soixante-dix, l'une de ses plus belles décennies musicales. Comme une renaissance, le grand retour de celui que le monde du jazz avait failli oublier. Il enregistre, voyage, découvre avec une surprise un peu émerveillée que sa musique déplace des foules en Europe et au Japon. Aux Etats-Unis même, le jazz devient une sorte de musique classique, inscrite dans le fonds culturel patrimonial du pays. Sur les campus des universités, où on l'enseigne, les étudiants viennent écouter avec curiosité les légendes encore vivantes. Le moment est passé des nuits blanches dans les clubs de Harlem ou de la Central Avenue. L'heure est aux concerts dans des salles respectables, aux festivals, aux émissions de télévision.

Art Pepper maintenant nous échappe. Il va courir le monde. Etre acclamé, applaudi, célébré. Santé toujours fragile, mais démons à peu près contrôlés. Son rythme s'accélère dans ses dernières années. 1977 le voit à New York, où une série de concerts au Village Vanguard est enregistrée pour Contemporary. Au Japon, ainsi qu'au Festival de jazz de Newport, où il est invité pour la première fois. Il compose aussi la bande originale d'un autre film de Clint Eastwood, *The Gauntlet* [1], histoire d'un flic médiocre escortant de Las Vegas à Phoenix une prostituée qui doit aller témoigner contre un gang et que de sombres crapules, naturellement, cherchent à assassiner. 1978 le voit à nouveau, pendant trois semaines, au Japon, enregistrer plusieurs albums, et passer deux mois à l'hôpital après un accident cérébral. Il recrute son ancien codétenu de San Quentin, le batteur Frank Butler, pour son album en quartet *Among Friends*. 1979 est l'année où il signe un contrat de plusieurs albums avec Fantasy Records, voyage et joue à nouveau au Japon, compose la musique de *Heartbeat*, un film sur Jack Kerouac et Neal Cassady. C'est aussi l'année où il publie ses

---

1. *L'Epreuve de force.*

Mémoires, *Straight Life*, en novembre. Il sort plusieurs albums en 1980 – sous son nom ou comme sideman – et part en tournée en Europe. Encore plusieurs albums en 1981, et une tournée qui l'emmène d'abord en Europe, notamment au Festival de Nice, puis en Australie.

Le 9 juin 1982, Pepper ressent un violent mal de tête. Hospitalisé, il avoue au médecin que la veille, il s'est procuré une seringue et s'est injecté de la cocaïne. Un scanner révèle une hémorragie cérébrale. Arthur Edward Pepper meurt le matin du 15 juin, à 57 ans. Il avait raconté à Laurie sa phobie de l'enterrement, de la proximité avec les vers de terre. Il est enterré dans une crypte du cimetière d'Hollywood, au numéro 6000 de Santa Monica Boulevard, à Los Angeles.

12

Races

Vers la fin de la Seconde Guerre mondiale, Art Pepper est un jeune soldat tout juste mobilisé qui effectue ses classes à la caserne de Camp Butner, près de Durham, en Caroline du Nord. Il va un soir entendre jouer le big band de Benny Carter, qui se produit dans une ville proche. Une fois qu'il a acheté son billet, on l'envoie au balcon. Pepper proteste. Il est musicien de jazz, saxophoniste, il a fait partie quelques années plus tôt de cette formation-là, qui était alors basée en Californie. Le soldat veut assister au concert depuis l'orchestre. « Les Blancs en haut », répond l'ouvreur, inflexible. Les Noirs sont en bas. Pepper, obstiné, décide d'aller où il veut. Alors qu'il se fraie son chemin vers la scène, il est pris à partie, bousculé, cogné, insulté. La foule intime au « *white boy* » l'ordre de décamper. Pepper se retrouve, tant bien que mal, près de la scène. Benny Carter, le chef d'orchestre et saxophoniste, descend lui porter secours. Mais il doit constater son impuissance. « Je ne peux rien faire pour toi, mon vieux. Reviens plus tard, on se retrouvera dehors, près du car [1]. »

---

1. *Straight Life, op. cit.*

Voilà comment Art Pepper raconte son premier contact avec la ségrégation et le racisme pur et dur du Sud américain. Quelques années plus tôt, à 16 ans à peine, il etait devenu le premier et pour un temps le seul musicien blanc du grand orchestre de Benny Carter. Un jour, celui-ci avait dû lui annoncer qu'il ne l'emmènerait pas dans une grande tournée de la formation dans les Etats du Sud. Pas de mixité raciale, ni dans le public, ni même au sein des orchestres. Les problèmes auraient été trop nombreux. Les risques trop grands. Il faudrait s'attendre à des représailles policières, des incidents, insultes, violences aussi, sans doute... Tracasseries quotidiennes. Interdiction de séjourner dans les mêmes hôtels, de dîner dans les mêmes restaurants... Art Pepper, sur la recommandation de Benny Carter, avait alors rejoint la formation de Stan Kenton – composée de musiciens blancs...

Art Pepper est né d'un père ordinairement raciste, Blanc moyen qui n'aime pas les « nègres ». Mais il s'est développé dans la fascination pour le jazz et les musiciens noirs, l'univers des jam-sessions nocturnes applaudies par des publics mixtes. Dans les années quarante à Los Angeles, dans les clubs de Central Avenue, seul le talent compte. Pepper est une curiosité, *little white boy* qui vient tenter sa chance et se frotter aux talents plus confirmés, mais il est admis, et même admiré. Personne ne conteste jamais son droit à jouer, ni son ambition, ni la place qu'il est en train de se construire dans la constellation du jazz.

Mais l'histoire du jazz pendant plus de vingt ans après la guerre est aussi celle du combat interminable pour que les musiciens noirs se fassent partout admettre dans la plénitude de leurs droits. C'est l'histoire des humiliations subies par les musiciens ou chanteurs noirs dans le Sud encore raciste qui ne leur permet pas de loger dans les mêmes hôtels que les Blancs membres du même orchestre. L'histoire des leaders de big bands à qui il est « déconseillé » de mêler musiciens noirs et blancs dans leur formation – sauf à se voir interdits de concerts dans certains Etats. Ils furent plusieurs – comme Benny Goodman, Artie Shaw ou Charlie Barnet – à tenir bon sur les principes, et à faire jouer délibérément dans leurs formations des musiciens embauchés sur leur seul talent quelle que fût la couleur de leur peau. Mais les progrès furent lents. En octobre 1961, l'année où sa formation joue à San Quentin avec certains des musiciens de notre jazz band, Dizzy Gillespie se voit refuser l'accès à la piscine d'un hôtel de Kansas City, où il se produit. Quelques jours auparavant, il avait été empêché de jouer à La Nouvelle-Orléans, parce que les lois de Louisiane interdisaient à des orchestres mixtes de se produire sur scène – or la formation de Dizzy compte un Blanc, le pianiste Lalo Schifrin [1].

Art Pepper trouve dans le San Quentin de 1962 une prison divisée en races et en gangs. Noirs, Blancs et « Mexicains » – le nom par lequel les autres désignent tous les prisonniers d'origine latino-américaine – se côtoient sans se mélanger, s'observent sans se parler, se tolèrent au mieux, souvent se haïssent et se battent, parfois s'entre-tuent. A l'extérieur de la prison, l'époque est celle de la naissance d'une revendication radicale noire qui se traduit bientôt à l'intérieur par l'influence grandissante du mouvement des Black Muslims d'Elijah Muhammad et Malcolm X parmi les prisonniers. Par ailleurs les gangs qui se forment à la même époque dans les prisons californiennes se structurent sur des lignes ouvertement racistes : certains prisonniers blancs créent à San Quentin l'organisation qui va donner naissance à la « Fraternité aryenne » d'inspiration néonazie. C'est le début de quarante ans de meurtres et d'agressions racistes dans les prisons de

---

[1]. « *Denied pool access, Dizzy Gillespie says* », Los Angeles Times, 12 octobre 1961.

Californie d'abord, puis très vite dans celles de l'ensemble des Etats-Unis. Les Mexicains, eux, sont aussi organisés en bandes, ou plutôt en deux bandes distinctes separées par une discrimination géographique : les Latinos de San Francisco et du nord de la Californie se heurtent à ceux du sud et de Los Angeles.

Art Pepper en prison joue surtout avec des musiciens noirs. Ses compagnons de concert ou de jam-sessions sont Dupree Bolton, Frank Morgan, Frank Butler, Nathaniel Meeks, Earl Anderza. Il subit leur influence artistique, et quand il sort de prison, c'est John Coltrane qu'il cite comme son maître, allant jusqu'à adopter son instrument, le ténor. Pepper quitte pourtant San Quentin avec au cœur un violent ressentiment contre « les Noirs ». Chaque incident, chaque contrariété, chaque expérience désagréable devient dans ses souvenirs une généralité péremptoire. « Les Noirs » se liguent entre eux, méprisent les musiciens blancs. « Les Noirs » qui jouent avec lui sur scène font semblant de ne pas le reconnaître, refusent de lui parler même dans la grande cour de la prison. « Les Noirs » subissent tous l'influence des revendications radicales *« black power »* qui montent alors dans l'ensemble du pays. Les Mémoires d'Art Pepper, pourtant publiés près de vingt ans après son séjour à San Quentin, suintent la frustration et le ressentiment. « Presque tout le monde à San Quentin avait l'air de faire partie d'un gang », raconte Pepper. Il a des amis noirs, des amis blancs, mais il apprécie surtout les Mexicains.

Pepper est frappé de la montée de l'influence des Black Muslims. Chaque matin, près du bâtiment de la blanchisserie de la prison, un groupe de prisonniers noirs se livre à une gymnastique matinale, sous la direction d'un prédicateur. La cérémonie se répète l'après-midi. Ce que Pepper appelle « gymnastique », destinée selon lui à impressionner les autres prisonniers, n'est peut-être tout bonnement qu'une prière, à un moment où la prison ne s'est pas encore dotée d'une mosquée : Pepper évoque le « soleil levant », auquel les musulmans font face le matin. Dans sa vision de l'époque, il s'agit essentiellement de la constitution d'un groupe destiné à protéger les siens par l'intimidation. De temps en temps, raconte-t-il, les gardes armés, du haut de leurs tourelles, tiraient au-dessus des têtes, dans le mur de la blanchisserie, pour disperser le groupe. Une balle parfois se perdait dans une épaule.

Dans la vision paranoïaque d'Art Pepper, comme il le raconte vingt ans plus tard dans ses Mémoires, les Noirs se plaignent de « préjugés » raciaux chaque fois qu'on leur demande de travailler aux tâches d'entretien de la prison. Ils n'acceptent « rien qui touche au nettoyage, rien qui touche à la blanchisserie, rien qui touche au balayage et au ménage. Alors les Blancs et les Mexicains faisaient tout le ménage et le balayage ».

Au moment où Art Pepper, Frank Morgan, Dupree Bolton et les autres musiciens de notre jazz band sont incarcérés à San Quentin, la montée de l'influence des Black Muslims dans les prisons est déjà un sujet de préoccupation pour les autorités pénitentiaires californiennes. Le mouvement a été lancé au début des années trente à Detroit par un certain Wallace D. Ford se prétendant Allah, qui avait désigné comme son messager un de ses compagnons de Chicago Elijah Muhammad[1]. D'abord secte marginale, les Black Muslims sont devenus au début des années soixante, dans la foulée de la lutte pour les droits civiques, une minorité radicale qui sait faire parler d'elle grâce à la figure charismatique de Malcolm X, né Malcolm Little, un ancien petit délinquant qui s'est converti à l'islam en prison.

Le mouvement recrute dans les prisons. En mars 1961, un « bulletin d'information » interne, envoyé à

---

1. « *Muslims on coast fight riot case* », Bill Becker, *New York Times*, 26 août 1962.

l'en-tête du directeur du Département pénitentiaire de l'Etat de Californie Richard McGee, indique que les Black Muslims, qui prêchent « la supériorité d'une race sur une autre », ne sont pas considérés comme des « membres légitimes de la religion musulmane », selon les « véritables » musulmans des Etats-Unis. La note, en onze points, indique entre autres :

« 5. Le Département pénitentiaire a la responsabilité de maintenir la sécurité des prisons, ce qui signifie entre autres protéger les détenus les uns des autres.

« 6. Autoriser le prêche de la supériorité raciale et de l'hostilité équivaudrait à encourager la violence ouverte, surtout dans l'ambiance tendue de prisons surpeuplées abritant des hommes qui y ont été envoyés parce qu'ils ont enfreint les règles normales de la société à l'extérieur [1] ».

En mai 1961, une autre instruction de Richard McGee, adressée à tous les directeurs de prison et à leurs adjoints, va plus loin en visant à faire le point officiellement sur « les groupes de prisonniers agités ». En fait, un seul groupe est mentionné dans la note – celui de la « Nation de l'Islam ».

« Un de ces groupes est un sujet de préoccupation depuis plusieurs années en raison du potentiel de violence contenu dans sa doctrine. Ce groupe est celui des disciples d'Elijah Poole (Elijah Muhammad), communément appelés " musulmans " ou membres de la " Nation de l'Islam perdue et retrouvée d'Amérique du Nord " ». McGee donne les critères de reconnaissance de ce groupe qui, « contrairement au véritable islam », prêche « la supériorité d'une race sur l'autre » et la « ségrégation totale des races » ; réserve à une seule race la possibilité d'adhérer à l'islam, et annonce la destruction prochaine de la civilisation blanche. Les directeurs de prison sont invités à identifier les

---

1. « *Muslim cult in prisons* », Information bulletin, 3 mars 1961, Archives de l'Etat de Californie.

membres de la secte, et à faire les rapports adéquats. La mention d'une appartenance à la Nation de l'Islam devra notamment être portée dans le dossier préparé lors des demandes de libération conditionnelle des détenus.

Enfin, les responsables des prisons californiennes se voient donner des consignes sur la gestion des Black Muslims. Aucun local ne sera mis à leur disposition pour des réunions régulières. Les visites de leaders du mouvement seront interdites. Et tout en affirmant qu'il n'est pas question d'interdire les journaux du mouvement, le directeur des prisons californiennes demande à son personnel de surveiller les lectures des prisonniers, pour en écarter les articles pouvant porter « atteinte à la sécurité en prison ». En vertu du principe selon lequel la presse est libre, d'éventuelles interdictions devront être motivées dans les cinq jours, exige néanmoins McGee. La Cour suprême des Etats-Unis, rappelle-t-il, a déjà jugé conformes à la Constitution de telles restrictions aux droits constitutionnels des détenus [1].

Les incidents se multiplient dans les prisons californiennes au début des années soixante. En août 1960 à Folsom, un gardien confisque des tracts de propagande religieuse qui circulent dans la prison. Plusieurs détenus et gardiens sont blessés pendant l'émeute qui suit. En mai 1961 à San Quentin, les gardiens de faction doivent tirer pour disperser un attroupement après qu'un gardien a essayé de disperser un groupe de musulmans qui priaient. Le 30 avril 1962 à Soledad, un membre des Black Muslims est poignardé par un autre détenu. Une dizaine de ses compagnons poursuivent l'assaillant qui se réfugie dans sa cellule. Les poursuivants noirs vont alors se barricader dans une autre aile

---

[1]. « *Inflammatory inmate groups* », Administrative bulletin n° 58/16, 18 mai 1961 (Archives de l'Etat de Californie).

de la prison, dont ils sont délogés quand les gardiens utilisent des gaz lacrymogènes.

Les Black Muslims trouvent dans la population carcérale un terreau naturel pour leur recrutement. « Neuf fois sur dix, le disciple potentiel a été arrêté par un policier blanc, condamné par un juge blanc, surveillé par un gardien blanc obéissant à un directeur blanc. L'aumônier de la prison était blanc, et en sortant de prison il sait qu'il n'ira pas chercher de l'aide dans une église blanche. L'Eglise noire ne s'intéresserait pas à lui, mais Elijah l'attendrait », résume un universitaire d'Atlanta, Eric Lincoln, cité par un article du magazine *Time* de mars 1961 [1], l'un des premiers consacrés à la question dans la presse américaine. *Time* relate que des incidents opposant gardiens et militants noirs ont eu lieu cette année-là dans les prisons du Maryland, de Washington, mais surtout en Californie, à Folsom et San Quentin. La discipline exigée des convertis est stricte – pas de drogue, d'alcool, de porc, prières cinq fois par jour – mais Malcolm X se fait une fierté des recrutements de détenus : « En prison il n'y a pas de lâches (...) on a des recrues dans toutes les grandes prisons ; quand ils sortiront ils feront de superbes militants ».

En mai 1962, un article du *Los Angeles Times* évoque les « problèmes grandissants » posés par la militance Black Muslim dans les prisons californiennes [2]. Charles E. Casey, l'adjoint du directeur du Département pénitentiaire de Californie, indique que sur les 4 600 détenus noirs de l'Etat (sur 24 000), seule une petite minorité s'est convertie à l'islam. Et de donner un compte précis, prison par prison : 61 à San Quentin, 36 à Folsom, 20 à Soledad, 16 à Los Padres... A l'époque, prenant prétexte de la répudiation du mouvement par les autorités de l'islam officiel, la Cali-

---

1. « *Recruits behind bars* », *Time*, 31 mars 1961.
2. « *Muslim troubles rise in California prisons* », Daryl Lembke, *Los Angeles Times*, 20 mai 1962.

fornie refuse aux Black Muslims les privilèges accordés en prison aux autres religions. Pas de prières, pas de correspondance avec d'autres membres du culte, pas de littérature ou de documents liés à la Nation de l'Islam. L'article du *Los Angeles Times* s'illustre de la photo d'une réunion tenue à Washington avec l'attorney général – ministre de la Justice – des Etats-Unis, Robert Kennedy, avec le maire et les représentants de la police de Los Angeles.

C'est en février 1963 que la tension devient électrique et culmine dans la cour de San Quentin, lors d'un incident qui va entraîner mort d'homme. On ne dispose plus aujourd'hui que des témoignages jaunis par le temps de la dactylographie d'époque, interviews de gardiens et de détenus réalisées à chaud, ce 25 février 1963, à la demande d'une administration pénitentiaire probablement soucieuse de placer au plus vite un couvercle sur l'incident en le classant sans suite. La certitude est que ce jour-là, vers 10 h 15 du matin, le prisonnier Booker T. Johnson, 27 ans, matricule A-45941, emprisonné à San Quentin pour cambriolage depuis avril 1961, est abattu par un gardien, dans la cour de l'*adjustment center* – le cachot de la prison, où les détenus ayant enfreint le règlement de San Quentin sont enfermés quelques semaines ou quelques mois. Il est aussi à peu près certain qu'une bagarre a eu lieu quelques minutes auparavant entre un prisonnier noir militant des Black Muslims, James Smith, et le prisonnier blanc Cook. C'est bientôt une bataille rangée qui oppose, selon le récit ultérieur des autorités de San Quentin, les prisonniers noirs et les détenus d'origine latino, les « Mexicains-Américains [1] ». Johnson et un certain Martinez sont venus au secours de Smith alors que deux détenus, Rose et Helton, viennent appuyer Cook. Certains détenus jus-

---

1. « *Inquest set in prison death of Black Muslim* », Howard Hertel, *Los Angeles Times*, 28 février 1963.

tifieront plus tard l'altercation par l'attitude en cellule des militants de la Nation de l'Islam, qui auraient pris l'habitude de se parler d'une cellule à l'autre en insultant leurs codétenus. Cook admettra ainsi avoir été à l'origine de la rixe initiale. « Il déclare qu'il est soumis à une irritation constante, ainsi que d'autres prisonniers blancs, face au groupe de Musulmans qui d'une cellule à l'autre parlent de la race blanche comme de " bêtes " ou de " bâtards " », résume le gardien qui recueille sa déposition. Le prisonnier Stanley, quant à lui, « n'a rien vu, ne sait rien, mais affirme que les Musulmans parlent des Blancs d'une cellule à l'autre ».

La bagarre a donc vraisemblablement été provoquée par le groupe de prisonniers latinos, qui s'en défend à peine. Du haut de la sorte de chemin de ronde surélevé où se trouvent les gardiens armés de fusils, un coup de semonce est tiré. Tout le monde se calme. Ou presque. Plusieurs gardiens surgissent dans la cour, séparent les combattants, les plaquent contre les murs, et commencent la fouille réglementaire. Les témoignages convergent sur la suite. Pour des raisons inconnues, Smith retire ses chaussures et se rue vers ses adversaires. Johnson et Martinez lui emboîtent le pas. Un autre détenu, Mason, cherche à calmer Smith. Booker T. Johnson se met alors à courir, dans l'intention apparente de se joindre à la bataille. Un gardien ordonne à tout le monde de s'immobiliser. Martinez obtempère. Johnson au contraire commence à se battre avec le détenu Abshire. Le gardien lance alors à ses collègues des tours de guet : « *Shoot, men, shoot* ». Un coup de feu retentit, tiré par le gardien F.L. Bortfeld. Johnson s'ecroule. James Smith se précipite alors sur lui et brandit les poings, menace de le défendre, et veut empêcher les gardiens de s'approcher du corps de son ami. D'autres détenus le calment, Johnson est hissé sur un brancard. Selon le rapport ultérieur de J.S. Neiswonger, administrateur de l'*adjustment center*, il meurt peu après, dans la salle d'opération, « vers 2 h 21 » de l'après-midi. « Smith est un agitateur qui utilise la religion musulmane comme bouclier de son hostilité et il apparaît à l'auteur que Smith est le responsable principal du deuxième incident, qui a entraîné la mort de Johnson. Il apparaît que le détenu Johnson, connu comme un fidèle musulman, se portait au secours du détenu Smith lors de la seconde bagarre, alors que Smith venait de quitter la zone où on lui avait ordonné de se tenir », ajoute-t-il.

Les gardiens interrogent alors les détenus présents, ou s'interrogent l'un l'autre, pour qu'une trace administrative soit gardée de l'incident. Certains prisonniers sont alors frappés d'une soudaine amnésie. Ils n'ont rien vu, juste entendu les deux coups de feu, sans en comprendre la cause. Certains ne se souviennent même pas de la race des pugilistes. Un des détenus, qui affirme lui aussi ne se souvenir de rien, se laisse aller à critiquer la direction de la prison qui serait à ses yeux trop complaisante envers « les Noirs ». James Smith, quant à lui, que l'un des comptes rendus présente comme un des Black Muslims les plus militants de la prison, refuse d'abord de subir l'interrogatoire d'un gardien blanc. Un gardien noir est alors sollicité. Smith affirme s'appeler James X, qui serait son nom musulman.

Une soixantaine de détenus membres des Black Muslims font grève le lendemain en avançant une liste de revendications : l'arrestation du gardien tireur, un local pour tenir leurs réunions, la séparation des autres prisonniers, et la soumission de leurs desiderata au président des Etats-Unis, John Kennedy. Toutes leurs requêtes sont rejetées. Les protestataires acceptent de regagner leurs cellules après qu'on leur a promis une rencontre avec le *district attorney* du comté, Roger Garety, chargé de l'enquête.

Le *San Quentin News* qui paraît quelques jours après l'incident n'en souffle évidemment pas un mot. Il reste le journal des nouvelles positives, du « progrès par l'éducation », de la prison comme lieu de rééducation, de départ de vies nouvelles. Cinq jours après la mort du détenu Johnson, il consacre sa une à la sixième année qui commence pour « l'unité d'honneur du bloc ouest », une brigade de prisonniers modèles qui bénéficient de traitements de faveur. Un autre article lance un appel à volontaires pour un projet de recherche médicale. Les détenus intéressés devront avoir de 25 à 40 ans, ils recevront 25 dollars pour leur participation à cette expérience. Le sujet de la recherche n'est pas mentionné. Le journal de la prison indique aussi que des membres de la troupe professionnelle de San Francisco, l'Actors Workshop, viendront assister à San Quentin à la représentation d'une pièce de Samuel Beckett, *Fin de partie*, par la troupe des prisonniers. A la séance de cinéma de la semaine, on va projeter *Satan Never Sleeps*, avec William Holden. Seul un article semble indiquer, sibyllin, que l'incident racial a été pris au sérieux par l'administration pénitentiaire. Il a été décidé d'instaurer des sessions de discussions collectives, dites « sessions de conseils », entre prisonniers et gardiens. Une quarantaine de détenus, sept ou huit gardiens, en séances destinées à évoquer les « problèmes ». Les sessions doivent commencer « bientôt », indique le journal [1]. C'est le seul signe qu'un début de problème ait été identifié par l'administration pénitentiaire, puisque le besoin se fait apparemment sentir d'une meilleure communication entre gardiens et prisonniers.

L'incident ne fait que renforcer l'inquiétude obsessionnelle des autorités pénitentiaires californiennes vis-à-vis du mouvement radical noir. L'exemple vient de haut et de Washington, où le FBI de J. Edgar Hoover,

---

1. *San Quentin News*, 28 février 1963.

monomaniaque de la lutte contre la subversion et le communisme, espionne à tout-va. Les principales personnalités noires des arts, de la politique ou de la vie civile sont mises sur surveillance, souçonnées comme par principe de sympathies communistes. Et la définition du communisme est extensive. Soutenir ou appartenir à un mouvement de défense des droits civiques, par exemple, déclenche la surveillance des « G-men ». La moindre participation d'un musicien de jazz à un concert donné en faveur d'une cause, le moindre voyage à l'étranger, est prétexte à une note. Louis Armstrong, Duke Ellington, la plupart des plus grands noms du jazz auront leur dossier régulièrement mis à jour dans les armoires du FBI.

L'inquiétude de Hoover et de ses services touche à la paranoïa. L'attention portée aux Black Muslims, mouvement spirituel et politique de protestation radicale, accapare l'attention et les ressources des services policiers et pénitentiaires au moment où les gangs, les vrais, s'enracinent dans les prisons. La Californie est un précipité du fameux *melting pot* américain. Les immigrations d'Amérique latine et d'Asie alimentent l'Etat en main-d'œuvre, Los Angeles compte une forte minorité noire concentrée dans ses quartiers sud, et les prisons de l'Etat reflètent cette composition ethnique en la déformant. Moins de Blancs, plus de pauvres – Noirs et Latinos qu'en outre, tribunaux et jurys ont tendance à condamner plus lourdement à crime égal.

Il faudra plus d'une décennie pour que les polices américaines comprennent que les Black Muslims, en dépit de leur rhétorique révolutionnaire, auraient dû être le cadet de leurs soucis. Les vrais problèmes vont naître avec les vrais gangs – mexicains, blancs et néo-nazis, et bientôt noirs avec la création des Crips et des Bloods dans les banlieues de Los Angeles.

C'est en 1961 qu'un gang qui se fait appeler la Mexican Mafia se forme à San Quentin, avec le but de prendre le contrôle du trafic de drogue dans les prisons californiennes. Les membres de la Mexican Mafia, aussi connue sous le nom de la Eme, viennent des *barrios* pauvres de Los Angeles. Ils se sont d'abord constitués comme tous les gangs, dans un réflexe de solidarité et de regroupement pour se protéger contre les agressions de la vie carcérale. Le groupe a pris de l'importance et de la force. Il a ensuite établi de stricts critères d'adhésion : un document du bureau de San Francisco du FBI datant de décembre 1973 en dresse une liste. Il faut être, bien sûr, d'origine mexicaine ; avoir commis au moins un crime de sang. Et une fois admis dans le groupe, il est impossible d'en sortir. La règle perdure : en 1995, à Los Angeles, Anthony Moreno, 42 ans, sera assassiné ainsi que sa sœur, deux de ses enfants âgés de 5 ans et six mois, et un ami, pour avoir quitté la Mexican Mafia douze ans plus tôt. Les deux meurtriers seront condamnés à mort, mais l'un d'eux n'aura pas l'occasion d'attendre son exécution et sera assassiné peu après à San Quentin, par d'autres détenus.

La Mexican Mafia se construit dans l'hostilité et la violence contre les détenus noirs. Elle fait alliance avec le gang néonazi blanc qui se forme au même moment en partant aussi de San Quentin, creuset des violences et des haines. Un groupe mafieux mexicain rival de la Eme, la Nuestra Familia, va bientôt se créer dans les prisons. La Eme rassemble les Latinos du sud de la Californie, plutôt venus des ghettos urbains ; la NF est le gang des Latinos du nord de l'Etat, qui travaillent souvent comme journaliers dans les régions agricoles.

Le petit groupe de détenus blancs qui rassemble à partir de 1961 à San Quentin pour se « protéger » des autres gangs prend d'abord un nom plutôt innocent, le Blue Bird Gang. Ce gang de l'oiseau bleu choisira en 1967 la dénomination plus explicite d'Aryan Brotherhood (Fraternité Aryenne), et sous couvert de théories néonazies sur la supériorité de la race blanche, tentera surtout de s'assurer le contrôle de tous les rackets des prisons américaines, en Californie d'abord, puis dans les prisons fédérales dépendant du gouvernement américain. Il faudra attendre près de quarante ans pour qu'une action judiciaire d'envergure finisse par décapiter le gang. En attendant, le Blue Bird Gang se dote des mêmes règles de recrutement que la Mexican Mafia : racisme et violence. Il faut être blanc. Avoir commis au moins un meurtre. Et se plier aux lois du gang, gouverné par le principe le plus éminemment démocratique – un homme, une voix.

San Quentin en 1962 est encore loin de la violence ouverte et des affrontements raciaux qui vont enflammer les prisons de l'Etat, puis du pays, pendant les années soixante-dix. Mais c'est déjà un abcès de fixation des tensions raciales qui vont secouer le pays pendant plusieurs années. Pas encore la violence généralisée, mais déjà le ressentiment. Pas encore les batailles rangées, mais déjà la cohabitation énervée entre prisonniers. L'incident de 1963 et la mort de Booker T. Johnson font presque figure d'événement isolé. Signe encore exceptionnel, mais avant-coureur de ce qui suivra.

En 1962, Art Pepper peut encore dire qu'il aime « les Mexicains », parce qu'ils lui procurent de manière plus généreuse la drogue dont il a besoin. Quelques années plus tard, les barrières ethniques auraient dans doute été impossibles à ignorer. En 1962, quoi qu'il puisse se passer dans les couloirs de la prison ou au réfectoire pendant les repas, et même si Pepper éprouve du ressentiment contre ces musiciens noirs dont il a l'impression qu'ils le snobent dans la cour après avoir joué avec lui sur scène, c'est encore l'époque où les big bands de la prison sont mixtes, et où musiciens noirs ou blancs peuvent jouer ensemble sans problèmes sur les estrades de fortune montées en plein air, ou pendant la *music hour* des fins d'après-midi. Il n'y a certes pas beaucoup de prisonniers noirs pour venir écouter les concerts de country music, comme en témoignent les photos de l'époque. C'est là question de goût, de culture et de traditions. Les « spectacles du directeur » du samedi soir mettent en valeur des groupes souvent mélangés. Sur scène, c'est encore le talent qui compte – du moins le talent disponible.

Fermentent déjà les violences qui vont secouer les prisons les années suivantes. La drogue et le racket. L'écho des luttes pour les droits civiques, à l'extérieur, qui provoquent à l'intérieur des prisons les crispations paranoïaques des Blancs qui se sentent « menacés ». La surpopulation des prisons, que l'administration pénitentiaire a de plus en plus de mal à contrôler : dans ce vide s'imposent les règles de fonctionnement imposées par les plus forts et les plus violents, et l'aura des gangs augmente à mesure qu'ils se font « respecter ». La mainmise des gangs sur la vie des prisons ira loin : au début des années quatre-vingt, le FBI et les autorités policières américaines mettront au jour un plan d'envergure de l'Aryan Brotherhood et de la Mexican Mafia qui avaient offert un pacte aux autres gangs, noirs ou latinos, proposant de tourner définitivement la page des affrontements purement raciaux pour aborder une phase plus professionnelle : la prise de contrôle totale des prisons californiennes. En menaçant les gardiens et leurs familles de représailles violentes, les gangs espéraient dégager la voie pour leurs trafics, et prévoyaient de se partager en zones d'influence l'intérieur comme l'extérieur des prisons.

Dans les années soixante, on en reste encore à l'organisation initiale, communautés contre communautés, lignes de front ethniques parfois brouillées de ressentiments géographiques – comme l'hostilité durable entre Latinos du nord et du sud de la Californie. C'est le régime de la force brute et des régressions primitives. « Les préjugés en prison vont au-delà de toute description. La haine est tout simplement sans limites [1]. »

---

1. Art Pepper cité dans l'article « *Straight Life* », Brian Case, *Melody Maker*, 9 juin 1979.

13
Frank M.

Un soir de novembre 1987, à New York, dans un studio de Broadway qui sert de salle de répétitions théâtrales, Frank Morgan a une discussion franche avec George Trow, l'auteur de la pièce dont la première doit avoir lieu dans quelques jours. Morgan est furieux. Dans le texte, inspiré de sa vie, la grand-mère qui l'a élevé est représentée sous les traits d'une mamie vendeuse de haschich, par ailleurs organisatrice d'un jeu de loto clandestin. A George Trow qui réplique que la pièce est pourtant née de leurs discussions, Morgan répond : « Ma grand-mère ne peut pas se réduire à la marijuana (...) Laissez-moi ma vie [1] ».

Le titre de la pièce : *Prison-Made Tuxedoes*. Littéralement : Des smokings made in prison. L'œuvre sera finalement représentée, demeurant une courte semaine, à l'affiche du théâtre installé dans l'église épiscopalienne de St Clement, dans la partie ouest de la 46ᵉ Rue, à Manhattan. Les smokings sont ceux que les musiciens prisonniers de San Quentin se taillaient dans de la toile de jeans pour s'en habiller à l'occasion du spectacle donné le samedi soir aux visiteurs de la prison, le

---
1. « *A jazzman plays his life in his own key* », New York Times, 22 novembre 1987.

fameux *warden's show*. Il fallait que les spectateurs aient l'illusion d'assister au concert d'un « vrai » big band, et tout était fait pour en parfaire l'imitation – jusqu'aux habits de cérémonie rappelant les grandes heures et les codes vestimentaires de l'ère des grands orchestres.

A Manhattan, un quart de siècle plus tard, des acteurs interprètent sur scène le rôle de Frank Morgan et de ses compagnons de prison. La pièce, qui dure moins d'une heure, est mise en scène par David Warren. Le texte culmine en une récitation hallucinée des atrocités commises par le Vietcong au nom de sa lutte de libération pour le Vietnam. Frank Morgan fait office de récitant, livrant des bribes d'autobiographie. Il accompagne par ailleurs de sa musique l'ensemble du spectacle, avec trois autres musiciens, Ronnie Mathews au piano, Walter Booker à la basse et Victor Lewis à la batterie. Le critique théâtral du *New York Times* reste de marbre face à la pièce, mais écrit son respect pour la musique de Frank Morgan.

Le saxophoniste a alors 52 ans. Deux ans plus tôt, il est sorti d'un silence musical de trente ans avec *Easy Living*, un disque enregistré avec le trio du pianiste Cedar Walton. Son précédent album, qui fut son premier, *Introducing Frank Morgan*, remontait à 1955. C'est aussi l'année de naissance du contrebassiste qui l'accompagne sur *Easy Living*, Tony Dumas. Juste après l'enregistrement d'*Easy Living* dans un studio de Los Angeles, en juin 1985, Morgan s'est rendu aux autorités californiennes pour effectuer les quatre mois de prison qu'il leur doit encore pour avoir violé les termes de sa liberté surveillée. Il sera libre ensuite, libre enfin, après trente ans de séjours à répétition dans les prisons de Californie.

Entre ces deux albums, trente ans de gouffre. Prison, courts séjours en liberté, rechute, prison, cures ratées de désintoxication, vols, prison. Et musique, toujours.

Musique préservée et entretenue, petite flamme intense, envers et contre tout, les saxophones mis au clou pour quelques petits dollars, les longues périodes de dèche, la course à la dose, les fric-frac au hasard des occases, les longues suées du manque, les cures ratées, les nuits interminables. Notes arrachées au brouillard des dérives, répétées dans des cellules de deux mètres sur trois, dans la grande cour de San Quentin, envoyées en message arrogant de survie aux publics de prisonniers ou d'invités. Jam-sessions aux allures de combats, rivalités de virtuoses, batailles de solos. Le jazz comme discipline de survie.

Quand il arrive à San Quentin en 1962, Frank Morgan a déjà sept ans d'ancienneté dans le système carcéral de Californie. Il est « tombé » peu après son premier album, pour cambriolage. A partir de 1955, et pendant trente ans, il ne sort de prison que le temps nécessaire pour commettre le crime qui va l'y renvoyer. Vie en pointillés, brèves bouffées de liberté à éclipses. Dans la vie de Morgan, il y a d'abord la drogue.

Dans ce domaine on sait où il a puisé son inspiration. S'il y a au début des années cinquante un héritier de Charlie « Bird » Parker, c'est Frank Morgan. Beaucoup plus tard, au moment de son improbable résurrection, à la fin des années quatre-vingt, Frank Morgan aura l'occasion de raconter au fil des interviews sa première rencontre avec Bird, sa grande illumination. Il a 7 ans. Sa famille vit dans le Minnesota. Son père est guitariste dans l'orchestre des Ink Spots, et va progressivement évoluer vers le jazz et le bop. Stanley Morgan se soucie très tôt de l'éducation musicale de son futur fils. « Quand ma mère était enceinte de moi, il mettait sa guitare contre son ventre et il jouait », racontera Frank.

En 1940, Stanley Morgan se produit à Detroit, où Frank le rejoint pour les vacances de Pâques. Père et fils vont un soir au cinéma Paradise Theater, où la séance, comme il est courant à l'époque, est précédée de la prestation d'un grand orchestre. Le big band ce soir-là est celui de Jay McShann. Son chanteur attitré est un certain Walter Brown. Pendant son interprétation de *Hootie Blues*, l'un des saxophonistes altos se lève pour prendre son solo. « Ça a changé toute ma vie. J'ai décidé de jouer de l'alto, là, à ce moment-là [1] ».

Stanley Morgan a joué un temps dans le grand orchestre d'Harlan Leonard et ses Rockets, dans la région de Kansas City, écumée dans les années trente par les meilleurs big bands du pays. Il connaît Parker, pour avoir participé aux batailles d'orchestres traditionnelles à l'époque. Morgan père et fils vont dans les coulisses après le concert du Paradise Theater. Bird est encore en train de jouer dans la petite pièce qui lui sert de loge, tout seul. Frank dit à son père qu'il veut jouer « d'un instrument comme ça ». Parker lui conseille de commencer par la clarinette. Pour apprendre le souffle, le doigté, les rudiments des instruments à anches. Il promet de l'aider à choisir une clarinette le lendemain. Le lendemain, Bird a déjà oublié le rendez-vous, reparti dans un de ses voyages intérieurs au long cours. Plus tard, deux autres saxophonistes amis de la famille, Wardell Gray et Teddy Edwards, choisiront la première clarinette du jeune Frank.

Le clarinettiste en herbe vit à l'époque avec sa grand-mère à Milwaukee, dans le Wisconsin, au bord du lac Michigan. La bière est la grande industrie locale, qui a « rendu Milwaukee célèbre », chantera bien plus tard Jerry Lee Lewis. Mais c'est la marijuana qui rend Frank Morgan précoce. Il a 14 ans quand sa grand-mère découvre un jour un joint dans son tiroir. Elle a beau vendre à l'occasion le même produit dans

---

1. « *Frank Morgan : The scene is clean* », Gary Giddins, *Village Voice*, 16 décembre 1986.

le voisinage, comme Morgan le racontera plus tard, elle n'est pas pour autant ravie que son petit-fils soit déjà passé au rang de ses clients potentiels. Elle envoie Frank vivre avec son père, qui s'est établi à Los Angeles où il a ouvert un club, le Casa Blanca, du côté de Central Avenue.

A Milwaukee, Frank avait joué dans de petits orchestres de lycéens. A Los Angeles, il se frotte aux plus grands, les amis de son père qui passent par le Casa Blanca le soir, dans la salle ou sur la scène. On est en 1947, et les duellistes du ténor Wardell Gray et Dexter Gordon, ou même parfois Charlie Parker, font l'éducation musicale de « Little Frankie » en jouant avec lui à l'occasion. A 15 ans, Frank gagne un concours télévisé qui lui permet d'enregistrer son premier disque – avec une formation restée dans l'obscurité, le Frankie Martin Orchestra, et son chanteur Merv Griffin, qui abandonnera plus tard la musique et deviendra l'un des plus célèbres animateurs de la télévision américaine. Frank Morgan prend un petit solo entre deux couplets du jeune aspirant crooner. La même année, Morgan, après avoir assisté à un concert de Duke Ellington, sort son saxophone en coulisses pour jouer *Sophisticated lady* pour le grand homme. Le Duke – c'est en tout cas Morgan qui le raconte, plus de quarante ans plus tard – lui aurait alors proposé le pupitre d'alto du grand Johnny Hodges, qui s'apprête à quitter momentanément l'orchestre. Mais Morgan père préfère que son fils termine d'abord ses études [1]. Frank a eu l'honneur d'être admis à la Jefferson High School, distingué par son professeur de musique légendaire, Samuel Browne. C'est déjà l'une des stars de l'orchestre des lycéens.

A 17 ans, Frank essaie l'héroïne pour la première fois. « C'était presque accepté socialement de se dro-

---

[1]. « *After a 30-year detour, saxman is back on track* », Dirk Sutro, *Los Angeles Times*, 23 mai 1990.

guer, dans les milieux de la musique. Je me disais que l'héroïne, le be-bop, le style de vie, tout ça allait ensemble. Je pensais qu'on prenait de l'héroïne pour jouer comme Parker [1] ». « Il fallait que je prenne de la drogue pour arriver à la véritable essence du bop. Et je suis devenu accro – immédiatement [2] ». Parker pourtant, qui le traite comme un fils, l'a mis en garde contre les ravages de la drogue – lui citant son propre exemple pour le dissuader. Morgan n'écoute pas. « Je me disais qu'il voulait se garder les bons trucs. J'étais stupide. Et pourtant je voyais que sa dépendance avait un effet considérable sur son existence. Il ne pouvait pas jouer autant qu'il aurait voulu parce que l'habitude est tellement exigeante. Il faut aller là où la drogue te dit d'aller. Tu dois la trouver, là où il y en a, avant tout le reste. Tu ne pratiques pas huit ou neuf heures en te disant " j'irai en acheter après ". Ça ne se passe pas comme ça. Tu te réveilles le matin, le singe est sur ton épaule, te mord le cou, " nourris-moi ". Pas plus tard. Pas après avoir répété. Là, tout de suite [3]. »

Quand Charlie Parker repasse par la Californie en 1951, Frank Morgan se précipite pour lui annoncer fièrement qu'il fait maintenant partie de la fraternité de la dope, qu'il a en somme passé l'ultime diplôme qui va lui permettre de jouer avec les plus grands. Bird, qui a longtemps conseillé au jeune Morgan de rester à l'écart de l'héroïne, est consterné. Mais la tristesse ne dure pas longtemps. « Je lui ai dit que j'avais retiré de l'argent à la banque, et que j'avais apporté une demi-once d'héroïne et une demi-once de cocaïne. Alors on s'est fait une petite fête [4]. »

Commence alors la spirale de l'asservissement au « singe ». La vie rythmée par le manque, la course à la

---

1. Gary Giddins, *op. cit.*
2. « *Dues and don'ts : altoist Morgan puts a troubled past behind him* », Larry Kart, *Chicago Tribune*, 26 avril 1987.
3. Garry Giddins, *op. cit.*
4. Larry Kart, *op. cit.*

dose, l'obsession du prochain approvisionnement, l'angoisse des rendez-vous manqués avec les dealers, la quête des *pushers* de coin de rue, les cachets dépensés dans l'heure. Frank Morgan est devenu l'héritier de Charlie Parker dans tous les sens du terme. Son étoile sur la côte Ouest grandit à mesure qu'il s'enfonce. Première arrestation pour usage de drogue en 1953, alors qu'il joue avec le trio d'Oscar Pettiford. Deux jours de prison. Morgan écume les clubs, joue avec ses idoles – dans cet univers de grands précoces, ces maîtres ont à peine quelques années de plus que lui. Dexter Gordon, Teddy Edwards, Wardell Gray. Il se coiffe comme Charlie Parker, qui a adopté une coiffure à la romaine, comme les personnages du film *Quo Vadis?*, tout juste sorti sur les écrans. Cheveux défrisés, aplatis, coupés droit en bol sur le front. « Je le vois un soir, il est là avec cette coiffure et complètement barré, mec. Quand un mec prend de l'héroïne il devient gris, tu sais, un teint de craie, bizarre. Et il est là, il tient son saxo, comme ça, debout, sa bouche sur le bec, aucun son n'en sort. Et je me dis, " ce mec est à deux doigts de la mort et il ne le sait même pas " », se souvient des années plus tard le trompettiste Bobby Bradford [1].

Frank participe aux concerts du dimanche après-midi organisés par l'imprésario Gene Norman au Tiffany, sur la 8ᵉ Rue. Norman lui donne l'occasion d'enregistrer sur son label, GNP Crescendo. Les séances ont lieu au début de 1955. Quelques-unes des plus sérieuses pointures de la côte Ouest sont venues donner un coup de main au jeune prodige. Wardell Gray au ténor, le pianiste Carl Perkins, le trompettiste Conte Candoli. Dix morceaux sont retenus, dont trois compositions originales de Morgan, *Neil's Blues*, *Chooch* et *Whippet*.

---

[1]. Entretien avec Steve Isoardi, mai 2000, texte conservé au département d'histoire orale d'UCLA.

La grande étoile s'éteint au même moment. Charlie Parker meurt en mars 1955, alors qu'il est en train de regarder la télévision dans la suite de la baronne Pannonica de Koenigswarter, à l'hôtel Stanhope, à New York. Quand il apprend la nouvelle, Frank Morgan est en train de jouer au California Club de Los Angeles, où il fait partie du *house band*, l'orchestre résident du club. Il y a là aussi Dexter Gordon et Wardell Gray, les deux duellistes du saxophone ténor. D'autres musiciens sont dans la salle – le saxophoniste Gene Ammons, le pianiste Hampton Hawes. Prenant prétexte de la mort du fondateur du bop, les musiciens annoncent un long entracte et vont se shooter tous ensemble en coulisses. « C'est comme ça qu'on a célébré la mort de Bird : en faisant la chose même qui l'avait tué [1]. »

Frank Morgan est en prison quand son disque sort. L'album est sobrement intitulé *Introducing Frank Morgan*. Le texte de la pochette surfe sur l'actualité. « Le roi est mort, vive le roi », proclame-t-il. « Maintenant que Charlie Parker n'est plus parmi nous, nous présentons fièrement notre candidat pour sa place vide et si difficile à occuper : Frank Morgan. » Pendant que le nouveau « roi » approfondit sa connaissance des prisons californiennes, les corps continuent de tomber. Le cadavre brisé de Wardell Gray, l'élégant ténor longiligne qui avait choisi la première clarinette de « Little Frankie », est retrouvé dans le désert près de Las Vegas. Les raisons de sa mort – crime ou overdose – n'ont jamais été élucidées. La police du Nevada n'a pas de temps à perdre à enquêter sur la mort d'un musicien de jazz noir à la vie agitée.

Frank Morgan sort de prison après un an, en 1956. En août, il enregistre encore cinq morceaux au Crescendo Nightclub de Gene Norman, sur le Sunset Strip. Les enregistrements dormiront sur une étagère pendant vingt ans, et seront alors ajoutés à l'album *Frank*

---

1. Gary Giddins, *op. cit.*

Morgan à l'occasion d'une réédition. Parmi les musiciens participant à la séance, Jimmy Bond est à la contrebasse, qui accompagnera quelques années plus tard, séparément, sur leurs propres disques, deux des membres de notre San Quentin Jazz Band – Art Pepper et Earl Anderza. Morgan participe aussi à une bataille de saxophones, où il est opposé à un autre des grands disciples de Bird, Cannonball Adderley. « Je n'avais pas touché un instrument depuis un an [1] ».

C'est ensuite une longue absence musicale, vie à éclipses où les séjours plus ou moins longs au poste, ou dans la prison du comté de Los Angeles, ou dans les établissements de l'Etat de Californie, alternent avec les *gigs* nécessaires à l'argent de l'héroïne. A partir de 1958, les infractions se font plus sérieuses, avec son arrestation pour cambriolage.

Jusqu'en 1961, Frank Morgan ne commet que des infractions relativement mineures. Ses séjours au poste ou en prison sont brefs, il y entre et en sort rapidement. Son absence de la scène musicale est surtout due à sa dépendance à l'héroïne. A partir de 1961, il entre de plain-pied dans le système pénitentiaire de l'Etat de Californie. Frank Morgan se fait une spécialité des faux. En mars, il est arrêté en possession d'une machine à écrire et de cinquante-six chèques volés à la société Hendler, Kresa and Eglin. Il avoue aux policiers qui l'arrêtent qu'il comptait utiliser la machine à écrire pour forger des chèques de paie au nom de l'entreprise.

Le 1er septembre 1961, il se fait à lui-même un chèque – encore volé – pour un montant de 98,42 dollars. L'employé de la Bank of America où il essaie de se faire remettre l'argent en liquide remarque que le numéro du chèque est sur une liste rouge. Morgan s'enfuit. Le 1er décembre, il tente de placer un autre chèque, pour 98,30 dollars, à l'épicerie Von, à Los

---

[1]. Conversation avec Leonard Feather en 1977 reproduite dans le texte de pochette de la réédition de *Frank Morgan*.

Angeles. Il a moins de chance. Un policier présent dans le magasin l'arrête sur-le-champ.

La justice californienne perd patience. En janvier 1962, Frank Morgan plaide coupable de vol et de faux et usage de faux. Il est condamné à une peine comprise entre six mois et quatorze ans de prison. La sentence est considérée comme sa première condamnation par un tribunal de l'Etat. Il est aussitôt libéré sous le régime du sursis avec mise à l'épreuve, pour cinq ans. Mais en août, il est à nouveau arrêté. Le motif en a été perdu, et les archives n'ont pas gardé trace du délit qui a une fois de plus provoqué son arrestation. Son sursis est révoqué, il est envoyé à San Quentin.

Il y arrive le 16 octobre après les quelques semaines habituelles à la prison de Chino. Il devient alors le matricule A-71037. Ce mois d'octobre 1962, les hasards combinés de la justice californienne et de leurs vies disjointes ont fait converger dans la grande cour de San Quentin les six membres de notre jazz band. Earl Anderza est encore là – pour une petite semaine. Les trompettistes Dupree Bolton et Nathaniel Meeks aussi, qui sortiront en novembre. Le pianiste Jimmy Bunn et le bassiste Frank Washington, qui en ont encore pour quelques mois. Et Art Pepper bien sûr, qui est au milieu de sa longue peine.

Frank Morgan a été prodigue de souvenirs de son séjour à San Quentin. Au moment de sa résurrection musicale, une vingtaine d'années plus tard, il évoque souvent ses rencontres avec Art Pepper ou Dupree Bolton, sa participation au *warden's show* du samedi soir, la vie musicale qui lui permettra de survivre. En prison, Morgan a le temps de redevenir ce qu'il est : un musicien. « J'ai été un faussaire, un voleur de bijoux, un briseur de coffres et un escroc – mais j'ai tout fait mal, parce que, au fond de moi-même, ce que je suis vraiment, c'est un saxophoniste [1]. »

---

1. Larry Kart, *Chicago Tribune*, *op. cit.*

Dans les années quatre-vingt, Morgan a conservé des souvenirs plutôt réconfortants de San Quentin, qui contrastent avec la mémoire de ceux qui y sont passés avec lui – comme Art Pepper, qui a décrit dans son autobiographie l'enfer pénitentiaire, ou Dupree Bolton («San Quentin, c'était le pire»). Frank Morgan préfère se souvenir de son statut de star, célébré et respecté par ses codétenus. « Quand je suis arrivé dans ma cellule, il y avait une quarantaine de types qui étaient venus m'accueillir. Ils m'ont proposé le choix entre quatre ou cinq saxophones, des becs pour l'instrument, et de la marijuana. Il y avait aussi de l'héroïne et de la cocaïne [1]. »

Morgan se souvient aussi de la prison comme d'un havre de paix relative, par rapport à la violence et à la dèche du dehors. Il parle de l'emprisonnement comme d'une rédemption, et affirme que sans ses séjours en prison, il n'aurait pas survécu. « La prison m'a offert la discipline de la concentration sur ma musique, et donné la chance de me refaire une santé alors qu'autrement j'aurais pu me tuer [2]. »

Contrairement à ce qu'il racontera des années plus tard en se fiant à une mémoire imparfaite, Frank Morgan n'a pas l'occasion de jouer beaucoup avec l'incandescent Dupree Bolton, côtoyé à San Quentin pendant un mois seulement. Dupree va être libéré le 16 novembre 1962. Morgan joue sans doute de manière plus fréquente et plus régulière avec Art Pepper, qui n'en a pas été autrement frappé : il n'en fait aucune mention dans ses Mémoires, *Straight Life*, pas plus d'ailleurs que de ses autres compagnons musiciens. On peut imaginer les deux saxophonistes altos en duellistes. Morgan l'admirateur héritier de Charlie Parker,

---

1. « *An addicted saxman's big comeback* », Stuart Troup, *Newsday*, 15 novembre 1987.
2. « *School of hard bop* », Nick Carter, *Milwaukee Journal Sentinel*, 13 avril 1997.

Pepper qui en récuse l'influence et préfère aller chercher ses mentors du côté des grands ténors, Lester Young et John Coltrane.

A partir d'avril 1963, Frank Morgan sera le dernier des membres de notre jazz band à être encore enfermé à San Quentin – Jimmy Bunn devant être libéré en mars. Il devient un leader des formations qui se produisent au gré des concerts. Le matin du 16 mars, il a pris la tête d'un orchestre qui se fait appeler le San Quentin Swing Band et qui accompagne un spectacle de music-hall donné par les prisonniers, juste avant le déjeuner, dans le réfectoire nord. Les horaires de la cantine sont sans doute implacables, puisque les quatre derniers numéros prévus au programme du show « Rambling Rhythms » doivent être annulés, pour permettre aux prisonniers d'aller se restaurer. Le *San Quentin News* parle aussi d'une formation menée celle-là par l'éternel Charlie Caudle, qui comprend Morgan et Jimmy Bunn ainsi qu'un certain Max Maxfield à la basse et Pete Peterson à la batterie. L'orchestre est présenté comme le « nouveau quintet » de Caudle, et interprète notamment *Autumn leaves*, le grand standard de Kosma, ainsi qu'une composition du leader, *Fat People*.

Morgan a droit à sa photo à la une du *San Quentin News* du 4 juillet 1963, qui rend compte du concert de plein air donné à l'occasion du neuvième festival de musique. Certains des prisonniers ont été autorisés à recevoir la visite de leurs familles. Il fait beau, et « les bruits de conversations joyeuses et de jazz se déversent jusque dans la baie où des bateaux à voile naviguent sous le pont de Richmond-San Rafael pendant les deux heures du spectacle », écrit le journaliste. Rick Cluchey, le leader de la troupe de théâtre de San Quentin, sert de maître de cérémonie. Les compositions de Caudle se sont placées dans onze des vingt-deux places du palmarès dans différentes catégories, et la prestation de Frank Morgan est particulièrement remarquée par le journal.

Morgan a de nouveau droit à une mention dans le *San Quentin News*, à l'occasion d'un concert donné le 7 mars 1964, toujours dans le réfectoire nord. Le big band de la prison est alors dirigé par Stew Babbitt. Morgan s'illustre dans une interprétation de *When Sunny gets blue*, un air souvent joué par un autre alto de la côte Ouest, Sonny Stitt, et adapté d'un classique écrit en 1956 par Jack Segal and Marvin Fisher. Le spectacle comporte aussi un orchestre qui se fait appeler les Blues Senders; Sugarfoot Brown, danseur de claquettes; « Iron Jaw » Jackson et George Slocum, un duo de comiques apparemment très apprécié par les prisonniers; et une série de chanteurs, seuls ou en groupes : The Carvets, The Indigoes, Bobby Harris, Lionel Davis, et un groupe vocal qui « provoque l'émotion », les Quentinaires − nom au radical bien local et à la terminaison calquée sur les groupes vocaux à succès comme les Jordanaires.

Frank Morgan sort de San Quentin, en liberté conditionnelle, en octobre 1964. Il lui reste plus de vingt ans à entrer et sortir de prison au gré de ses rechutes, de ses arrestations, des violations de son régime de liberté conditionnelle. Seul vestige de ces années-là, une feuille sèche des archives de Californie dont le style télégraphique et dépouillé donne une idée du rythme de ces allers-retours :

24-10-64 : Libération conditionnelle

27-5-65 : Liberté révoquée

4-6-65 : Admis au NTCU (la prison-clinique où sont traités les détenus toxicomanes)

24-11-65 : Réintégré au régime de conditionnelle, relâché du NTCU

14-1-66 : Liberté révoquée

28-1-66 : Admis au NTCU

8-7-66 : Réintégré, relâché du NTCU

4-11-66 : Annulé
10-11-66 : PV-TFT
8-3-67 : Relâché sur ordre de la cour supérieure de Los Angeles. Fin du régime de mise à l'épreuve.

En deux ans et demi, Frank Morgan entre et sort six fois des établissements pour toxicomanes de l'administration pénitentiaire. C'est ensuite sa vie pendant vingt ans. Vingt ans à traquer la dose, jouant du saxophone seulement quand « le singe » lui en laisse le temps, et la disponibilité d'esprit.

Sa trace administrative disparaît à partir de 1967, les documents le concernant dans les archives de Californie ayant sans doute été perdus, ou détruits à l'occasion d'une purge périodique. Il faut se contenter des souvenirs de Frank Morgan, qu'il ne livre désormais plus qu'avec réticence. « Je travaille maintenant à mon happy end », dit-il, « je n'ai plus envie de parler de cette période-là [1] ». En 1970, il est à Las Vegas, où son père Stanley s'est établi, jouant toujours de sa guitare à la tête des Ink Spots. Frank trouve du travail. Il joue incognito dans un orchestre qui accompagne une série de représentations de la comédie musicale *Hair*. « Au bout de six mois je suis allé voir mon père et je lui ai dit que je perdais les pédales et que je ne voulais rien faire qui l'embarrasse (...) Il m'a donné deux mille dollars et m'a mis dans l'avion. Je suis allé à Los Angeles et j'ai arrêté de jouer [2]. »

En 1974, Frank Morgan tente l'expérience de Synanon, ce centre de traitement des drogués aux allures de secte par où sont déjà passés nombre de musiciens de jazz, comme Joe Pass ou son ancien codétenu de San Quentin, Art Pepper. Il y reste quarante jours, mais doit retourner en prison pour une autre violation de son régime de liberté surveillée. Quand le critique Leo-

---

1. Conversation avec l'auteur, 2005.
2. Interview de 1977 à Leonard Feather pour le texte de pochette de la réédition de *Frank Morgan*.

nard Feather le retrouve en 1977, il est assigné à Central City Bricks, une association noire de traitement des toxicomanes, et il joue dans l'orchestre des patients. Morgan s'est porté volontaire pour un programme de traitement à la méthadone. Il indique à Feather qu'il va bientôt enregistrer un disque. Mais rien ne se passe pendant encore deux ans. En 1979, il grave plusieurs plages pour l'obscur label Los Angeles Records avec une formation dirigée par le tromboniste Benny Powell. Les dates de la session sont restées imprécises, sept morceaux sont gravés qui sortiront sur le disque *Ya Betcha BP!!* Plus inhabituelle, la participation de Frank Morgan, cette même année, à des enregistrements et du violoniste indien L. Subramaniam. Petit à petit, il semble sortir de la nuit. Il joue dans les clubs de jazz qui restent ouverts à Los Angeles, comme le Carmelo's à Sherman Oaks, ou le Sidewalk Café à Venice.

Il lui faut attendre encore six ans avant de prendre le chemin des studios pour y enregistrer sous son nom, accompagné du trio du pianiste Cedar Walton. C'est *Easy Living*, pour le label Contemporary, gravé les 12 et 13 juin 1985 au Monterey Sound Studio de Glendale.

C'est à partir de ce moment, vingt ans après sa sortie physique, que Frank Morgan quitte vraiment la prison, et l'univers de San Quentin. Il grave une quinzaine d'albums sous son nom, accompagné des plus grands. Il s'établit au Nouveau-Mexique, avant de retourner vivre à Milwaukee, la ville de son enfance, où habitent encore ses cousins. Il se produit dans tous les Etats-Unis, en Europe et au Japon. Sa musique est un incendie maîtrisé, dont le calme tient en haleine en laissant affleurer une forme de violence intérieure qui peut exploser à tout moment. L'art de Frank Morgan semble résumé dans le titre qu'il a donné à un album de 1987, *Quiet Fire*. Feu tranquille, fusion intérieure enfin apaisée. Sa vie, elle aussi, semble ramassée dans un autre de ses disques, en 1992 : *You Must Believe in Spring*. Il faut croire au printemps. A 73 ans, il commence ses concerts en lançant au public d'une voix fragile : « *Isn't it great to be alive ?* » C'est beau, d'être vivant.

C'est ce qu'il dit aussi aux spectateurs du Sunset, le club parisien où il se produit le 16 novembre 2007. Visiblement fatigué par une longue tournée d'un mois qui l'a emmené déjà aux Pays-Bas et aux îles Canaries, Frank Morgan joue assis, accompagné par un trio de jeunes musiciens français dont il apprécie visiblement le talent et la fougue. Il s'excuse à une ou deux reprises de les laisser jouer seuls, parce qu'il a besoin de se reposer un peu. Les solos sont brefs, le son fragile, mais le feu est intact et la magie opère, tenace. Après avoir joué deux soirs à Paris, le saxophoniste doit s'envoler pour Athènes. Quand il rentre de sa tournée, il se sent fatigué, consulte un médecin à Minneapolis. Un cancer de l'intestin est bientôt diagnostiqué. Frank Morgan meurt chez lui, le 14 décembre 2007.

14
Libres

C'est un après-midi du joli mois de mai 1962. Ce pourrait être le dimanche 20, vers 16 heures. Taches blanches virevoltant sur le ciel bleu, les mouettes jouent en surplomb de la grande cour de la prison, s'envolent hors les murs, reviennent en piaillant se poser sur les gradins de bois posés au bord du terrain de base-ball. Les nuages du matin se sont dissipés et il fait encore frais, 15 degrés environ en plein soleil. Une estrade a été dressée à l'air libre, et huit musiciens se sont rassemblés pour un concert de jazz devant un petit millier de prisonniers, Noirs, Blancs et Latinos mélangés. Art Pepper et Dupree Bolton sont les deux leaders du petit orchestre. Nathaniel Meeks à la trompette, Earl Anderza et Frank Morgan au saxophone alto, complètent la formation et renforcent sa tonalité cuivrée. La section rythmique est constituée de Jimmy Bunn au piano, Frank Washington à la contrebasse, et d'un autre prisonnier assis derrière la batterie, compagnon choisi un peu au hasard parmi les nombreux candidats au maniement des balais et baguettes : le grand Frank Butler n'est pas encore arrivé à San Quentin, il ne peut pas soutenir ses compagnons de son rythme fluide et élégant. Les plus récents arrivés à la prison, Meeks et Morgan, sont là depuis à peine un mois. Le plus ancien, Frank Washington, y est enfermé depuis quinze ans – à part quelques mois de liberté en 1954.

Les musiciens puisent au hasard de leurs répertoires, choisissent les titres à jouer l'un après l'autre, suivant l'inspiration de l'instant, échangent quelques mots pour se mettre d'accord sur le morceau et la tonalité, et enchaînent rapidement. Ils interprètent des airs de Thelonious Monk ou de John Coltrane, des standards immémoriaux comme *Autumn leaves* ou *Summertime*, ou encore des classiques joués sur des arrangements modernes, comme *Cherokee*. Ils jouent aussi certains morceaux de leur composition. *Katanga* de Dupree Bolton, *Kid's stuff* d'Earl Anderza, ou *The Trip*, un des thèmes écrits en prison par Art Pepper. Celui-ci, à la fin de chaque morceau, présente le morceau suivant, en quelques mots, sans commentaires superflus.

Quand il annonce *The Chase*, en hommage, dit-il, à deux grands saxophonistes qu'il a bien connus, le public de prisonniers applaudit, connaisseur. Difficile de dire s'ils saluent les noms des deux amis d'Art Pepper, les ténors Dexter Gordon et Wardell Gray, ou le morceau, qui annonce une bataille sévère de solos entre musiciens. Pepper a précisé que Jimmy Bunn avait participé à l'enregistrement original de *The Chase*, en 1947. Bunn a brièvement salué, levant simplement sa main droite, en salut complice.

Art Pepper lance le morceau. Le thème à l'unisson avec Dupree Bolton, accompagné de la section rythmique. Tempo rapide, tension palpable. Les autres musiciens sur le côté de la scène, sont là en observateurs. Art prend le premier solo, énergique et furieux, les yeux fermés ou, quand ils s'ouvrent, fixés sur Dupree en un air de défi. Après une longue minute, Pepper termine sur une ultime note aiguë, saxophone brusquement jeté vers le haut d'un coup de menton sans appel. Dupree enchaîne. Ses yeux fixent l'infini de la ligne esquissée par sa trompette. Stridence et furie.

Economie absolue des gestes. Volcan immobile dans l'éruption. Le va-et-vient se poursuit, d'Art à Dupree et de Dupree à Art. Rivalité palpable, électrique. Les prisonniers trépignent, sifflent et applaudissent à la fin de chacun des solos, tous conçus comme la réplique décisive, destinée à abattre l'adversaire musical, à le laisser pantois, lessivé, sans voix, sans notes. Même les gardiens chargés de surveiller l'événement sont pris par la musique, et finissent par entrer dans le jeu des ovations. Au bout de quatre ou cinq échanges, Pepper et Bolton laissent la place à Nathaniel Meeks et Earl Anderza. Meeks l'éternel sideman, l'homme de l'ombre, Meeks le sans-grade se dépasse, décidé à ne rien céder à son partenaire-adversaire. Le son est plus lyrique, plus tranquille que celui de Bolton. Earl Anderza, quand il lui subtilise la flamme pour ses propres solos, va taquiner très haut les aigus. Travaille les dissonances. Cherche à se démarquer du jazz plus sage de son compagnon.

La série de duels se termine par un échange entre Frank Morgan et Art Pepper, qui revient au combat. Deux styles pour un instrument. Morgan dans la lignée du bop, parkérien toujours fidèle. Pepper qui a décidé cette fois d'aller expérimenter les rivages de sonorités plus contemporaines. Pepper dont la prison semble libérer la musique, comme si elle le poussait à aller explorer toujours plus loin le territoire de son instrument. Enfermé physique, évadé musical.

Une heure de musique en plein air au bord de la baie de San Francisco, un après-midi de printemps. Un concert qui aurait pu être. Les prisonniers sont ensuite allés dîner, les musiciens ont rangé leurs instruments dans la salle de musique de la prison. L'appel du soir, ensuite, quand tout le monde aura regagné sa cellule. Encore quelques moments de promenade, happer les dernières minutes du jour. Le soleil s'est couché ce jour-là à 19 h 17. Plus tard, l'extinction des feux, après le grand bang des portes métalliques verrouillées sur 5 000 prisonniers.

Il faut inventer ce concert qui n'eut jamais lieu. On peut décider que tous les musiciens de notre San Quentin Jazz Band se sont trouvés un jour à jouer ensemble, entre avril et octobre 1962, cette période où leurs vies se croisèrent à l'ombre des murs du pénitencier californien. On oublie tout ce qui fait que ce concert n'a pas eu lieu. Les humeurs et les circonstances, les contraintes et les punitions. Les animosités personnelles. Les rechutes dans la drogue.

Reconstituons bout à bout, morceau par morceau, ce concert inventé en écoutant, les yeux fermés, les disques trop rares que nos musiciens ont pu enregistrer au tout début des années soixante, un peu avant San Quentin, ou un peu après leur sortie. Comme les albums *Katanga!*, de Dupree Bolton et Curtis Amy, ou *Outa Sight* d'Earl Anderza, en 1963, ou encore les deux disques enregistrés en 1960 par Art Pepper juste avant son arrestation, *Smack Up* et *Intensity*. Demandons-nous, les yeux toujours fermés, à quoi pouvait ressembler en 1962 le style au piano de Jimmy Bunn, qui en est alors à sa troisième année de San Quentin, et comment il avait évolué depuis cette journée de 1946 où, encore gamin, il avait tenté de sauver Charlie Parker du désastre musical de *Lover man*. On ne saura jamais à quoi ressemblait le jeu à la contrebasse de Frank Washington, musicien autodidacte et strictement local, dont la « carrière » se confina à l'espace clos des neuf hectares de la prison. Fut-il simplement un amateur doué ? Ou avait-il en lui ce qu'il fallait de talent pour devenir un pilier de la scène musicale californienne ? Les morceaux qu'il composa, année après année, pour emporter la palme et les trois dollars de récompense des festivals de « musique créative », auraient-ils valu d'être joués par les plus grands ? Questions vaines sur des partitions disparues. Spéculation sur une musique envolée.

Noyés dans de grands orchestres, abonnés des spectacles du samedi soir, ou solistes-leaders à la tête de leur propre formation : Dupree, Art, Earl et les autres ont joué au début des années soixante la musique de la liberté dans la cour inférieure ou le réfectoire d'une prison sauvage. Leur vie de musiciens abîmée par l'héroïne s'y est, pour la plupart, engloutie. Seuls Art Pepper et Frank Morgan sont sortis de l'épreuve avec leurs énergies intactes – encore a-t-il fallu, dans le cas du second, trente ans de dèche et de cellule. Dupree Bolton *homeless* dans les rues d'Oakland, Jimmy Bunn chauffeur de maître à Los Angeles, Earl Anderza toujours junkie quinze ans plus tard dans un foyer de Washington, Nathaniel Meeks disparu...

Victimes des temps, des préjugés d'une Amérique encore répressive et raciste, de la grande illusion de l'héroïne, du basculement d'une époque qui désertait les boîtes de nuit pour la télévision, et préférait le confort douillet des émissions de fin de soirée à l'excitation électrique de la nuit musicale. L'année 1962 pourrait finalement passer pour l'apogée finale d'un long après-guerre. L'Amérique achève sa mue, et commence autre chose, au Vietnam aussi bien que dans le Sud secoué par le mouvement des droits civiques, dans ses goûts musicaux et culturels autant que dans son approche de la répression policière et du traitement des junkies.

Les musiciens de notre jazz band sont des résistants. Ils continuent de jouer envers et contre tout, malgré le manque et la taule, contre la mort, la violence et l'ennui. Ils affirment à chaque note, solo après solo, que rien ne pourra les priver de leur musique. Leur univers est façonné par la mémoire qu'ils ont gardée des big bands de Stan Kenton, Gerald Wilson, Benny Carter. Il s'est enrichi des jam-sessions des petits matins de Central Avenue, où ils ont lutté, instrument contre instrument, contre leurs « *brothers* », égaux en virtuosité. Même le « singe », la dépendance à l'héroïne, ne parvient pas à les abattre et à les empêcher de jouer. Ils sont là, toujours debout, jouant encore et encore. Dans l'ancienne chapelle, sur une estrade de fortune construite en plein air avec trois planches et six clous, sur la scène du réfectoire, le samedi soir, se donnant en spectacle pour les invités du directeur, ou répétant à quatre ou cinq pendant la *music hour* dans la salle de musique où l'on pendait jadis les condamnés. Ils jouent, et près de cinquante ans plus tard nous parviennent assourdies les notes imaginées de cette musique évanouie. Ecoutons ces musiques obstinées, furieuses ou apaisées, qui ont franchi les murailles, les océans et les années. Ils jouent encore pour nous. Au fond de leur prison, ils crient leur liberté.

BIBLIOGRAPHIE

The San Quentin Story, Clinton T. Duffy, Curtis Publishing Company, 1950.
Jam Session : An Anthology of Jazz, Ralph Gleason, G.P. Putnam's Sons, 1958.
Chronicles of San Quentin : The Biography of a Prison, Kenneth Lamott, Ballantine Books, 1961, rev. 1972.
Assignment San Quentin, Bernice Freeman Davis, Peter Davies, 1962.
Death Row Chaplain, Byron Eshelman, Prentice-Hall, 1962.
Bird : The Legend of Charlie Parker, Robert Reisner, Citadel Press, 1962.
On the Yard, Malcolm Braly, Little Brown & Co, 1967.
Bird Lives! The Highlife and Hard Times of Charlie (Yardbird) Parker, Ross Russell, Charterhouse, 1973.
False Starts, Memories of San Quentin and Other Prisons, Malcolm Braly, Little Brown & Co, 1976.
Louis : The Louis Armstrong Story, 1900-1971, Max Jones et John Chilton, Studio Vista, 1976.
Raise Up Off Me, Hampton Hawes, Don Asher, Da Capo Press, 1979.
Those Swinging Years : The Autobiography of Charlie Barnet, with Stanley Dance, Louisiana State University Press, 1984.
Long Tall Dexter, Dexter Gordon Discography, Thorbjorn Sœgren, Copenhague, 1986.
Waiting for the Man : The Story of Drugs and Popular Music, Harry Shapiro, Quartet Books, 1988.
Dexter Gordon, A Musical Biography, Stan Brit, Da Capo Press, 1989.
Miles, The Autobiography, Miles Davis, Simon and Schuster, 1989.
You Just Fight for Your life, The Story of Lester Young, Frank Büchmann-Moeller, Praeger Publishers, 1990.
West Coast Jazz, Modern Jazz in California, 1945-1960, Ted Gioia, University of California Press, 1992.
Hep-Cats, Narcs, and Pipe Dreams : A History of America's Romance with Illegal Drugs, Jill Jonnes, Scribner, 1996.
Cash : The Autobiography, with Patrick Carr, G K Hall & Co, 1998.
Central Avenue Sounds : Jazz In Los Angeles, ouvrage collectif, University of California Press, 1999.

My House of Memories. For the Record, Merle Haggard & Tom Carter, Harper Entertainment, 1999.

The Art Pepper Companion : Writings on a Jazz Original, édité par Todd Selbert, Cooper Square Press, 2000.

John Coltrane : His Life and Music, Lewis Porter, University of Michigan Press, 2000.

Songs of the Unsung : The Musical and Social Journey of Horace Tapscott, Horace Tapscott et Steven Louis Isoardi, Duke University Press, 2001.

Jazz and Death : Medical Profiles of Jazz Greats, Frederick J. Spencer, University Press of Mississippi, 2002.

Hit me Fred, Fred Wesley, Duke University Press, 2002.

Four Jazz Lives, A.B. Spellman, University of Michigan Press, 2004.

Soloists and Sidemen : American Jazz Stories, Peter Vacher, Northway publications, 2004.

You Can't Steal a Gift : Dizzy, Clark, Milt & Nat, Gene Lees, University of Nebraska Press, 2004.

Can't Find My Way Home : America in the Great Stoned Age, 1945-2000, Martin Torgoff, Simon and Schuster, 2004.

Let's Get to the Nitty-Gritty; The Autogiography of Horace Silver, Horace Silver et Joe Zawinul, University of California Press, 2006.

Hope to Die, A Memoir of Jazz and Justice, Verdi Woodward, Schaffner Press, 2006.

Biographical Encyclopedia of Jazz, Leonard Feather, Ira Gitler, Oxford University Press, 2007.

Straight Life, Art et Laurie Pepper, Schirmer Books, 1979. Editions Parenthèses, 1982, pour la traduction française.

TABLE

1. « Godot » 7
2. Jouer 21
3. Earl 53
4. Lover man 81
5. Dupree 125
6. Visite 175
7. Frank W. 195
8. Nathaniel 217
9. Mort 239
10. Jimmy B. 263
11. Art 281
12. Races 325
13. Frank M. 343
14. Libres 359

Bibliographie 365

Cet ouvrage a été composé et imprimé par

FIRMIN DIDOT
GROUPE CPI
Mesnil-sur-l'Estrée

pour le compte des Éditions Grasset
en mars 2008